CB044604

Devocional Infantil

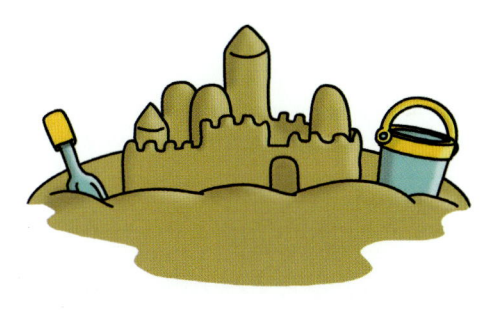

Pão Diário
KIDS

Publicações
Pão Diário

© 2016 Ministérios Pão Diário. Todos os direitos reservados.

Texto e Adaptação: Simone Mota
Revisão de Conteúdo: Denise Rogério
Edição e Revisão: Dayse Fontoura, Lozane Winter, Thaís Soler
Direção de Arte: Audrey Novac Ribeiro
Projeto Gráfico e Diagramação: Lucila Lis

Proibida a reprodução total ou parcial, sem prévia autorização, por escrito, da editora. Todos os direitos reservados e protegidos pela Lei 9.610, de 19/02/1998.

Exceto quando indicado no texto, os trechos bíblicos mencionados são da edição Nova Tradução na Linguagem de Hoje © 2011 Sociedade Bíblica do Brasil.

Publicações Pão Diário
Caixa Postal 4190, 82501-970 Curitiba/ PR, Brasil
publicacoes@paodiario.org
www.publicacoespaodiario.com.br

QG375 • 978-1-68043-176-6

1.ª edição: 2016 • 4.ª impressão: 2023

Impresso na China

Introdução

Na missão de contribuir para que a sabedoria transformadora da Bíblia seja compreensível também às crianças, Publicações Pão Diário tem a satisfação de disponibilizar agora a versão infantil do devocional mais lido do mundo, o *Pão Diário*. As meditações foram extraídas do texto do volume dedicado aos adultos e supervisionadas por profissionais que têm ministério entre crianças.

O conteúdo, produzido por profissionais nacionais, foi totalmente adaptado à realidade do público brasileiro.

Na forma de um diário, as meditações apresentam Arthur, um menino de 8 anos, compartilhando seus questionamentos, dilemas e conflitos, bem como as lições práticas e espirituais que ele aprende a partir das experiências que vivencia e do diálogo com os pais. Os textos descrevem seu dia a dia na escola, em casa e na igreja, seu gosto pelo futebol, e seu relacionamento com familiares e amigos. Arthur tem em seus pais o referencial cristão, sempre o aconselhando e orientando à luz da Palavra de Deus.

O *Pão Diário KIDS* é um devocional dedicado às crianças entre 7 e 9 anos, com uma meditação para cada dia do ano sobre os mais variados temas. Sua proposta é despertar os pequeninos quanto a sua necessidade de se relacionar com Deus, e contribuir para o desenvolvimento da prática devocional diária. Este também é uma excelente oportunidade para interação entre pais e filhos onde, além de aperfeiçoar o relacionamento entre si, podem aprender mais de Deus e de Sua Palavra de forma lúdica e interativa.

Lembramos que os valores da Bíblia e a iniciativa de buscar a Jesus são primordiais para que a criança aprenda desde cedo a não se desviar do "…caminho em que deve andar…" (Provérbios 22:6).

Nosso desejo é que o Espírito Santo, por meio destas leituras, ilumine a mente dos pequeninos e enriqueça o momento devocional em família.

Dos editores do *Pão Diário*

Conheça os personagens

- Arthur
- Ana 
- Papai 
- Mamãe 
- Vovó 
- Vovô 
- Tio Lúcio 
- Tia Jana 
- Lucas 
- Pedrinho 
- Sandro 
- Ênio

365 dias de gratidão

1º de janeiro

> Deem graças ao mais poderoso de todos os senhores;
> o Seu amor dura para sempre.
> —Salmo 136:3

Olá, meu nome é Arthur, tenho quase oito anos e esse ano vou contar para você tudo o que acontece aqui em casa. Espero que você goste!

Hoje, no almoço, o vovô pediu que todos dissessem um motivo pelo qual estavam agradecidos a Deus. Ninguém poderia repetir um motivo.

Vovó agradeceu pela saúde, papai pela união da família, mamãe pela salvação, tio Lúcio pelo alimento, tia Jana agradeceu pela paz, e eu por ter passado para o terceiro ano do Ensino Fundamental. Minha irmã agradeceu pela natureza.

Foi muito divertida a brincadeira! O vovô agradeceu a Deus pelo Seu amor que dura para sempre.

Ele nos fez pensar que cada um dos nossos motivos para agradecer só era possível por causa do grande amor de Deus. E nos desafiou a sermos agradecidos a Deus todos os dias do novo ano.

Desafio aceito!

ORAÇÃO

Querido DEUS, obrigado pela minha vida!

ATIVIDADE

1) Você é uma pessoa agradecida?
2) Escreva 5 motivos pelos quais você é agradecido ao Senhor.

2 de janeiro

Para ser forte

> ...desejando sempre o puro leite espiritual, para que, bebendo dele, vocês possam crescer...
> —1 Pedro 2:2

Eu amo tomar um copão de leite todos os dias no café da manhã.

A mamãe sempre fala que leite tem cálcio e fortalece os ossos! Isso é bom, ela diz.

Todo domingo, logo cedo, vamos à Escola Bíblica, lá na igreja. A professora nos ensina sobre a Bíblia. É bem legal!

Mas hoje deu uma preguiça de acordar cedo! Falei que não queria ir.

A mamãe estava com meu copo de leite na mão e falou:

— Que tal ficar um dia sem o seu leite?

— Ah, mamãe, eu gosto tanto. Mas tudo bem, um dia eu consigo!

— E se você ficar sem o leite vários dias?

— Puxa, mãe, aí meus ossos vão enfraquecer. É a senhora quem diz!

Então ela me explicou que a nossa vida com Deus também é assim, para eu crescer e ficar forte no conhecimento das coisas dele, preciso me alimentar, e, nesse caso, o alimento é a Bíblia, a Palavra do Senhor.

ORAÇÃO

Deus, me ensine a amar a Sua Palavra e meditar nela todos os dias.

ATIVIDADE

1) Desafio: cite o nome de pelo menos 5 livros do Antigo Testamento.

2) Quais são os quatro evangelhos que estão no Novo Testamento?

Iguais a Jesus

3 de janeiro

> O Senhor já ... disse o que exige de nós.
> O que ele quer é que façamos o que é direito...
> —Miqueias 6:8

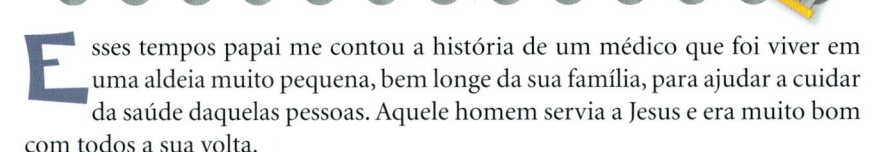

Esses tempos papai me contou a história de um médico que foi viver em uma aldeia muito pequena, bem longe da sua família, para ajudar a cuidar da saúde daquelas pessoas. Aquele homem servia a Jesus e era muito bom com todos a sua volta.

Quando ele morreu, outro médico, que também era cristão, foi substituí-lo e aproveitou para falar ao povo sobre Jesus e Seu infinito amor. O engraçado foi que depois de falar muitas coisas sobre Jesus, as pessoas da aldeia começaram a achar que o médico era o próprio Jesus que tinha ficado ali por tantos anos.

O papai me explicou que quando fazemos o bem e seguimos os mandamentos bíblicos, ficamos tão parecidos com Jesus que as pessoas podem vê-lo e conhecê-lo por nosso exemplo.

Eu quero ser cada dia mais parecido com Jesus!

ORAÇÃO

Querido Senhor, quero ser cada dia mais parecido com Jesus!

ATIVIDADE

1) Faça uma lista com pelo menos três coisas que você precisa melhorar neste novo ano.

2) Agora ore e peça a Deus que o ajude a melhorar.

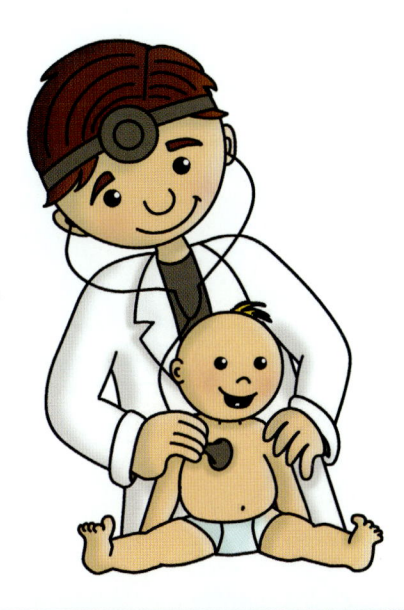

4 de janeiro

Uma boa oportunidade

> ...saibam que as coisas que me aconteceram ajudaram, de fato, o progresso do evangelho.
> —Filipenses 1:12

Meu dentista fica no décimo andar de um prédio e hoje, quando estávamos no elevador, acabou a luz e ficamos presos naquela escuridão. Meu pai, eu e mais uma mulher com seu filho.

A mulher começou a ficar muito nervosa e o menino começou a chorar, então o papai acalmou a mulher dizendo que Deus estava no controle de tudo e que ele já estava ligando na portaria do prédio para que alguém nos resgatasse.

Depois disso, o papai orou pela mulher e pelo seu filho e eles ficaram mais aliviados. Ficamos mais uns 10 minutos presos e então fomos resgatados.

Perguntei para o papai se ele não tinha sentido medo. Ele disse que sentiu medo sim, mas aquela mulher precisava ouvir sobre o amor de Deus e aquela era uma oportunidade que ele não poderia perder, mesmo sentindo medo.

ORAÇÃO

Senhor, por favor, ajude-me a perceber as oportunidades para falar do Seu amor.

ATIVIDADE

1) Você já pediu a Deus oportunidades para falar do amor dele?

2) Escolha dois amigos e ore para que Deus lhe dê a oportunidade de falar do amor de Jesus a eles.

Adoção

5 de janeiro

...Deus ... já havia resolvido que nos tornaria seus filhos, por meio de Jesus Cristo...
—Efésios 1:4,5

Minha amiga Maria me contou que é adotada. Eu não sabia o que era "adotada" e ela explicou que nasceu da barriga de uma mulher, mas que outra mulher é que a criava. Ela disse:

— Minha mãe e meu pai me explicaram que eu não nasci da barriga dela, mas que no dia que eles me conheceram, eles me amaram muito.

Quando cheguei a casa, fui logo perguntando para a mamãe se eu era adotado. Ela disse que não, pois nasci da sua barriga, mas que sou adotado por Deus!

Puxa, que confusão! Como assim?

Ela contou que nós somos pecadores, mas que com o sacrifício que Jesus fez na cruz, Deus pagou os nossos pecados e, quando confessamos nossos pecados e recebemos Jesus como Salvador, Deus nos adota como filhos. Por isso a oração mais conhecida do mundo se chama PAI NOSSO.

Deus é nosso Pai adotivo! Nós nascemos no coração dele e somos muito amados por ele.

ORAÇÃO

Senhor, obrigado por me receber como filho.

ATIVIDADE

1) Você se sente amado por Deus?

2) Aproveite para dizer aos seus pais que você os ama muito.

6 de janeiro

A coisa certa com o motivo errado

> Tenham o cuidado de não praticarem os seus deveres ... a fim de serem vistos pelos outros.
> —Mateus 6:1

Minha irmã foi escolhida pelo maestro do coral lá da igreja para fazer um solo especial em uma apresentação.

Ana chegou a casa dizendo que vai ser a canção mais linda que já ouvimos. Mamãe percebeu a empolgação dela e disse:

— Querida, você está muito feliz por causa desse solo, não é?

— Estou sim, mamãe. Vai ser o máximo!

— Mas você está feliz porque tem uma oportunidade para louvar a Deus ou porque todas as pessoas vão ver o quanto sua voz é bonita?

Ana ficou sem graça e não respondeu.

Então mamãe explicou que não havia valor no louvor de Ana, porque o motivo pelo qual ela estava fazendo era errado. Ela disse também que Deus conhece o nosso coração e sabe o porquê de cada coisa que fazemos. Se o motivo for errado, Deus fica triste!

Ana pediu perdão a Deus e agora ela só quer cantar para adorá-lo.

ORAÇÃO

Querido Deus, ajude-me a fazer a coisa certa sempre pelo motivo certo.

ATIVIDADE

1) Quando você faz o bem é para ser reconhecido ou para agradar a Deus?

2) Conte um exemplo.

Palavras de bênção

7 de janeiro

> ...Pai nosso, que estás no céu,
> que todos reconheçam que o teu nome é santo.
> —Mateus 6:9

Hoje, durante o culto doméstico, fizemos a oração do Pai nosso. Falei que não entendia direito o que essa oração queria dizer e o papai resolveu nos explicar parte por parte:

— "Pai nosso, que estás no céu, que todos reconheçam que o teu nome é santo. Venha o teu Reino. Que a tua vontade seja feita aqui na terra como é feita no céu!" (Mateus 6:9,10), fala que devemos honrar nosso Pai celestial e reconhecer que tudo o que Ele faz, tanto no céu como na terra, é bom e o melhor para nós.

— "Dá-nos hoje o alimento que precisamos. Perdoa as nossas ofensas [...]. E não deixes que sejamos tentados, mas livra-nos do mal", lembra que Ele nos concede alimento, perdão e coragem para cada dia (vv.11-13).

— "Pois teu é o Reino, o poder e a glória, para sempre. Amém!" é o final e diz que toda honra e glória pertencem a Deus!

ORAÇÃO

Deus, obrigado por nos ensinar como falar com o Senhor.

ATIVIDADE

1) Convide a sua família para orarem juntos o PAI NOSSO.

2) Depois explique para sua família o que você entendeu de cada parte da oração.

8 de janeiro

Tudo para louvar a Deus

> E tudo o que vocês fizerem ou disserem, façam em nome do Senhor Jesus...
> —Colossenses 3:17

Ontem a professora de Escola Bíblica distribuiu os papéis do teatro. Fiquei chateado. Vou ser uma árvore!

O Vinícius, meu amigo, vai ser Jesus. Bem mais chique!

Cheguei a casa desanimado. Minha irmã percebeu e veio perguntar o que estava acontecendo. Contei tudo.

— Ai, mano, mas você não aprende nada mesmo, né?

Levei um susto. Eu estava aborrecido e ela ainda vem me dar bronca?!

— O que é que eu não aprendo, hein? Hein?!

— Ai, mano, quantas vezes nossos pais já explicaram que nós existimos para glorificar a Deus e que devemos fazer todas as coisas como se fosse para Ele e com dedicação?

Ela tinha razão. Para o nosso teatro ficar legal, tanto Jesus quanto a árvore são importantes. Não importa se as coisas que eu faço vão aparecer ou não, o que importa é que eu faça com empenho e assim o Senhor se agradará de mim.

ORAÇÃO

Querido Deus, que eu o louve em tudo o que eu fizer!

ATIVIDADE

1) Existe alguma coisa que você faz que desagrade a Deus?

2) Como você pode mudar essa atitude e passar a louvar a Deus com ela?

Contando as bênçãos

9 de janeiro

> Vocês são testemunhas dessas coisas ... esperem ... até que o poder de cima venha sobre vocês.
> —Lucas 24:48,49

As férias são muito divertidas. Hoje passei a tarde soltando pipa com amigos. Enquanto brincávamos, aproveitei para falar sobre o milagre da salvação. Eles ficaram impressionados com o grande amor de Jesus. Um deles comentou:

— Tem que ter muito amor para entregar a própria vida por pessoas desconhecidas.

Então expliquei:

— Não somos desconhecidos dele! Deus nos fez e nos conhece melhor que nós mesmos. Você acredita que Ele sabe o que vamos dizer antes mesmo de começarmos a falar? Ele nos ama, nos conhece, nos perdoa e é nosso amigo para o que der e vier.

Eles ficaram comovidos e decidiram ali mesmo que queriam ser amigos desse Jesus tão maravilhoso. Orei por eles e os convidei para ir ao culto comigo.

Hoje vou dormir feliz, afinal, o papai sempre fala que precisamos falar do amor de Deus para todos.

ORAÇÃO

Deus, lembre-me de contar aos meus amigos sobre o milagre da salvação.

ATIVIDADE

1) Você já recebeu o milagre da salvação?

2) Para quais amigos você já contou sobre o milagre da salvação? Algum deles recebeu a Jesus como Salvador?

10 de janeiro

Esperando pelo presente

> Por isso, irmãos, tenham paciência...
> —Tiago 5:7

Faltam apenas cinco dias para o meu aniversário.

Hoje papai chegou a casa com uma caixa enorme. Eu tinha certeza que era meu presente.

Fiquei tão feliz! Corri para abraçá-lo e perguntei:

— É o meu presente?

— É sim, filho!

— E o que é?

— Ah, isso você só vai saber no dia da festa.

— Como assim!?

— Filho, seu aniversário é só daqui uns dias, então vamos deixar o presente guardado. No dia, você abre e descobre o que é!

Eu não acreditei.

— Mas pai, vou ter que esperar até lá?!

A vovó, que ouviu toda a nossa conversa, apareceu na porta da sala e disse:

— Menino, você precisa ser mais paciente! Lembre-se de que os filhos de Deus são bondosos, controlados e muito pacientes. Você não acha que seria mais legal abrir seus presentes junto com seus amigos?

Pensando bem, a vovó tem razão: preciso aprender a ser paciente!

ORAÇÃO

Deus, eu não sou muito paciente. Por favor, aumente a minha paciência.

ATIVIDADE

1) Pergunte aos seus pais se eles o acham uma pessoa paciente.

2) Quais são as coisas que tiram a sua paciência?

Preciso ser um bom menino

11 de janeiro

> ...Quem está unido com Cristo é uma nova pessoa: acabou-se o que era velho...
> —2 Coríntios 5:17

Chutei a bola e, sem querer, quebrei a janela da vizinha. Como eu iria contar para meus pais?

Cheguei a casa bravo, chutando tudo!

Mamãe chamou para o almoço. Gritei que não estava com fome e que não era para me incomodar!

Mais tarde, a vovó bateu na porta do quarto.

— O que está acontecendo?

— Ah, vó, estou chateado. Quebrei o vidro da vizinha e meus pais vão brigar comigo!

— Você contou para a dona Alzira que foi você?

— Não.

— Você precisa fazer isso e contar para seus pais, também. Você está tão agressivo, que nem parece que tem Deus no coração.

— Ah, vó, mas eu estou com problemas...

— Nem por isso pode ser grosseiro com as pessoas. Quando aceitamos a Jesus, nascemos de novo, isso significa que deixamos de fazer as coisas ruins e nos tornamos pessoas bondosas e que não se irritam por qualquer coisa.

ORAÇÃO

Deus, me perdoe porque em alguns momentos eu volto a fazer coisas que não *te* agradam.

ATIVIDADE

1) Uma nova pessoa é _____, amorosa e não se irrita por qualquer coisa.

2) Você já é uma nova pessoa?

12 de janeiro

A igreja de verdade

> Todos os que criam estavam juntos...
> —Atos 2:44

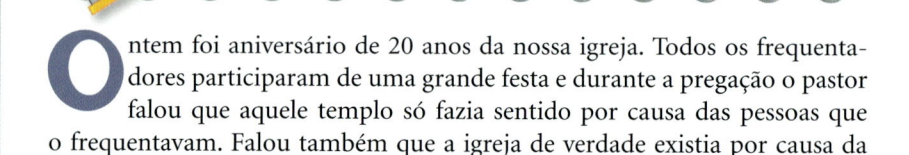

Ontem foi aniversário de 20 anos da nossa igreja. Todos os frequentadores participaram de uma grande festa e durante a pregação o pastor falou que aquele templo só fazia sentido por causa das pessoas que o frequentavam. Falou também que a igreja de verdade existia por causa da comunhão das pessoas.

Eu não entendi direito o que era comunhão e perguntei para o meu avô.

Ele disse que comunhão é quando as pessoas se entendem. Gostam das mesmas coisas e gostam de estar juntas.

Na igreja, a comunhão das pessoas é porque todas elas amam a Deus e receberam Jesus como Salvador.

Meu avô falou também que é importante estar na igreja porque quando a gente fica triste, temos irmãos e amigos que oram por nós e nos ajudam a ficar alegres novamente.

Legal, né?

ORAÇÃO

Senhor, agradeço por todos os amigos e irmãos com quem eu tenho comunhão.

ATIVIDADE

1) Você gosta de estar na igreja?

2) Você tem comunhão com sua família e com as pessoas da igreja?

Mais do que sobreviver

13 de janeiro

> ...Timóteo já voltou ... e nos trouxe boas notícias a respeito da fé ... e do amor que vocês têm...
> —1 Tessalonicenses 3:6

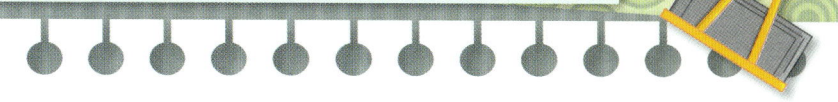

— Paieee, quando crescer, quero ser missionário!

— E você sabe o que faz um missionário?

— Sei sim! Missionários viajam pelo mundo falando do amor de Jesus para pessoas que ainda não ouviram falar sobre Ele.

— Muito bem! E como foi que você decidiu ser missionário?

— Então pai, eu estava na Escola Bíblica e a professora contou que há muitos anos alguns missionários tiveram que fugir da Etiópia por causa de uma guerra. Eles deixaram uma igreja que tinha 48 cristãos e ficaram tristes porque acharam que a igreja ia acabar. Só que quando eles voltaram lá, alguns anos depois, a igreja tinha mais de 10 mil pessoas! Não é incrível, papai?

— É sim, filho. Jesus falou que edificaria Sua igreja e que ninguém poderia contra ela. Foi por isso que a igreja da Etiópia cresceu tanto, mesmo no meio de uma guerra.

ORAÇÃO

Querido Deus, guarde as igrejas e os missionários em todos os lugares do mundo.

ATIVIDADE

1) Você deseja ser um missionário?

2) Ore pelos missionários que estão em países que estão em guerra.

14 de janeiro

Doce descanso

> Tu, ó Senhor, dás paz e prosperidade às pessoas que têm uma fé firme, às pessoas que confiam em ti.
> —Isaías 26:3

Ouvi a Ana contando: "55, 56, 57, 58, 59…"
— O que você está fazendo?
— Contando carneirinhos…
— Por quê?
— Porque não consigo pegar no sono!
— Por que você não consegue pegar no sono?
— Porque amanhã tem uma apresentação de canto muito difícil e eu estou com medo!
— Você ensaiou?
— Ahan…
— Então não tenha medo. Peça ao Senhor para ajudá-la, confie nele e descanse!
— Verdade, né?
— Claro!
— Senhor Deus, por favor, me ajude a fazer o meu melhor amanhã. Amém!
— Durma com Deus!
— Amém. Você também!
— Amém.
zzzzzzzzzzzzzzzzzzzzzzzzzzzz
Quem tem a alegria do Senhor fica em paz mesmo em momentos difíceis, como, por exemplo, uma apresentação em público!

ORAÇÃO

Querido Deus, sou muito feliz por tê-lo no meu coração. Muito obrigado!

ATIVIDADE

1) Existe alguma coisa que tira o seu sono?

2) O que é paz para você?

Piquenique

15 de janeiro

> ...não se preocupem com a comida e com a bebida ... nem com a roupa que precisam para se vestir...
> —Mateus 6:25

Para comemorar meu aniversário, mamãe nos convidou para um piquenique. Ela preparou uma cesta repleta de delícias!

Ao chegarmos no parque, encontramos o vovô e a vovó. Logo em seguida veio o tio Lúcio com sua esposa, tia Jana, e sua família.

Fiquei preocupado. Ia faltar comida!

De repente, chegaram nossos vizinhos.

Aquilo não ia dar certo!

Chamei a mamãe e avisei:

— Vai faltar comida!

— Claro que não vai faltar.

— Vai sim, tem muita gente!

— Sim e fui eu quem os convidou. Estou preparada para recebê-los.

Meus primos chamaram para brincar. Eu fui, mas estava preocupado.

Na hora do lanche, todos comeram e sobrou comida.

Mamãe explicou que minha preocupação era falta de confiança nela e aproveitou para dizer que Deus sempre cuida do que precisamos e fica triste se nós perdemos a alegria por causa da preocupação com problemas.

ORAÇÃO

Deus, sei que o Senhor cuida da minha família e não deixa faltar nada. Obrigado!

ATIVIDADE

1) Você já teve medo de faltar alguma coisa na sua casa?

2) Você confia em Deus?

16 de janeiro

Grupo de oração

> Eu oro a ti, ó Deus, porque tu me respondes.
> Por isso ouve-me, escuta as minhas palavras.
> —Salmo 17:6

Estão preparando uma grande produção musical lá na igreja. O coral, com 200 pessoas, e os músicos estão ensaiando bastante.

No último ensaio, o pastor perguntou quem queria participar do grupo de oração pelo musical.

Umas 20 pessoas ficaram em pé. Ele agradeceu a todas e marcou uma reunião.

Na volta para casa, perguntei ao papai por que poucas pessoas decidiram participar daquele grupo. Ele me explicou:

— Sabe, é por meio da oração que Deus estende Sua mão e abençoa nossos projetos e desafios. Nada deve ser feito ou decidido sem antes orarmos. O problema é que a maioria das pessoas não conhece o poder que existe em orar e acaba não se interessando por isso.

Verdade, né? Lá em casa sempre oramos por tudo. Para pedir e para agradecer. Vou ajudar o papai e o grupo em oração até a apresentação.

ORAÇÃO

Deus, sei que a oração é o jeito de falar com o Senhor. Obrigado por me ouvir!

ATIVIDADE

1) Você gosta de orar?
2) Quantas vezes você ora por dia?

Lindo céu

17 de janeiro

> ...o que pode ser visto dura apenas um pouco, mas o que não pode ser visto dura para sempre.
> —2 Coríntios 4:18

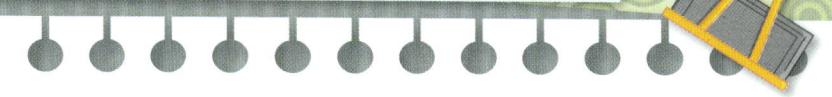

Depois daquela chuvarada surgiu um lindo arco-íris no céu.
Ana e eu corremos fotografar e chamamos o papai e a mamãe para ver.
Eu estava muito impressionado e comentei com eles:
— Deus é perfeito! A Sua natureza é muito linda!
A mamãe e a Ana concordaram e o papai falou:
— Se aqui na terra já achamos tudo tão lindo, imagina como não é a casa de Deus, o céu!
— Puxa vida, papai, é verdade! O céu deve ser incrível. Tem ruas de ouro e cristal.
— Sim filho, casas lindas para nós, mas o mais incrível mesmo é pensar que estaremos tão pertinho de Deus para sempre.
Eu fiquei pensando nisso e tive muita vontade de ir para o céu. Aqui é muito legal, mas lá é melhor ainda. Estou feliz de pensar que um dia irei morar no céu.

ORAÇÃO

Deus, estou feliz em saber que passaremos a eternidade juntos!

ATIVIDADE

1) Você já sonhou com o céu?
2) O que você acha de passar toda a eternidade pertinho de Deus?

18 de janeiro

Quem saiu ganhando?

> Deus pode evitar que vocês caiam e pode apresentá-los sem defeito ... na Sua gloriosa presença.
> —Judas 24

Eu e meu primo Lucas jogávamos *video game*. Na partida decisiva, os comandos do Lucas pararam de funcionar. Vi que o seu controle tinha se desligado do aparelho. Fiquei em dúvida se avisava ou não. Se avisasse, ele podia ganhar o jogo. Se não avisasse, eu ganharia, mas estaria errado.

Ouvi uma voz dentro do coração:

— Faça a coisa certa!

Não resisti e o avisei que o controle estava desconectado. Ele agradeceu, arrumou tudo e ganhou o jogo.

Fiquei chateado!

Por que abri a boca?

Papai percebeu minha irritação e disse:

— Filho, você pode até ter perdido o jogo, mas hoje você alegrou o coração do nosso Deus. Tenho certeza que o Espírito Santo *te* aconselhou a avisar o seu primo e você o ouviu e obedeceu. Ele e eu estamos muito felizes com você!

Fiquei feliz. Agradar ao Senhor é melhor que ser campeão no *video game*.

ORAÇÃO

Querido Deus, que eu o louve com as minhas decisões.

ATIVIDADE

1) Você acha fácil tomar sempre a decisão correta?

2) Como você pode saber quando a sua decisão está certa ou errada?

Todas as avós são iguais

19 de janeiro

> Jesus ... ficou muito comovido e aflito ... Jesus chorou.
> —João 11:33,35

A professora da Escola Bíblica chegou na sala triste e nos avisou que, infelizmente, nossa colega Mariana faltou por causa do luto pela sua avó.

Ninguém sabia o que era luto.

A professora explicou que é a tristeza que sentimos por causa da morte de outra pessoa.

O Fernando perguntou:

— Quer dizer que a vó dela morreu, professora?

— Isso mesmo, Fernando.

Eu não conhecia a vó da Mariana, mas se ela amava a avó do mesmo tanto que amo a minha, então deve estar muito triste!

Em casa, contei para o tio Lúcio que, mesmo sem conhecer a avó da Mariana, eu estava triste! O tio Lúcio falou que o nome disso é empatia, ou seja, quando a gente se imagina na mesma situação da outra pessoa e consegue entender o que ela sente.

É por isso que Jesus entende nossos sentimentos, porque Ele viveu na Terra como homem e sabe o que sentimos.

ORAÇÃO

Deus, às vezes eu fico triste, mas eu sei que o Senhor me entende e me dá alegria.

ATIVIDADE

1) Você sabe dizer três sofrimentos de Jesus enquanto estava na Terra?

2) Por que Jesus viveu como homem aqui na Terra?

20 de janeiro

As pessoas mais importantes

...quem quiser ser importante, que sirva os outros...
—Marcos 10:43

Passando em frente à igreja, vi o pastor tirando o lixo. O pastor é a pessoa mais importante da igreja e estava limpando o prédio? Achei estranho! Perguntei para a mamãe:

— Mãe, você viu aquilo?
— Viu o quê?
— O pastor limpando a igreja.
— Vi sim. O que é que tem?
— Ele é o pastor!
— E daí?
— Daí que o pastor prega e não fica limpando a igreja!
— Por que não?
— Ué, porque ele é uma pessoa importante.
— Sabe filho, no reino de Deus as coisas são diferentes. As pessoas mais importantes são aquelas que servem as outras. Existe alguém mais importante que Jesus na história do mundo?
— Não!
— E mesmo assim, Ele lavou os pés dos discípulos e se entregou na cruz para pagar os nossos pecados. A pessoa que serve as outras é mais importante do que aquelas que são servidas. E Jesus deu o exemplo!
— Ah... entendi!

ORAÇÃO

Deus, quero ajudar o Seu reino e servir aos meus irmãos e amigos.

ATIVIDADE

1) Você gosta de ajudar as pessoas?

2) Escreva o nome de três pessoas importantes para você.

Tocando e cantando juntos

21 de janeiro

> Sejam bons administradores dos ... dons que receberam ... use o seu ... dom para o bem dos outros!
> —1 Pedro 4:10

— Mamãe, a Ana está me atrapalhando!

Lá da cozinha mamãe avisou:

— Ana, pare de atrapalhar seu irmão…

Ana se defendeu:

— Mas eu preciso ensaiar!

Mamãe veio até a sala:

— O que está acontecendo?

Eu expliquei:

— A Ana não me deixa estudar. Fica cantando e eu não consigo treinar o piano.

Minha irmã não deixou por menos:

— Mãe, eu é que tenho uma apresentação amanhã e preciso ensaiar.

Então, mamãe teve uma ótima ideia:

— Filhos, é muito simples resolver a situação. Já que a Ana vai cantar e você tocar, é só escolherem a mesma música e fazerem isso juntos! Vocês têm talentos lindos e diferentes que Deus lhes deu, usem de maneira que ambos sejam abençoados.

Mamãe saiu e nós passamos a tarde tocando e cantando juntos.

ORAÇÃO

Deus, me ensine a usar meus talentos para abençoar o meu próximo.

ATIVIDADE

1) Que talentos você gostaria de ter?

2) Como você deseja usar cada um desses talentos para que outras pessoas sejam abençoadas?

22 de janeiro

Engolindo água

> És tu que dás a vitória, Ó Senhor Deus, abençoa o teu povo.
> —Salmo 3:8

Nossa família foi passar o dia na praia.

Mamãe fica muito preocupada com o protetor solar. A cada duas horas ela faz a gente passar tudo de novo.

O papai nos leva para água. Ele nunca deixa irmos muito para o fundo, porque o mar é perigoso.

De repente, veio uma onda muito alta, o papai segurou nossas mãos e gritou:

— Pulem bem alto!

Eu fiquei tão assustado que não pulei. Por causa disso, me desequilibrei e engoli muita água. Foi muito ruim!

O papai falou que se eu tivesse obedecido ao seu comando, conseguiria manter o equilíbrio. Mas mesmo engolindo tanta água, o papai não me soltou em nenhum momento e tudo não passou de um susto!

De volta à areia, papai falou que a gente faz isso com Deus: não escuta os Seus conselhos e mesmo assim Ele segura nossa mão e nos salva dos perigos! Mas é sempre melhor obedecer!

ORAÇÃO

Querido Deus, quero ouvir a Sua voz dirigindo a minha vida.

ATIVIDADE

1) Você sabe como podemos ouvir a voz de Deus?

2) Você sabia que a Bíblia tem muitos conselhos de Deus para nós?

Carregando pedras

23 de janeiro

> ...sejam humildes ... Entreguem todas as suas preocupações a Deus, pois ele cuida de vocês.
> —1 Pedro 5:6,7

Papai anunciou que faríamos um passeio surpresa.

Chegamos numa trilha e ele disse que caminharíamos até uma cachoeira. Disse também que cada um levaria uma mochila sem saber o conteúdo. Colocamos as mochilas e ele perguntou:

— Estão pesadas?

Não estavam, mas conforme andávamos, as mochilas passaram a pesar muito. Assim que chegamos, jogamos as mochilas no chão.

Ele perguntou:

— Qual a sensação de tirar essas mochilas?

Respondi:

— É um grande alívio!

— Isso mesmo! Vocês sabiam que fazemos isso na nossa vida? Quando carregamos um problema, ele deixa nossa vida pesada. O segredo é colocarmos esse problema diante do Senhor e confiar que Ele trará a solução. Assim, não carregamos peso sem necessidade! Agora podem ver o conteúdo das mochilas. Eram pedras! Na volta não precisamos levá-las. Ainda bem! Na mochila do papai tinha um lanche delicioso!

ORAÇÃO

Querido Deus, por favor, cuide da minha família.

ATIVIDADE

1) Quais problemas estão deixando você preocupado?

2) Você confia que Deus pode ajudá-lo a resolver esses problemas?

24 de janeiro

Apresentando dois amigos

> ...como é que as pessoas ... poderão crer ...
> se a mensagem não for anunciada?
> —Romanos 10:14

Hoje, no futebol, começamos a conversar sobre amizade e cada um falou o nome do seu melhor amigo e o que mais gostava nesse amigo.

Quando chegou minha vez, eu disse:

— Meu melhor amigo é Jesus! Eu amo Jesus porque um dia, mesmo sem eu merecer, Ele se entregou por mim numa cruz e perdoou todos os meus pecados.

O Antônio não entendeu nada e perguntou:

— Quem é esse Jesus que eu não conheço? Ele é da nossa idade?

Eu não sabia que ainda existem pessoas que nunca ouviram falar sobre Jesus. Voltei do jogo falando para o Antônio sobre como Jesus é legal. Ele ficou tão feliz em descobrir sobre esse amigo, que já fez amizade com Jesus e falou que vai contar para todos os seus amigos da rua o quanto Ele é bacana.

Fiquei feliz! Papai diz que precisamos falar de Jesus para todas as pessoas.

ORAÇÃO

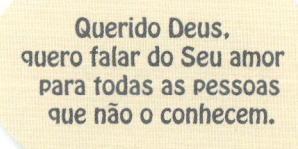

Querido Deus, quero falar do Seu amor para todas as pessoas que não o conhecem.

ATIVIDADE

1) Você já falou sobre Jesus para alguém?

2) Quem é o seu melhor amigo?

Um dia comum

25 de janeiro

> Fiquem vigiando, pois vocês não sabem em que dia vai chegar o seu Senhor.
> —Mateus 24:42

Minha irmã perguntou:

— Papai, que dia Jesus vai voltar?

— Ninguém sabe, Ana.

— Não seria mais fácil se Ele marcasse a data?

— E por que você quer saber a data?

— Ah, porque não gosto de surpresas. Por exemplo, quando a professora marca uma prova, estudo bastante e tiro notas boas, mas quando a prova é surpresa, eu vou mal.

— Hummm... mas Ana, se você prestasse bastante atenção nas aulas e não ficasse conversando fora de hora e aí a professora aplicasse uma prova surpresa. Você tiraria uma nota boa ou ruim?

— Uma nota boa, eu acho.

— Então querida, foi por isso que Deus não nos deixou saber o dia da volta de Jesus. É para que vivamos todos os dias esperando por Ele, assim, nunca ficaremos desanimados pensando que vai demorar ou apavorados achando que já está perto e não daremos conta de fazer tudo o que temos para fazer.

— Ahhh, entendi.

ORAÇÃO

Querido Jesus, ajude-me a estar sempre pronto para Sua volta.

ATIVIDADE

1) Como você pode se preparar para a volta de Jesus?

2) Você gosta de surpresas?

26 de janeiro

Esperar é difícil

> Vocês também precisam ter paciência. Não desanimem, pois o Senhor virá logo.
> —Tiago 5:8

Lucas, o filho mais velho do tio Lúcio, não vê a hora de chegar seu aniversário. Sua festa será daqui a quatro dias e ele está muito ansioso para abrir o presente que sabe que vai ganhar.

— Pai, posso ver o presente que você e a mamãe compraram para mim?

— Filho, você precisa ser mais paciente. Seu aniversário está próximo e você receberá o que compramos no tempo certo, só precisa esperar mais um pouquinho.

— Mas papai, se o presente já é meu, por que não posso ganhá-lo agora?

— Lucas, espere até o dia do seu aniversário… vai ser muito mais legal receber seu presente no dia da sua festa e comemorar com seus amigos.

Meu primo disse que vai ser muito difícil esperar mais quatro dias, mas no fim ele entendeu que precisa aprender a ser mais paciente.

Papai comentou que até mesmo os adultos têm dificuldade em esperar:

— Andamos tão ansiosos pelo que queremos ter e fazer, que não entendemos o tempo natural das coisas. Moças e rapazes têm pressa de se casar, as pessoas têm pressa de enriquecer nos novos trabalhos, tem gente que come comida crua porque não espera cozinhar! E Deus tem um propósito no tempo da espera. Enquanto esperamos, Ele aproveita e nos aperfeiçoa e torna mais pacientes.

ORAÇÃO

Querido Deus, quero esperar o Seu tempo e confiar que tudo o que o Senhor faz é bom.

ATIVIDADE

1) Você tem pressa de crescer?
2) O que você não gosta de esperar?

O amor mais maravilhoso

27 de janeiro

> Conservemos os nossos olhos fixos em Jesus ... ele não se importou com a humilhação de morrer na cruz...
> —Hebreus 12:2

A brincadeira era falar a coisa mais maravilhosa que já viu, experimentou ou fez.

O vovô começou:

— A coisa mais maravilhosa que eu já vi foram as Cataratas do Iguaçu, a força da água é impressionante!

— Ah, a coisa mais maravilhosa que eu já fiz foi pular de paraquedas!

Puxa, o tio Lúcio é radical! Aí foi a vez da mamãe:

— A coisa mais maravilhosa que já fiz foi um bolo com vários recheios. Tinha brigadeiro, beijinho, morango, doce de leite. Não sobrou uma migalha.

Então minha irmã disse:

— A coisa mais maravilhosa que eu conheço é o amor de Jesus. Ele morreu na cruz para perdoar as minhas malcriações e voltou a viver três dias depois e ainda foi para o céu preparar uma casa bem bonita para eu morar com Ele.

Todos aplaudiram. Ana ganhou a brincadeira porque ela descobriu a coisa mais maravilhosa de todas!

ORAÇÃO

Deus, agradeço pelo amor maravilhoso do Seu filho que se entregou na cruz por mim.

ATIVIDADE

1) Você já recebeu Jesus como seu Salvador?

2) Fale as três coisas mais maravilhosas que você conhece.

28 de janeiro

Parece ruim, mas é bom

> Pois sabemos que todas as coisas trabalham juntas para o bem daqueles que amam a Deus...
> ---Romanos 8:28

Voltando do futebol, um temporal nos pegou de surpresa. Não tínhamos guarda-chuva e ficamos encharcados.

Fiquei aborrecido, porque todas as minhas coisas molharam. Assim que chegamos a casa, eu corri para salvar as roupas que estavam na minha mochila.

Quando abri a bolsa, caiu um papel. Era o convite para o aniversário da Marina que seria no dia seguinte.

Eu tinha me esquecido.

Contei a situação para a mamãe e ela disse:

— Meu filho, você ficou bravo por causa da chuva e não percebeu que esse foi o jeitinho que Deus usou para lembrá-lo da festa de amanhã.

— Verdade, mamãe. Se não fosse pela chuva, eu não teria encontrado o convite, hoje.

— Pois é. Todas as coisas contribuem para o nosso bem. Seja sempre agradecido a Deus por tudo!

Eu agradeci a Deus pela chuva e pedi para a mamãe comprar um presente bem legal para minha amiga.

ORAÇÃO

Querido Deus, eu sei que tudo o que o Senhor faz é para o meu bem. Confiarei sempre no Senhor!

ATIVIDADE

1) Lembre-se de uma situação esquisita que no final foi muito boa para você.

2) Você acredita que até as coisas ruins podem ser boas, no final?

Nunca abandone o time

29 de janeiro

> ...em tudo ... poderei levar outros a reconhecerem a grandeza de Cristo.
> —Filipenses 1:20

Sou o goleiro do time da rua. Estávamos bem no campeonato do bairro. Ganhamos todos os jogos da primeira fase. Passamos fácil nas oitavas e nas quartas de final.

Perdemos a semifinal.

Ficamos bravos uns com os outros. O atacante me acusava de ter errado, eu achava que a culpa era do zagueiro e ele reclamava dos laterais que não ajudaram na defesa.

Saí de campo aborrecido.

O papai veio em meu encontro:

— Vocês jogaram bem, mas o outro time era melhor.

— Não voltarei para o jogo do terceiro lugar!

— Por quê?

— Porque esse time não merece!

— Querido, que testemunho você está dando ao se recusar a ajudar o time nesse momento difícil?

— Ah pai...

— Nem sempre seremos incríveis no que fizermos, mas sempre devemos glorificar o nome de Jesus. Você pode até levar um gol, mas não deve abandonar o time. Jesus nunca faria isso!

ORAÇÃO

Deus, que as minhas decisões sejam sempre para honrar ao Senhor.

ATIVIDADE

1) Você já ficou chateado com algum amigo e desistiu de brincar com ele?

2) Como você pode ser testemunha do amor de Jesus nas suas decisões?

30 de janeiro

Reunidos na eternidade

> O Senhor Deus sente pesar quando vê morrerem os que são fiéis a Ele.
> —Salmo 116:15

Quando entrei na sala, a vovó estava secando algumas lágrimas.
— Por que você está chorando vovó?
— Ah, meu querido, acabei de receber a notícia de que a Nina faleceu.
— Quem é a Nina?
— Uma das minhas melhores amigas. Nós nos conhecíamos há muitos anos. Eu fui madrinha do seu casamento e ela minha madrinha de casamento.
— Puxa, vovó, eu sinto muito! A senhora está muito triste, não é?
— Sabe, querido, na verdade o que sinto é muita saudade de pensar que não vamos mais nos encontrar por aqui. Mas a Nina, assim como nós, aceitou Jesus como seu Salvador e, por isso, sei que um dia vou encontrá-la novamente lá no céu. Então, sinto sim saudades, mas essa promessa de nos encontrarmos no céu me enche de esperanças.

Eu saí e fiquei pensando sobre a eternidade. Que bom que ficaremos todos juntos!

ORAÇÃO

Querido Deus, obrigado pela salvação e pela promessa de morarmos no céu.

ATIVIDADE

1) Como você acha que é o céu?

2) Você já aceitou a Jesus como seu Salvador?

É justo ou não?

31 de janeiro

> ...Ele nos vestiu com a roupa da salvação e com a capa da vitória...
> —Isaías 61:10

— Mãe, não sei não, mas estou achando errada essa história de Jesus perdoar os nossos pecados!

— Como assim?

— Pense comigo: Jesus era bonzinho, obediente, não falava palavrão e nem brigava com as pessoas.

— Verdade.

— Ele nunca fez nada errado, certo?

— Certo!

— Aí Ele foi crucificado pelos erros que todas as outras pessoas cometeram?

— Exatamente!

— Isso não foi justo!

— Não foi mesmo, isso foi uma justificação.

— Como assim?

— Deus criou e amou ao homem, mas o homem pecou e se afastou de Deus. Seu filho Jesus, com o coração cheio de amor, sabia que essa era a única chance de devolver a amizade entre Deus e o homem e, mesmo sem pecar, se entregou por nós e pagou pelos nossos pecados. Ele fez isso por nos amar e agora estamos justificados e Deus está feliz de ter a nossa amizade novamente.

ORAÇÃO

Deus, obrigado por não desistir de nós e entregar o Seu filho na cruz por nós.

ATIVIDADE

1) Existe amor maior que o de Deus por nós?

2) Você entendeu o sacrifício de Jesus na cruz?

1º de fevereiro

Ouvido por Deus

...Ana estava orando em silêncio...
—1 Samuel 1:13

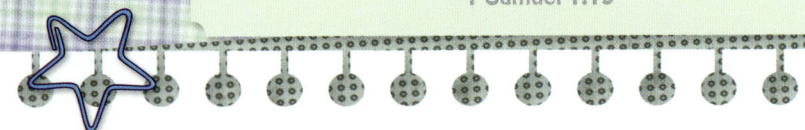

Hoje Ana nos deu um baita susto! Ela caiu da escada e machucou a perna. Como saiu muito sangue, papai resolveu levá-la para o hospital.

Enquanto esperávamos o médico examiná-la, vi que o papai fechou os olhos como se fosse orar, mas ele não falava nada.

Então cheguei perto e perguntei:

— Papai, você está dormindo?
— Não, estou orando.
— Mas o senhor não está falando nada…
— Estou orando em silêncio.
— Mas como Deus vai ouvir?

Então o papai me explicou que Deus é onisciente, ou seja, Ele sabe de tudo, inclusive o que falamos em pensamento. Então, às vezes, quando não é possível ajoelharmos no nosso quarto e falarmos com Deus como de costume, podemos orar em pensamento e mesmo assim Deus vai ouvir essa oração.

Achei tão legal isso!

Ana chegou com um curativo enorme e o médico disse que já está tudo bem. Foi só um susto.

ORAÇÃO

Querido Deus, obrigado por conhecer os meus pensamentos e cuidar de mim!

ATIVIDADE

1) Você já orou em pensamento alguma vez?

2) Conte para seus amigos como Deus é poderoso e capaz de ouvir até pensamentos.

Orientação necessária

2 de fevereiro

> ...quando o Espírito da verdade vier, ele ensinará toda a verdade a vocês...
> —João 16:13

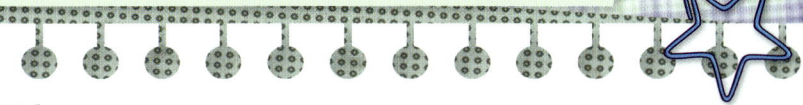

Estávamos indo para uma chácara para participar de um churrasco com amigos da igreja.

Papai não conhecia o caminho e nos perdemos algumas vezes. A mamãe já estava desanimada e resolveu voltar para casa. Foi aí que encontramos o irmão Abner e sua família na estrada. Ele conhecia o caminho e nos guiou até lá.

O dia foi muito divertido. Já na volta, comentei:

— Que bom que encontramos o irmão Abner para nos guiar!

O papai concordou:

— É verdade, filho. É assim também na nossa vida espiritual. Muitas vezes não sabemos para onde ir ou que decisão tomar, então o Espírito Santo se apresenta para nos orientar sobre o que devemos fazer.

— Como assim papai?

— Sempre que precisamos tomar uma atitude, o Espírito Santo nos faz lembrar das coisas que aprendemos na Bíblia e então conseguimos fazer a escolha certa.

ORAÇÃO

Deus, que eu sempre ouça as orientações do Seu Espírito Santo!

ATIVIDADE

1) Você já foi orientado pelo Espírito Santo? Como?

2) Faça uma oração dando ao Espírito Santo liberdade para falar com você.

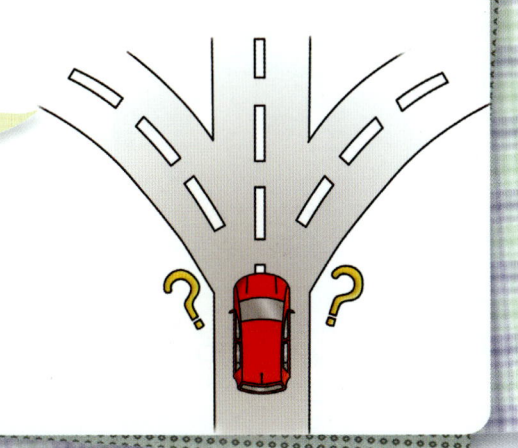

3 de fevereiro

Não julgue!

> Parem de julgar pelas aparências e julguem com justiça.
> —João 7:24

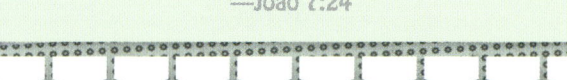

Hoje a Gisele, amiga da minha irmã lá da igreja, veio passar o dia aqui em casa. Durante o almoço, percebi que ela não fechou os olhos enquanto agradecíamos pela comida. Falei para a mamãe:

— A Gisele não acredita em Deus!
— Como assim?
— Não acredita. Ela não fecha os olhos para agradecer no início das refeições.
— Querido, você acredita em Deus e em Sua Palavra?
— Lógico!
— Mas hoje você errou duas vezes.
— Como assim?
— Primeiro que, para saber que ela não orou, em algum momento você se distraiu e também abriu os olhos. Em segundo lugar, devo lembrá-lo que a Palavra de Deus não nos dá o direito de julgar nosso irmão.
— É…
— Mesmo que a Gisele não feche os olhos para orar antes da refeição, não muda o fato de ela crer que recebeu o perdão de seus pecados pelo sacrifício de Jesus lá na cruz. E é isso o que conta.

ORAÇÃO

Querido Deus, peço perdão por todas as vezes que julguei as pessoas.

ATIVIDADE

1) Você tem o costume de observar os erros dos seus amigos?

2) Você costuma se preocupar em corrigir os seus próprios erros?

A injeção e a felicidade

4 de fevereiro

Ame o Senhor, seu Deus, com todo o coração, com toda a alma, com toda a mente e com todas as forças.
—Marcos 12:30

Há algum tempo, a vovó passou por uma situação triste. Ela estava doente e ficou muito fraquinha e careca. E tomou muitas injeções!

Vi as pessoas tristes em volta dela, mas ela sempre estava feliz. Eu não conseguia entender como alguém que toma injeção pode ficar feliz.

Um dia perguntei:

— Vovó, como a senhora consegue ficar sem cabelos, tomar injeção e ainda ficar feliz?

— Sabe, querido, não é fácil viver esse momento, mas sei que Deus já me deu a maior de todas as bênçãos: a salvação. E essa é a maior prova de amor que alguém pode receber. Todas as pessoas enfrentam problemas na vida e, no momento, esse é o meu problema. Mas Deus me deu o Seu amor, uma família linda e médicos competentes para me ajudar a passar por isso. Então, mesmo num momento de dor, estou feliz!

Hoje ela está curada e continua feliz!

ORAÇÃO

Senhor, que eu o ame mesmo nos dias de tomar injeção!

ATIVIDADE

1) Que coisas deixam você triste?
2) Mesmo nos momentos tristes você continua amando a Deus?

5 de fevereiro

Fui perdoado

> Pois, se o nosso coração nos condena, sabemos que Deus é maior do que o nosso coração e conhece tudo.
> —1 João 3:20

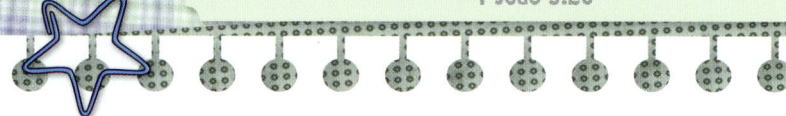

Há dois meses, mais ou menos, eu derrubei a Ana do balanço. Foi sem querer, mas ela se machucou bastante e eu não gosto de me lembrar disso.

Acontece que, às vezes, quando me deito, essa lembrança volta na minha cabeça e eu fico muito triste e não consigo dormir.

Essa noite aconteceu a mesma coisa. Acho que a mamãe percebeu que eu não conseguia dormir e veio até o meu quarto.

Ela entrou e perguntou o que estava acontecendo. Eu comecei a chorar e contei tudo para ela.

Ela orou por mim e pediu que o Senhor me perdoasse e que eu sentisse o Seu perdão no meu coração. Depois de orar, a mamãe me explicou que eu já fui perdoado por Deus e que eu não preciso mais lembrar das coisas que ficaram lá no passado.

Fiquei muito aliviado e dormi a noite toda.

ORAÇÃO

Deus, sei que o Senhor já me perdoou pelos meus erros e eu não preciso mais ficar triste.

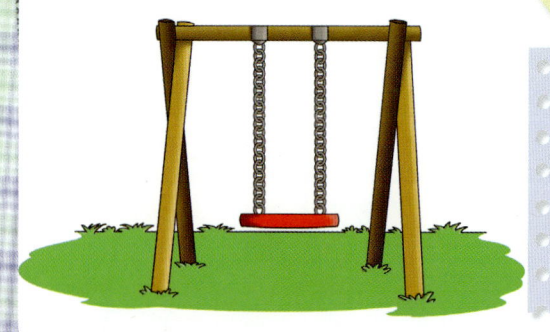

ATIVIDADE

1) Tem algum fato que aconteceu há muito tempo que o deixa triste?

2) Faça uma oração, peça perdão a Deus e esqueça o ocorrido.

Confiando em Deus

6 de fevereiro

> Ouve a minha oração, ó Deus! ...
> O meu coração está cheio de medo...
> —Salmo 55:1,4

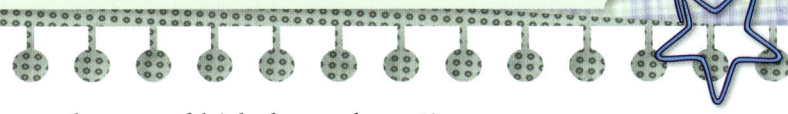

Lembram que falei da doença da vovó?

Teve um dia em que ela estava tão fraca, mas tão fraca, que o papai teve certeza que ela não ia aguentar. Ele achou que ela iria para o céu!

Lembro-me bem que ele se ajoelhou na sala de casa e orou muito. Ele chorava! Depois de vê-lo tão triste, eu tentei ajudar:

— Papai, o senhor quer um abraço?

Ele aceitou e nós ficamos muito tempo abraçados. Depois ele me beijou e disse:

— Filho, tem momentos na vida em que sentimos muito medo. Até adultos sentem medo. Mas lembre-se de que Deus está no controle de tudo e, mesmo que eu ou você não entenda, todas as coisas que Ele faz são para o nosso bem.

O papai ama e confia muito em Deus. Em dias felizes e tristes ele fala bem de Deus para mim.

Estou aprendendo a amar a Deus só de ver como o papai confia nele.

ORAÇÃO

Papai do céu, mesmo se sentir medo, eu confiarei no Senhor!

ATIVIDADE

1) Você se considera uma pessoa medrosa?

2) Você sabia que nunca está sozinho e pode sempre pedir a proteção de Deus?

7 de fevereiro

Quero ser famoso

> ...a luz de vocês deve brilhar para que os outros... louvem o Pai de vocês, que está no céu.
> —Mateus 5:16

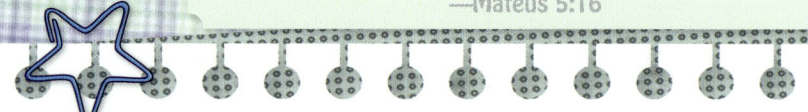

Vi na TV que um famoso diretor de cinema fez um filme sobre a morte de Jesus. Na entrevista, ele falou que estava realizando o sonho de contar essa história para muitas pessoas.

Durante o jantar, comentei que meu sonho é ficar famoso também e falar do amor de Jesus para muita gente.

Mas o vovô me questionou:

— Arthur, Jesus falou que devemos ser a luz do mundo e não artista de cinema.

— Ah, vovô, é mais fácil ser famoso. Como eu vou virar luz?

Ele explicou:

— Já percebeu que seus amigos observam tudo o que você faz? Eles observam se você responde mal à professora ou cola na prova...

— Não faço isso.

— Eles sabem. E se fizer, ficarão muito surpresos.

— Por quê?

— Justamente porque você serve a Jesus. Eles o observam mais e é por isso que dizemos que você é luz.

— Ah...

— Não queira ser famoso, queira ser um bom exemplo.

— Pode deixar, vovô.

ORAÇÃO

Papai do céu, quero brilhar a Sua luz para que meus amigos conheçam o Senhor.

ATIVIDADE

1) Você é um bom exemplo para os amigos da escola?

2) Escolha 3 coisas que você precisa melhorar para ser mais parecido com Jesus.

Sem intenção

8 de fevereiro

> Ó Senhor, tu és bom e perdoador e tens muito amor por todos os que oram a ti.
> —Salmo 86:5

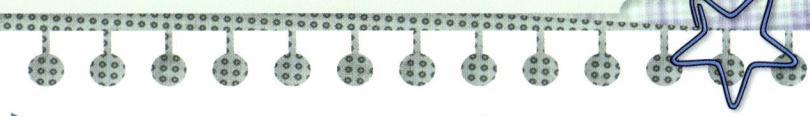

Mamãe tem um vaso predileto que herdou da sua avó.

A diarista estava limpando a sala e esbarrou no vaso que se espatifou no chão.

Quando viu o estrago, mamãe ficou chateada. Eliana, a diarista, sentiu muito medo de perder o serviço por causa do acidente, mas mamãe explicou:

— Eliana, fiquei triste por perder um objeto tão simbólico, mas sei que foi sem querer. Por favor, limpe bem o chão e pode continuar seus afazeres.

Mais tarde, perguntei para a mamãe porque ela não cobrou da Eliana o valor do vaso.

Ela explicou que o dinheiro não traria a lembrança da sua avó e ainda daria prejuízo para a Eliana. Ela ainda falou:

— Sabe, o nome disso é misericórdia e eu aprendi com Deus. Às vezes, mesmo sem querer, fazemos coisas erradas e Ele, no Seu imenso amor, nos perdoa e nos livra das consequências merecidas.

ORAÇÃO

Obrigado pelo perdão que o Senhor oferece todos os dias mesmo sem eu merecer.

ATIVIDADE

1) Você já fez alguma coisa errada sem querer?

2) Você foi perdoado ou repreendido?

9 de fevereiro

Manter a unidade

> Façam tudo para conservar, por meio da paz que une vocês, a união que o Espírito dá.
> —Efésios 4:3

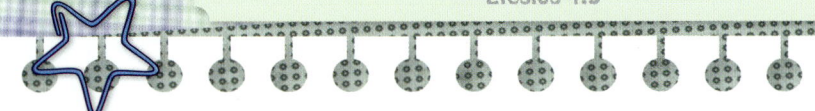

Lembram do musical que estão preparando lá na igreja? Então, o maestro percebeu que será necessário cortar uma música.

Quando explicou a situação aos cantores, todos começaram dar opinião. Cada um queria cortar uma música diferente.

Ele pediu silêncio e explicou que duas músicas falam do mesmo assunto. Assim, uma delas seria cortada.

A confusão de vozes recomeçou.

O pastor chegou, viu o que estava acontecendo e falou:

— Meus irmãos, nós nunca concordaremos todos com tudo e o tempo todo, pois somos pessoas diferentes. Mas precisamos lembrar do conselho que Paulo escreveu na Bíblia de mantermos a união. Façamos assim: cada um escreve no papel a música que deve sair do repertório. A mais votada será excluída e todos continuaremos juntos, como Corpo de Cristo e sem atritos. Amém?

Todos disseram amém!

ORAÇÃO

Jesus, ajude-me a ficar unido com outros que pensam diferente de mim.

ATIVIDADE

1) Você gosta do amigo que não concorda com você?

2) O que precisamos fazer para ficar unido com as pessoas?

O poder da música

10 de fevereiro

> Cantem hinos de louvor ao Senhor; toquem músicas ... em louvor ao nosso Deus.
> —Salmo 147:7

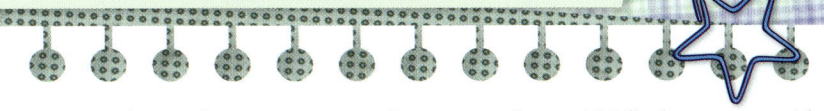

Tem duas coisas que gosto muito na casa da vovó Neli: das suas comidas e da sua cantoria.

Ninguém faz um bolo de cenoura tão bom e ninguém tem uma voz tão suave como a dela.

Ela passa o dia cantarolando músicas que falam do amor do Senhor.

Às vezes, chego preocupado ou chateado na casa da vovó. Ela começa a cantar e parece que tudo fica melhor!

O papai concorda comigo. Ele ama ouvi-la e diz que a música se conecta com o nosso coração. Eu não entendi muito bem essa parte, aí ele perguntou:

— Qual é o livro da Bíblia que você mais gosta?

Essa eu não tenho dúvidas:

— Salmos!

— Viu? Você gosta desse livro porque ele é escrito em forma de poesia e música. A música é um dom de Deus que nos ajuda a falar com Ele e a ouvir a Sua voz.

Interessante, né?

ORAÇÃO

Louvar ao Senhor é muito bom, obrigado por inventar a música!

ATIVIDADE

1) Você gosta de música?

2) Desafio: Invente uma música dizendo por que Deus é bom para você.

11 de fevereiro

Vencendo o medo

> Quando estou com medo,
> eu confio em ti, ó Deus Todo-Poderoso.
> —Salmo 56:3

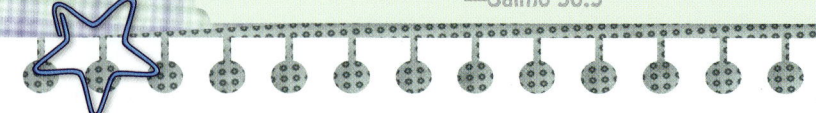

Fui com a turma da rua fazer arvorismo, uma trilha radical no alto das árvores com pontes de madeira e corda. Sandro, o mais corajoso de todos, quando chegou na fase de se pendurar na corda, desistiu. Disse que era muito alto e não conseguiria dar o salto.

Eu era o próximo e senti medo.

Falei para o papai, que me observava:

— Papai, aqui eu não consigo.

— Claro que consegue! Pode vir!

— Não consigo. Nem o Sandro consegue!

— Filho, você acha que eu diria para você pegar a corda se eu não tivesse certeza de que pode fazer isso?

— O senhor não faria isso.

— Então confie em mim e venha.

Fui. Consegui.

Papai me parabenizou e disse que essa é a função do pai, nos dar confiança e tirar nossos medos. E é por isso chamamos Deus de Pai, porque mesmo em momentos de medo, podemos confiar nele.

ORAÇÃO

Deus, confio no Senhor de todo o meu coração. Sei que o Senhor nunca me deixa sozinho.

ATIVIDADE

1) Quais são as situações em que você sente medo?

2) Você já contou para Deus os seus medos?

Será melhor no futuro

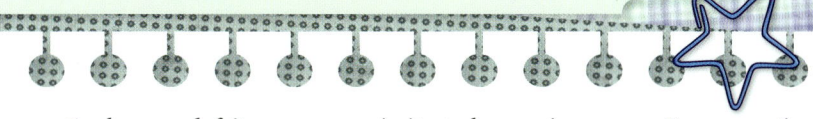

12 de fevereiro

...quando Cristo aparecer, ficaremos parecidos com ele...
—I João 3:2

Tenho um defeito grave que irrita todos aqui em casa. Eu nunca tiro o prato da mesa.

Mamãe sempre pede para fazer isso, mas não sei o que acontece que sempre esqueço.

Esses tempos, fiquei chateado de ser chamado atenção pela quarta vez no dia e voltei para buscar o prato bravo e resmungando:

— Mas não aprendo mesmo! Todo dia a mesma coisa...

Papai me interrompeu:

— Arthur, acalme-se. Você realmente precisa aprender a tirar o prato. Esse é um bom hábito e nós não vamos desistir de ajudá-lo nessa conquista.

— Mas pai...

— Filho, Deus está tentando melhorar algumas coisas em mim desde a adolescência e ainda falta um bocado para Ele terminar. A minha sorte é que Ele não desiste. Ele continua acreditando que vou melhorar. É assim conosco também: tenho certeza que você vai conseguir.

ORAÇÃO

Deus, obrigado por acreditar que eu posso melhorar todo dia.

ATIVIDADE

1) O que você deseja ser quando crescer?

2) Seus pais acreditam em você e estão torcendo por você?

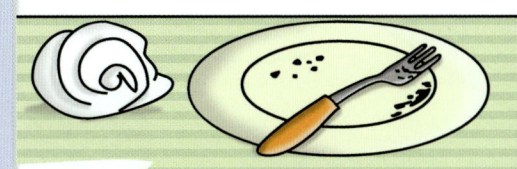

13 de fevereiro

Caráter

> Pois Deus está sempre agindo em vocês para que obedeçam à vontade dele, tanto no pensamento como nas ações.
> —Filipenses 2:13

Hoje, todas as mulheres vão levar um prato para um lanche depois do culto.

Mamãe ficou responsável pelos brigadeiros.

Tem tantos brigadeiros que já perdemos a conta, mas ela deu dois para cada um e nos proibiu de pegar mais. Só poderemos comer outros lá na festa!

Nesse momento estou na cozinha, diante de um batalhão de brigadeiros e meus pais estão no quarto se arrumando. Ana está no banho.

Ninguém vai notar se eu pegar só mais um.

Ah, mas não posso! Acabei de lembrar que o papai falou que o nosso caráter, ou seja, quem somos de verdade, se revela nos momentos em que estamos sozinhos.

Se eu fizer o que é certo, mesmo que ninguém veja, então eu não pareço uma boa pessoa, eu sou uma boa pessoa de verdade e estou vivo para Deus, que vê todas as coisas.

Deixa! Mais tarde como outros brigadeiros.

ORAÇÃO

Deus, quero agradar o Seu coração em tudo o que eu fizer.

ATIVIDADE

1) Você muda de comportamento longe dos seus pais?

2) Lembre-se de alguma situação em que você errou e peça perdão ao Senhor.

Que grande amor!

14 de fevereiro

> Ninguém tem mais amor pelos seus amigos do que aquele que dá a sua vida por eles.
> —João 15:13

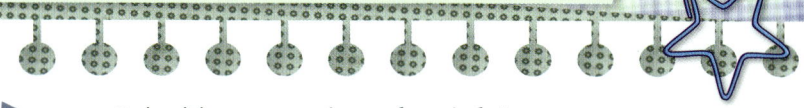

Mamãe ia visitar uma amiga no hospital. Ana perguntou:
— O que a sua amiga tem?
— Na verdade ela não está doente, é seu filho que tem uma doença nos rins e ela vai doar um rim para ele.
— Ela vai ficar sem rim?!
— Não, querida, todos nós temos dois. Ela vai dar um e ficar com o outro.
— Mas não seria melhor se ela ficasse com os dois?
— Seria sim, mas o filho dela está precisando e quando amamos nossos filhos, fazemos qualquer coisa por eles.
— É um amor muito grande, né?
— É sim. Assim como o amor de Deus, que nos amou tanto, que deu Seu único Filho para morrer por nós, perdoar nossos pecados e nos oferecer a salvação.
— Mas nem todo mundo é assim, tem mãe que até abandona filho.
— Verdade, mas quem se sente rejeitado pode descobrir o poder restaurador do amor. É só aceitar o amor de Deus!
— Ah, agora eu entendi.

ORAÇÃO

Deus, agradeço de todo o coração por esse amor tão grande por mim.

ATIVIDADE

1) Você se sente amado por Deus?
2) Lembre-se de um amigo que não se sente amado e conte do amor de Deus para ele.

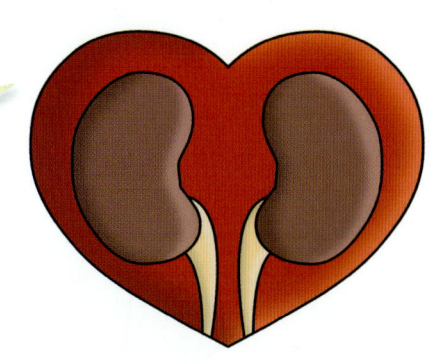

15 de fevereiro

O Criador que cura

> Eu te louvo porque deves ser temido.
> Tudo o que fazes é maravilhoso, e eu sei disso muito bem.
> —Salmo 139:14

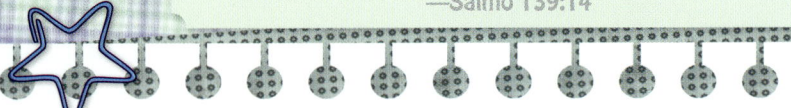

Hoje, quando chegamos à igreja, levei um susto! O tio Lúcio liderou os cânticos, no culto, sentado em uma cadeira!

— Manhê, o que está acontecendo com o tio Lúcio?

— Ah, filho, é que ele foi dar um chute quando jogava futebol, errou a bola e quebrou o dedão. Ele está com o pé engessado e não pode forçá-lo. Ele vai ficar assim apenas por um tempo.

— Ah, bom. Que susto!

Depois do culto, cheguei perto do tio para ver o estrago. O gesso é enorme! Perguntei:

— Dói?

— Dói muito.

— Então por que você veio à igreja em vez de descansar?

— Você acredita que o corpo é tão incrível que o médico colocou o osso no lugar certo e, se eu não forçar o pé, o osso vai colar sozinho?

— Sério?

— Ahan! Deus é mesmo genial, pois foi Ele quem criou o nosso corpo. Eu não podia perder essa oportunidade de adorar na igreja ao meu maravilhoso Criador!

— Deus é o máximo mesmo!

ORAÇÃO

Deus, Criador do céu e da terra, eu adoro o Senhor, porque o Senhor é maravilhoso e poderoso!

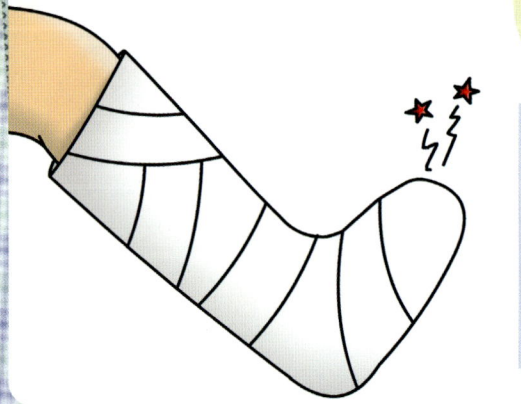

ATIVIDADE

1) Qual é a obra da criação que você mais admira?

2) Você concorda com o salmista de que tudo que Deus faz é maravilhoso?

Apoie o pastor

16 de fevereiro

> Obedeçam aos seus líderes ... pois eles cuidam sempre das necessidades espirituais de vocês...
> —Hebreus 13:17

O pastor pediu ao papai que levasse uma cesta básica até uma família carente da cidade vizinha. O papai sempre atende aos pedidos do pastor, mas justo hoje ele havia prometido nos levar ao parque.
Ele nos explicou:
— Filhos, eu sei que tínhamos um compromisso hoje, mas nosso pastor pediu um favor e preciso atendê-lo.
Eu não me conformei:
— Mas tem tanta gente na igreja, por que ele sempre pede as coisas para você?
— Sabe, ele é a pessoa que Deus colocou na igreja para nos ajudar a seguir pelo caminho que leva aos céus. Ele cuida da igreja com muito amor. Por exemplo, se você ficar doente, ele virá o mais rápido possível orar por você. Então, para que ele continue fazendo tudo com dedicação e alegria, eu preciso apoiá-lo.
— Está certo, papai. Mas amanhã você nos leva ao parque?
— Combinado. Amanhã vamos todos ao parque.
— Eba!

ORAÇÃO

Deus, obrigado pela vida do nosso pastor. Abençoe-o e guarde-o todos os dias.

ATIVIDADE

1) Você gosta do seu pastor?
2) Como você pode ser bênção na vida do seu pastor?

17 de fevereiro

Pense antes de falar

> Pense bem antes de falar...
> —Eclesiastes 5:2

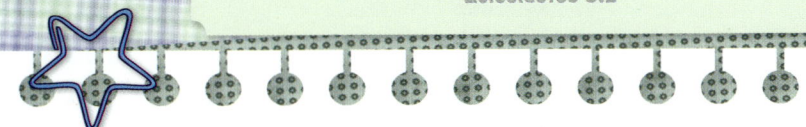

Faltam poucos dias para o início das aulas e mamãe nos surpreendeu ao dizer que vamos mudar de escola.

Ana ficou enfurecida:

— Não quero mudar de escola! A senhora está me afastando de todos os meus amigos. Eu não gosto mais da senhora.

E saiu chorando.

Os olhos da mamãe se encheram de lágrimas.

Quando papai soube o que aconteceu, nos chamou para uma conversa.

— Ana, entendo que esteja triste, mas a forma como falou com sua mãe foi cruel.

— Mas pai, eu não queria mudar de escola.

— Filha, não tínhamos opção. Agora sua mãe está triste porque você disse que não a ama mais.

— Eu amo sim, papai, mas na hora fiquei nervosa.

— Então querida, aprenda que nunca podemos falar sem pensar, ou vamos magoar as pessoas. Depois de faladas, as palavras não voltam para nossa boca. Pense nisso!

Ana pediu perdão a mamãe.

ORAÇÃO

Querido Deus, ajude-me a pensar antes de falar para não magoar ninguém.

ATIVIDADE

1) Você pensa para falar quando está com raiva?

2) Você já entristeceu alguém com suas palavras?

Precisa-se de ajudantes

18 de fevereiro

> Mas o Auxiliador, o Espírito Santo, que o Pai vai enviar em meu nome, ensinará a vocês todas as coisas...
> —João 14:26

O pastor convocou os homens da igreja para um mutirão. Na hora de definir as atividades, o pastor escolheu o irmão Jeferson para liderar os trabalhos da pintura. Papai foi escolhido apenas como auxiliar.

Não gostei. Ele é mais forte e inteligente que os outros homens e deveria ser o líder. Fui falar com ele:

— Papai, por que você aceitou ser só um auxiliar?

— Filho, estou muito feliz de poder auxiliar o Jeferson nesse trabalho. Não preciso ser o líder.

— Precisa!

— Não preciso...

— Precisa...

— Arthur, não importa a condição, o que importa é que façamos a obra do Senhor. Até o Espírito Santo foi chamado de auxiliador por Jesus. No reino de Deus ninguém é menor ou maior, todos somos importantes. Nunca faça nada para aparecer, mas sim para ajudar o reino de Deus a crescer.

— Está bem, papai. Perdoe-me!

— Você está perdoado.

ORAÇÃO

Senhor, ajude-me a ser útil na Sua igreja.

ATIVIDADE

1) Você participa das atividades da sua igreja?

2) O que você mais gosta de fazer na igreja?

19 de fevereiro

Falando de guerras

> ...Nunca mais as nações farão guerra, nem se prepararão para batalhas.
> —Isaías 2:4

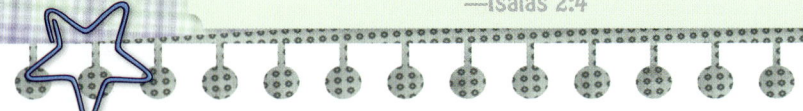

Não gosto muito de assistir aos telejornais. É que falam tanto de guerras e de bandidagem, que às vezes fico pensando que tudo é guerra.

Esses dias, estava na casa do vovô e ele assistia ao telejornal. Pedi para mudar de canal e ele disse que precisava se informar.

Perguntei:

— O senhor gosta de guerra?

— Não, filho, mas o fato de eu não saber sobre ela não impede que ela aconteça. Como cidadão, eu tenho o dever de me informar, e como cristão, eu tenho o dever de orar por esses povos.

— Entendi. Vô, será que as guerras nunca vão acabar?

— Vão acabar sim, quando Cristo vier buscar a Sua Igreja. Mas até que isso aconteça, cabe a nós fazermos a nossa parte como cristãos para que o mundo encontre a verdadeira paz, que é a presença de Jesus.

— E qual é a nossa parte?

— Evangelizar, ué.

— Ah é!

ORAÇÃO

Senhor traga a paz sobre os povos que estão enfrentando guerras!

ATIVIDADE

1) Você é uma pessoa pacífica ou gosta de arrumar briga?

2) Você sabe o que significa Jesus ser o príncipe da paz?

Escondendo o jogo

20 de fevereiro

> Feliz aquele cujas maldades Deus perdoa
> e cujos pecados ele apaga!
> —Salmo 32:1

Mamãe me proibiu de jogar bola dentro de casa. Faz uns cinco dias, eu a desobedeci e quebrei o porta-controles com uma bolada.

Desde então, todos procuram e perguntam onde está o porta-controles. Papai perguntou se eu sabia onde estava e eu menti dizendo que não, mas na verdade tinha jogado no lixo para não ser descoberto.

Eu fiquei com medo. E se me descobrissem?

Mamãe percebeu que eu estava tenso e me perguntou o que estava acontecendo.

Não consegui mais esconder. Comecei a chorar e contei tudo!

Ela e o papai se decepcionaram comigo, mas resolveram me perdoar e disseram para eu nunca mais fazer isso.

— Obrigado papai e mamãe. Estou muito aliviado!

— Acredito filho, pois o pecado traz um grande peso sobre nós. Nossa segurança é que Deus nos perdoa. Disse mamãe.

ORAÇÃO

Senhor, perdoe os meus pecados e ajude-me a ser uma pessoa melhor.

ATIVIDADE

1) Existe algo que você está escondendo de seus pais?

2) Se a sua resposta foi sim, aproveite esse momento para contar tudo e pedir perdão.

21 de fevereiro

Treinando discípulos

Jesus subiu um monte, chamou os que ele quis, e eles foram para perto dele.
—Marcos 3:13

Tio Lúcio está liderando o departamento de evangelismo da igreja e no último fim de semana eles fizeram um trabalho especial no parque.

Pedi para ir junto e ele aceitou.

No parque, distribuímos alguns folhetos falando do amor de Deus e, ao final, cantamos músicas com o mesmo tema. Muita gente veio assistir.

Meu tio foi muito paciente comigo. Eu nunca havia participado de um trabalho assim e em todo o tempo ele me orientava sobre o que e como fazer. Eu o agradeci:

— Obrigado pela paciência, tio!

— Para mim foi um prazer ajudá-lo, Arthur. Se Jesus não tivesse preparado os discípulos, quem pregaria o evangelho depois que Ele foi para o céu? Apesar de ser mais fácil fazer tudo sozinho, eu preciso treiná-lo para que no futuro existam pessoas preparadas para continuar o trabalho.

— Verdade! Não tinha pensado nisso.

ORAÇÃO

Senhor, que eu tenha um coração disposto a ajudar e a ensinar outras pessoas.

ATIVIDADE

1) Você gosta de trabalhar em grupo ou prefere fazer tudo sozinho?

2) Você tem paciência para ensinar alguma coisa a outra pessoa?

O dueto

22 de fevereiro

> Pensemos uns nos outros a fim de ajudarmos todos a terem mais amor e a fazerem o bem.
> —Hebreus 10:24

Um dia desses Ana chegou irritada da igreja e ninguém entendeu o porquê. Mamãe foi até seu quarto descobrir o que estava acontecendo.

Ana desabafou:

— Ah, mamãe, eu não quero mais participar do coral infantil da igreja.

— Por quê?

— Porque agora a preferida deles para fazer solos é a Thaís, a menina nova. E a voz dela nem é tão bonita assim…

Mamãe estava surpresa.

— Filha, como você pode pensar uma coisa dessas? Em primeiro lugar, é uma bênção termos a Thaís em nossa igreja, com uma voz tão linda quanto a sua. Em segundo lugar, vocês não estão no coral para competirem entre si, mas para juntar forças e fazer o melhor para Deus. Vocês são irmãs em Cristo e precisam trabalhar juntas para que o coral da igreja fique cada vez mais forte e bonito.

Ana entendeu a lição e agora está ensaiando um lindo dueto com Thaís.

ORAÇÃO

Senhor, que eu busque sempre ajudar meus amigos na igreja!

ATIVIDADE

1) Você tem amigos que o ajudam na igreja?

2) Você ajuda seus irmãos na igreja?

23 de fevereiro

Smartphone

> Então eu me alegrarei por causa do que o Senhor Deus tem feito; ficarei feliz porque ele me salvou...
> —Salmo 35:9

Meu celular novo caiu pela janela e arrebentou lá no quintal.
Fiquei muito, mas muito chateado!
Papai percebeu e me surpreendeu com uma pergunta esquisita:
— Filho, a alegria da sua salvação ainda está aí?
— Como assim?
— Eu também fico triste quando alguma coisa estraga ou dá errado comigo, mas sabe, existe uma alegria que nós nunca podemos perder. A alegria da salvação. Aqui na Terra podemos conquistar muitas coisas que nos alegram, mas que podem trazer tristezas também. Foi o que aconteceu com seu celular. Você ficou muito feliz ao ganhá-lo, mas experimentou uma grande tristeza ao perdê-lo, não é verdade?
— Isso mesmo, pai.
— Pois é, mas a nossa salvação foi garantida por Jesus lá na cruz e nada pode nos tirar essa conquista. Essa é a única alegria que temos que nunca acaba, graças ao imenso amor de Jesus!

ORAÇÃO

Senhor, quero lembrar todos os dias da felicidade que é ser Seu filho!

ATIVIDADE

1) Alguma situação já tirou a sua alegria?

2) O que você fez para voltar a sorrir?

O Deus do impossível

24 de fevereiro

> Eu sou o Senhor, o Deus de toda a humanidade. Nada é impossível para mim.
> —Jeremias 32:27

Hoje a vovó testemunhou na igreja sobre o tempo difícil que viveu com aquela doença que contei para vocês. Ela estava muito emocionada.

Eu não sabia dessa parte, mas ela falou que chegou um momento em que os médicos disseram que a situação dela era tão grave, que não havia mais nenhum tratamento possível.

Nesse momento, a vovó e todos os adultos da família se reuniram no quarto do hospital e oraram pela cura. E Deus atendeu ao pedido deles!

Apesar dos médicos falarem que ela não iria melhorar, Deus a curou!

A vovó está muito feliz e disse que serve a um Deus que faz o impossível acontecer. Ela aproveitou a oportunidade para cantar uma linda música de louvor ao Deus de milagres!

ORAÇÃO

Deus, eu confio no Senhor e sei que pode fazer até o impossível para me proteger.

ATIVIDADE

1) Você já viu algum milagre?

2) Se sua família precisa de um milagre, aproveite para apresentar a Deus o seu pedido!

25 de fevereiro

Estou pronta!

Ele me faz descansar em pastos verdes e me leva a águas tranquilas. O Senhor renova as minhas forças...
—Salmo 23:2,3

Hoje lembramos que na próxima semana voltam às aulas. Eu fiquei nervoso e Ana ansiosa. Fiquei nervoso de pensar que volta o tempo de acordar cedo, provas e dever de casa. Minha irmã quer justamente isso.
— Amo estudar. Por mim, nem existiriam as férias.
Papai riu e explicou:
— Filha, as pausas são necessárias. Em quantos dias Deus criou o mundo?
— Seis!
— E o que Ele fez no sétimo dia?
— Descansou.
— E você sabe o que isso significa?
— Não.
— Que descansos são necessários. Se você não tivesse curtido as férias, agora estaria cansada e provavelmente não iria aprender tanto quanto vai aprender a partir da próxima semana, já que está descansada e pronta para mais um ano de estudos. Descansar serve para reunirmos forças para fazer melhor aquilo que temos para fazer.
— Que interessante! Então, que venham as aulas. Estou pronta!

ORAÇÃO
Deus, obrigado por criar o descanso e por renovar nossas forças!

ATIVIDADE
1) Você gosta de descansar?
2) Do que você mais gostou nessas férias?

O poder do amor

26 de fevereiro

...não fomos nós que amamos a Deus, mas foi ele que nos amou e mandou o seu Filho para que ... os nossos pecados fossem perdoados. —1 João 4:10

Vamos receber o pastor e sua família em casa. Mamãe sabe que ele ama tapioca com recheio de leite condensado e morangos e resolveu fazer essa sobremesa. Mas eu sei que ela não gosta de tapioca, então perguntei:
— Por que a senhora não fez o mousse de maracujá que é a sua sobremesa preferida?
— Justamente porque é a minha sobremesa preferida, mas eu estou cozinhando para receber o pastor e a sua família.
— Eu não faria nada que não gostasse.
Papai ouviu nossa conversa e falou:
— Se Deus pensasse só no que Ele gosta, não seríamos salvos.
— Não entendi.
— Você acha que foi confortável para Ele mandar Seu único Filho para morrer pelos nossos pecados?
— Pensando bem...
— Mas Ele o fez para nos garantir a salvação. Devemos seguir Seu exemplo. Se temos o amor de Deus, fazemos as coisas para abençoar os outros.
— Uau, nunca tinha pensado desse jeito.

ORAÇÃO

Deus, obrigado por me amar tanto assim antes mesmo de eu existir!

ATIVIDADE

1) Você gosta de fazer as coisas para outras pessoas?

2) Alguém já fez algo inesperado por você? Qual foi a sensação?

27 de fevereiro

Deus existe?

> O céu anuncia a glória de Deus
> e nos mostra aquilo que as suas mãos fizeram.
> —Salmo 19:1

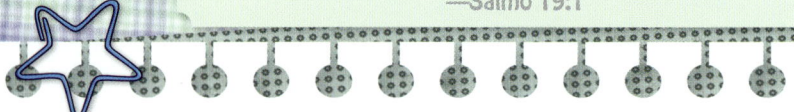

— Papai, um amigo disse que Deus não existe.
— E o que você disse?
— Disse que existe sim, porque meu pai falou que existe e ele não mente.
— Olha, isso é verdade, mas seu amigo não me conhece, então fica difícil para ele acreditar em Deus só porque eu falei. Onde vocês estavam no momento da conversa?
— No parque da rua de cima.
— Vou lhe dar uma dica. Se vocês voltarem nessa conversa, peça ao seu amigo para sentir o calor do sol, olhar o tamanho do céu, prestar atenção nas árvores e no canto dos pássaros. Todas essas coisas são perfeitas e obras que anunciam a grandeza de Deus. E se ele ainda duvidar, diga a ele que só pode estar ali com você e trocar uma ideia porque Deus também o criou.
— Que boa ideia, papai. Agora vai ser ainda mais fácil mostrar a grandeza de Deus para ele.

ORAÇÃO

Deus, parabéns pela natureza linda que o Senhor criou e que revela o Seu poder!

ATIVIDADE

1) Você acredita em Deus?
2) Quais as coisas mais maravilhosas que Deus criou, na sua opinião?

Grande fonte

28 de fevereiro

...mas a pessoa que beber da água que eu lhe der nunca mais terá sede. Porque a água que eu lhe der se tornará nela uma fonte de água que dará vida eterna. —João 4:14

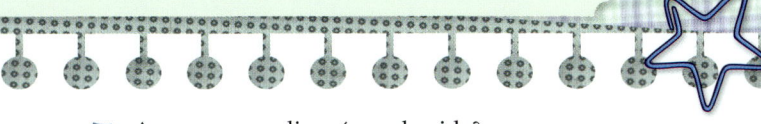

— Vovô, o que quer dizer água da vida?
— Podemos sobreviver um bom tempo sem comida, mas aguentamos pouco tempo sem água. O que é pior, sentir fome ou sede?
— É pior sentir sede. Quando me dá fome e a mamãe ainda está preparando o almoço ou jantar, eu consigo esperar mais uma hora, por exemplo, mas se eu estiver com sede, aí é muito pior esperar. Dá até nervoso!
— Muito bem! Quando Jesus fala que Ele é a água da vida, está falando da vida eterna. E água é uma necessidade básica para nosso corpo. Jesus também é uma necessidade básica para nossa salvação! Sem Ele não seríamos salvos. Então quando o chamamos de água da vida estamos falando do único que satisfaz nossa necessidade básica de vida eterna. Entendeu?
— Entendi tudo, vovô.

ORAÇÃO

Senhor, obrigado por ser a água da vida e jorrar no meu coração.

ATIVIDADE

1) Você entende a importância de ter Jesus em sua vida?

2) Conte para seus amigos que Jesus é a água da vida!

29 de fevereiro

Lustrando a alma

...todos nós ... refletimos a glória que vem do Senhor...
—2 Coríntios 3:18

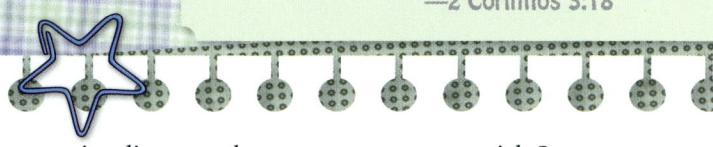

Papai pediu que eu buscasse o seu sapato social. O sapato estava muito feio. Voltei e perguntei:
— O senhor vai jogar esse sapato velho fora?
— Claro que não! Esse sapato não é velho.
— É sim. Ele está tão feio!
— É que ele precisa ser engraxado. Vou fazer isso agora e ele ficará como novo.
O papai esfregou com força e, depois de um tempo lustrando, o sapato brilhava! Parecia novo.
— Que legal!
— Viu que lindo? Isso me faz lembrar da nossa vida. A glória de Deus brilha em nós, mas por causa da poeira do pecado, essa glória vai desaparecendo. Por isso, precisamos nos arrepender dos pecados e limpar tudo o que há de ruim, para que a glória de Deus volte a brilhar.
— Quer dizer que Jesus é o engraxate da nossa alma?
O papai riu e concordou:
— Sim, pois é Ele quem nos perdoa e devolve o nosso brilho.

ORAÇÃO

Senhor, quero de volta o brilho da Sua glória. Peço perdão por responder aos meus pais tantas vezes.

ATIVIDADE

1) Você se sente brilhante com Jesus ou empoeirado pelo pecado?

2) Pense na sua vida e liste os pecados que estão tirando o seu brilho.

Primeiro dia de aula

1º de março

> Tudo o que você tiver de fazer faça o melhor que puder...
> —Eclesiastes 9:10

Nem acreditei quando finalmente o relógio marcou meio-dia e o primeiro dia de aulas acabou. E já tenho tarefa de matemática e ciências para estudar.
    Quando chegamos a casa, mamãe perguntou como tinha sido na escola. Enquanto Ana estava empolgada, eu fui muito sincero:
— Ah mãe, eu torci para acabar logo. Fiquei feliz quando deu meio-dia!
— Filho, não faça isso! Não deixe a vida passar rápido sem aproveitar. Lá na escola você pode aprender um monte de coisas interessantes, pode se divertir com seus amigos brincando e aprendendo. Tenho certeza que depois que você sair da escola, vai sentir muitas saudades. Por isso, não tenha pressa de viver o que precisa ser vivido, tenha o cuidado de aproveitar cada momento. Lembre-se de que a vida foi Deus quem nos deu para vivermos tudo intensamente.

ORAÇÃO

Querido Deus, me ensine a amar a escola e ajude-me a aprender muito esse ano!

ATIVIDADE

1) Você está feliz com a volta às aulas?

2) Do que você mais gosta na escola?

2 de março

Um amor sem medidas

...eu sempre os amei e continuo a mostrar que o meu amor por vocês é eterno.
—Jeremias 31:3

Tio Lúcio e tia Jana estão aqui em casa para conversar com o papai sobre a festa surpresa de aniversário de sessenta anos do vovô.

Será daqui dois meses, mas eles querem caprichar!

Mamãe entrou na conversa para se responsabilizar pelo bolo. Tia Jana já avisou que cuida da decoração e da comida, o tio Lúcio ficou responsável pelo louvor e o papai vai alugar o salão, convidar os amigos do vovô e trazer uma palavra de agradecimento.

Eles estão tão felizes. Meu pai disse:

— Todos dirão que o vovô é um homem de sorte. E é mesmo, porque ele recebe de Deus um amor sem medidas!

Segundo o papai, o motivo de tanta alegria é perceber na vida e na história do vovô a imensidão do amor de Deus, que, além da alegria da salvação, deu uma esposa maravilhosa, filhos especiais e netos incríveis para ele.

ORAÇÃO

Querido Deus, obrigado por nos amar tanto que nem consigo imaginar!

ATIVIDADE

1) Você consegue sentir o amor de Deus por você?

2) Qual é o tamanho do amor de Deus por você?

Pão de queijo

3 de março

> Esperei com paciência pela ajuda de Deus, o Senhor...
> —Salmo 40:1

Chegamos na padaria e pedi ao papai que comprasse pão de queijo. A moça avisou que estava assando e demoraria uns 20 minutos.

Papai perguntou se eu esperaria e concordei, afinal, estava com muita vontade.

De pouco em pouco eu perguntava:

— Ô moça, já está pronto?

Ela respondia:

— Ainda não.

Lá pela quinta vez que perguntei, ela foi olhar e voltou com o pacote pronto. O papai pagou e saímos. Já no carro peguei um pão, mas... eca! Estava horrível! Tinha cheiro de chulé e estava molengo. Não deu para comer.

Papai disse que meu erro foi não conseguir esperar. Se eu não tivesse apressado a moça, ela não teria errado o ponto de assar e nós comeríamos um pãozinho delicioso.

Naquele dia aprendi que algumas coisas têm o tempo certo e a gente precisa ter paciência.

Na hora do culto em família, papai usou a história da padaria como exemplo e disse que um dos principais ensinamentos de Deus é sobre a espera. Quando esperamos no Senhor, as coisas acontecem bem e no tempo certo.

ORAÇÃO

Senhor, ajude-me a ser mais paciente e esperar o tempo certo das coisas.

ATIVIDADE

1) Você é uma pessoa muito ansiosa?

2) Qual é a coisa ou situação que você não consegue esperar?

4 de março

Fim do preconceito

> ...nunca tratem as pessoas de modo diferente por causa da aparência delas.
> —Tiago 2:1

Quando cheguei à escola, um dos meus amigos, o Sandro, estava no meio de uma rodinha e dando muita risada. Logo percebi que o motivo do riso era um menino novo da turma.

O Ênio veio de outro estado e tem um sotaque diferente. Ele estava triste, de cabeça baixa, enquanto os meninos riam do jeito dele falar.

Essa, não! Eu não podia deixar aquilo barato. Saí em sua defesa:

— Ei, vocês não sabem que é pecado fazer acepção de pessoas?

Todos caíram na risada e o Sandro perguntou:

— Você inventou essa palavra, né?

Eu não tinha inventado. Papai me mostrou na Bíblia e explicou que isso é tratar as pessoas diferente, é como alguém que trata bem o amigo rico, mas trata mal o amigo pobre.

Expliquei isso para eles e disse que Deus gosta de todos nós do mesmo jeito, mesmo sendo diferentes.

Todos pediram desculpas para o Ênio!

ORAÇÃO

Senhor, quero amar o meu próximo do mesmo jeito que eu me amo.

ATIVIDADE

1) Por quais motivos você escolhe seus amigos?

2) Importa se eles são ricos ou pobres, feios ou bonitos?

Todos são úteis

5 de março

> Então o Senhor Deus pôs o homem no jardim do Éden, para cuidar dele e nele fazer plantações.
> —Gênesis 2:15

Mamãe veio me ajudar a fazer uma maquete do sistema solar. Pintamos os planetas em bolas de isopor.

Ana pediu para ajudar, mas ela não sabe pintar direito. Eu disse que não era para ela se intrometer, mas a mamãe a deixou responsável por espetar o palito de dente em cada bola pintada para secar.

Por causa disso, nossa maquete demorou mais tempo para ficar pronta e fiquei irritado.

— Mamãe, a Ana está atrapalhando. Não precisamos dela.
— Filho, quem é responsável por falar do amor de Deus à todas as pessoas?
— Nós!
— E quem você acha que faria isso melhor. Deus ou nós?
— Deus!
— Então por que é que Ele deixou a gente fazer?
— Não sei.
— Para nos dar a oportunidade de participar do crescimento do Seu reino. Vamos lá, põe um sorriso nesse rosto e deixe sua irmã trabalhar conosco. O importante é participar!
— *Tá*, tudo bem.

ORAÇÃO

Deus, obrigado por permitir que eu faça parte da Sua obra.

ATIVIDADE

1) Você gosta de ajudar as pessoas?

2) Você deixa as pessoas o ajudarem?

6 de março

Raios e trovões

...Quando vocês clamarem pedindo socorro, o Senhor Deus ficará com pena de vocês; ele os ouvirá e atenderá.
—Isaías 30:19

Eu detesto quando chove forte e vêm os raios e trovões!

Morro de medo. Ana também.

Essa noite veio uma tempestade daquelas e teve um momento em que eu senti tanto medo, mas tanto medo, que tive que correr para o quarto dos meus pais.

Ana fez a mesma coisa.

Os trovões e raios continuaram, mas o medo desapareceu só de saber que papai e mamãe estavam ali!

Eles oraram por nós e nos acalmaram. Quando papai me levou de volta para o quarto, ele disse que nem sempre estará presente nos momentos em que eu sentir medo, mas que eu posso ficar tranquilo, porque Deus sempre estará presente e eu posso orar com fé que Ele virá me socorrer!

Fiquei bastante aliviado. Em vez de um, eu tenho dois protetores, meu pai e o Papai do céu.

ORAÇÃO

Senhor, que eu sempre me lembre do Seu cuidado nos momentos que eu sentir medo.

ATIVIDADE

1) Você sente medo de alguma coisa?

2) O que você faz quando está com medo?

Não consigo explicar

7 de março

> ...Porque o Espírito pede em favor do povo de Deus e pede de acordo com a vontade de Deus.
> —Romanos 8:27

Hoje acordei mal. Estava doendo tudo. Quando mamãe veio me chamar, eu não conseguia levantar.

Ela perguntou onde doía, mas eu não conseguia explicar.

Fomos ao médico.

Quando o pediatra me examinou, apertou bem no meio da minha barriga e falou:

— Parece que você vai explodir quando aperto aqui?

— Sim!

Depois ele apertou as laterais da minha cabeça e perguntou:

— Parece que estão pressionando sua cabeça?

— Sim!

Ele conseguiu explicar onde estava doendo e descobriu qual era o problema.

Mamãe explicou que, por ser médico, ele já sabe que problemas eu posso ter e onde pode doer. Ela disse, também, que quando oramos, às vezes, não sabemos explicar direito o que precisamos, mas o Espírito Santo, que nos conhece bem, explica tudo direitinho para Deus. Por isso Ele é chamado de Intercessor, porque explica para Deus tudo o que não conseguimos!

ORAÇÃO

Senhor, obrigado pelo Seu Espírito Santo que explica o que eu não consigo explicar.

ATIVIDADE

1) Você pede ajuda do Espírito Santo quando ora?

2) Você também tem dificuldade para explicar quando sente uma dor?

8 de março

Mulheres importantes

> Guardem sempre no coração
> as leis que eu lhes estou dando hoje.
> —Deuteronômio 6:6

Hoje o papai entregou um lindo buquê de rosas vermelhas para a mamãe, que ficou muito feliz. É que hoje comemoramos o Dia Internacional da Mulher.

Então ela nos desafiou a lembrar o nome de cinco mulheres importantes da Bíblia.

Comecei:

— A juíza Débora!

Ana continuou:

— A rainha Ester!

Lembrei de Maria, mãe de Jesus, ela se lembrou de Rute e finalmente eu me lembrei de Ana.

Mamãe ficou muito orgulhosa de nós! Ela aproveitou para dizer que é muito bom que conheçamos a Bíblia e suas histórias, mas é ainda mais importante que nós aprendamos com essas histórias e sejamos pessoas melhores. Ela explicou:

— Por exemplo, com Débora aprendemos a ser justos. Ester e Ana nos ensinam a orar com fé! Maria buscava a santidade e agradou a Deus. E Rute foi uma mulher fiel nos momentos bons e nos momentos difíceis.

ORAÇÃO

Senhor, ajude-me a guardar no coração todas as coisas que aprendo na Sua Palavra.

ATIVIDADE

1) Você gosta de ler a Bíblia?

2) Qual é a história da Bíblia que você mais gosta? Por quê?

Falsos profetas

9 de março

> Cuidado com os falsos profetas! Eles chegam disfarçados de ovelhas, mas por dentro são lobos selvagens.
> —Mateus 7:15

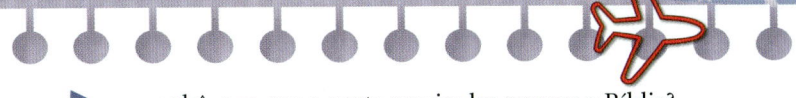

— Manhê, por que a gente precisa ler sempre a Bíblia?

— Para conhecermos a Deus e os Seus mandamentos.

— Tudo bem, mas o vovô já leu a Bíblia inteira várias vezes. Se ele já leu uma vez, por que precisa ler de novo?

— Na verdade, filho, a Palavra de Deus é muito poderosa e todos os dias ela nos diz algo diferente com a mesma passagem. Além disso, precisamos sempre relembrar o que já sabemos, para não sermos enganados por pessoas que pregam uma fé falsa.

— Fé falsa?

— Sim. Fé falsa é tudo aquilo que algumas pessoas pregam, até dentro de igrejas, mas que não está confirmado na Bíblia.

— Tem gente que faz isso?

— Tem sim e lá na Bíblia Jesus chamou essas pessoas de falsos profetas.

— Ah, então agora eu sei o que são os tais falsos profetas. Pode deixar que sempre vou ler a Bíblia e eles não vão me enganar, está bem?

— Está ótimo!

ORAÇÃO

Senhor, não permita que eu seja enganado por ensinamentos falsos.

ATIVIDADE

1) Você já leu a Bíblia inteira?

2) De acordo com a mãe do Arthur, porque precisamos sempre ler a Bíblia?

10 de março

O Espírito Santo e eu

> ...deixem que o Espírito de Deus dirija a vida de vocês...
> —Gálatas 5:16

— Papai, obrigado por me ajudar a descobrir o amor de Deus, me contando histórias da Bíblia e me explicando as coisas que Ele faz por me amar.

— Puxa, Arthur! É bom saber que você gosta de aprender sobre Deus.

— Sim e foi o senhor e a mamãe que me ensinaram.

— Pois é, todos precisamos de alguém que nos ajude, mas é importante que a sua decisão de amar a Jesus não dependa de alguém e sim da sua vontade e da presença do Espírito Santo na sua vida.

— Como assim?

— O Espírito Santo está disponível todo o tempo para ajudá-lo a compreender a Palavra de Deus, mas eu e sua mãe temos outras coisas para fazer ao longo do dia.

— O senhor quer dizer que talvez não possa me ajudar o tempo todo?

— Exatamente. E é justamente por isso que você deve pedir ajuda ao Espírito Santo, porque Ele está disponível 24 horas por dia!

— Hum… Muito interessante!

ORAÇÃO

Espírito Santo, ajude-me a buscar cada dia mais a presença de Deus em minha vida.

ATIVIDADE

1) Quem o ajuda a aprender mais sobre Deus e Seu perfeito amor?

2) Você já tentou ler a Bíblia sozinho? Como foi essa experiência?

Falando bem dos amigos

11 de março

> Meus irmãos, não falem mal uns dos outros...
> —Tiago 3:18

Desde o dia em que ajudei o Ênio e o Sandro a se entenderem, eles ficaram bem amigos. Fazem tudo juntos. Estudam, jogam bola, *video game* e saem juntos até para a escola.

Hoje, no início da aula, o Sandro estava bravo com o Ênio porque ele esqueceu em casa o trabalho de geografia que eles passaram a tarde toda fazendo.

O Sandro falou muito mal do Ênio para mim e eu já ia concordar com ele, quando lembrei que o papai e a mamãe me ensinaram que preciso tomar cuidado para que as palavras que saem da minha boca sejam boas e de paz. Eu nunca devo provocar a raiva falando mal das pessoas.

Respirei fundo e ajudei o Sandro a entender que o Ênio não fez por mal. No fim da aula, a professora os deixou entregar o trabalho daqui a dois dias e eles continuam amigos.

Já pensou se eu tivesse falado mal do Ênio?

ORAÇÃO

Senhor, ajude-me a não falar mal das pessoas.

ATIVIDADE

1) Você já ficou chateado por causa de alguma fofoca?

2) Você já falou mal de alguém e se arrependeu depois?

12 de março

A regra de ouro

Façam aos outros o que querem que eles façam a vocês...
—Mateus 7:12

O papai e a vovó aprenderam com o vovô. Mamãe aprendeu com o papai. Eu e Ana estamos aprendendo com a mamãe.

Estou falando sobre a "regra de ouro".

Mamãe diz que a regra de ouro para nossa vida é só fazer para os outros aquilo que queremos que façam para nós e não fazer pelos outros aquilo que não queremos que façam por nós.

Hoje tive que aplicar a regra.

Ana e eu gostamos muito de andar de bicicleta, mas a dela está no conserto.

Aproveitei o fim da tarde para pedalar um pouco e Ana também sentiu vontade de pedalar.

Eu queria dar um passeio mais longo, mas mamãe me fez lembrar que se fosse a minha bicicleta no conserto, eu esperaria que Ana dividisse o tempo na sua bicicleta comigo.

Mamãe tinha razão! Fiz um passeio mais curto e emprestei a bicicleta para Ana, que ficou muito feliz.

ORAÇÃO

Querido Deus, que eu sempre me lembre da regra de ouro e faça as pessoas felizes.

ATIVIDADE

1) Você já conhecia a regra de ouro?

2) Como você pode aplicar essa regra no seu dia a dia?

Terceiro ano assustador

13 de março

> Aos cansados ele dá novas forças
> e enche de energia os fracos.
> —Isaías 40:29

As aulas nem bem começaram e já estou com medo de não conseguir aprender as matérias. São tão difíceis!

Cheguei a casa desanimado e falei:

— Esse ano vai ser difícil passar.

— Como assim?

— Mãe, o terceiro ano é muito mais difícil do que o primeiro. As coisas que eu aprendi em dez dias são mais difíceis do que tudo que aprendi no ano passado.

Mamãe sorriu.

— A senhora está rindo da minha desgraça?!

— Não há nenhuma desgraça, filho. Ao contrário, você precisa lembrar todos os dias que nós contamos com a graça de Deus para vencer cada obstáculo a nossa frente. Todos os anos, o grau de dificuldade na escola vai aumentar, mas não sinta medo, porque todos os anos você também estará mais preparado para enfrentar um desafio maior.

— Então, se é assim, que Deus me dê energia e que eu passe de ano.

— Ânimo, filho. Você vai conseguir!

ORAÇÃO

Senhor, me ajude a permanecer animado até o final do ano!

ATIVIDADE

1) Você está animado nesse início de ano?

2) Peça ao Senhor que o ajude a compreender tudo o que os professores ensinam na sala de aula.

14 de março

Pausa na leitura

> Eu procuro te servir de todo o coração;
> não deixes que eu me desvie dos teus mandamentos.
> —Salmo 119:10

Quando começou o ano, prometi para mim mesmo que ia ler todos os dias um capítulo de Salmos.

Acontece que agora que as aulas começaram, acabei me atrapalhando e já faz quase uma semana que não pego a Bíblia para ler.

Estava pensando nisso e comentei com o papai:

— Ai, papai, que pena, eu queria ler um capítulo de Salmos por dia, mas não consegui.

— Mas por que você não conseguiu?

— Ah, com a volta das aulas e as tarefas de casa, eu acabei me atrapalhando e já faz uma semana que não leio.

— Às vezes é difícil mesmo cumprir o que nos comprometemos a fazer no início do ano, mas não desista. Ao invés disso, você pode pedir perdão a Deus por essa pausa e retomar a leitura a partir de hoje.

— Posso?

— Claro! Deus se agrada quando vê nosso esforço.

— Então está decidido. Fiz apenas uma pausa na leitura. Hoje volto a ler!

ORAÇÃO

Querido Deus, peço Sua ajuda para cumprir o que prometo.

ATIVIDADE

1) Você normalmente cumpre as suas promessas?

2) Por que é importante cumpri-las?

É chique ser líder?

15 de março

> ...fez isso para preparar o povo de Deus para o serviço cristão ... Desse modo ... alcançaremos a altura espiritual de Cristo.
> —Efésios 4:12,13

Meus pais foram escolhidos pelo pastor para liderar o departamento de família.
Fiquei tão orgulhoso! Contei para todos os meus amigos. Papai percebeu minha empolgação e me chamou para uma conversa:

— Filho, por que você está tão feliz que assumimos o departamento?

— Ah, papai, é que eu acho muito chique ser líder!

— Só isso?

— Só isso?! Não é só não, papai, vocês são líderes do departamento da família, o maior da igreja.

— Sabe, Arthur, eu e sua mãe também estamos felizes com essa oportunidade. Mas não estamos felizes porque temos um título. Isso não nos importa.

— Não?

— Claro que não! Nossa felicidade é porque poderemos abençoar outras famílias por meio desse projeto. Nós estamos na casa de Deus para abençoar e servir as pessoas. Os títulos não importam e não devem ser motivo de vaidade para nós.

— Entendi.

ORAÇÃO

Senhor, quero ser útil na Sua casa, mesmo que não tenha nenhum título de líder.

ATIVIDADE

1) Você ajuda nos trabalhos da sua igreja?

2) O que você mais gosta de fazer na igreja?

16 de março

Querer sempre mais

> Tu falaste comigo, e eu prestei atenção em cada palavra...
> —Jeremias 15:16

Achava nosso culto doméstico cansativo. Um dia reclamei para o papai, que propôs:
— No próximo mês anote tudo o que aprender de novo sobre Deus e depois conversamos.

Concordei.

Depois de um mês, ele me chamou e perguntou o que eu tinha anotado.

— Na primeira semana descobri que o amor de Deus é tão grande que além de mandar Seu filho para perdoar nossos pecados, Ele também mandou o Espírito Santo para nos ajudar a passar por tudo aqui na Terra. Depois aprendi que quem ama ao próximo, não fala mal do amigo e ajuda sempre. Aprendi também que quem honra pai e mãe vive mais feliz aqui na Terra. E na última semana aprendi que só em Jesus existe paz de verdade. Sabe, Jesus é tão incrível que agora não vejo a hora de chegar o culto para aprender mais sobre Ele.

— E saiba que você será uma pessoa melhor cada vez que aprender mais sobre Jesus.

ORAÇÃO

Senhor, amo a Sua Palavra e quero aprender cada dia mais com ela.

ATIVIDADE

1) Você participa de um culto doméstico na sua casa?

2) Sugira aos seus pais que façam cultos semanais entre a sua família.

Desenhando nas nuvens

17 de março

> Antes eu te conhecia só por ouvir falar, mas agora eu te vejo com os meus próprios olhos.
> —Jó 42:5

Sábado passado nossa escola organizou um passeio entre pais e filhos, em uma chácara. Acordei animado, mas quando vi o céu escuro, cheio de nuvens, desanimei.

Mamãe perguntou o porquê do desânimo e expliquei que o dia não seria tão divertido sem sol.

Ela não disse nada, mas durante o caminho nos sugeriu descobrir formas em cada nuvem.

As nuvens mudam de forma o tempo todo e eu consegui encontrar uma girafa, a cabeça de um cavalo, um pinheiro de Natal e um carro de corrida. Ana viu uma boneca, um pé de patins, um cachorro e um trem.

Como o sol não apareceu, durante o futebol me cansei menos e fiz muitos gols. Fui o artilheiro!

Mamãe me falou que às vezes as coisas na nossa vida podem não parecer muito legais, mas nesses momentos temos a oportunidade de perceber melhor que Deus nos ama e está cuidando de nós.

No final das contas, o dia foi muito legal!

ORAÇÃO

Deus, ajude-me a entender que os momentos ruins são oportunidades para conhecer melhor o Seu amor por mim.

ATIVIDADE

1) Existem momentos ruins na sua vida?

2) Tente encontrar o lado bom desses momentos. Conseguiu?

18 de março

Um cristão marcante

> Porque somos como o cheiro suave do sacrifício que Cristo oferece a Deus, cheiro que se espalha...
> —2 Coríntios 2:15

Quando cheguei da escola, percebi que a vovó estava em casa.
— Vovó!
Saí a sua procura.
Ela estava na cozinha e ficou surpresa por eu perceber que ela estava lá. Expliquei que reconheci o seu perfume e ela sorriu.
Mamãe comentou.
— Verdade! O perfume da dona Neli é muito marcante.
— Marcante?
— Sim, filho.
— Mas eu não estou vendo nenhuma marca na vovó!
— Não é marca de machucado, é marca de reconhecimento. Por exemplo, quando você olha um tênis, sabe qual é a marca dele por causa do desenho da marca, certo?
— Certo.
— Então, no caso da vovó a marca não é visual e sim pelo perfume. E no caso de nós cristãos é pelo estilo de vida, ou seja, por sermos bons, honestos, frequentarmos a igreja, e amarmos a Deus, ao próximo e a nossa família.
— Então sou um cristão marcante!
Elas riram e concordaram.

ORAÇÃO

Deus, ajude-me a ser um cristão marcante onde eu estiver.

ATIVIDADE

1) Você conhece algum cristão marcante?

2) Por que ele/ela é marcante para você?

O céu se regozija!

19 de março

> ...os anjos de Deus se alegrarão por causa de um pecador que se arrepende dos seus pecados.
> —Lucas 15:10

Papai recebeu uma ligação e eu o ouvia falando empolgado:
— O senhor está brincando! Que ótima notícia... claro, claro... iremos sim, com certeza... até mais tarde!
E desligou.
Ele foi correndo atrás da mamãe.
Eu estava tão curioso, que corri atrás dele.
Quando encontrou a mamãe, gritou:
— Meu tio Carlos aceitou a Jesus!
Ela deu um grito de felicidade:
— Sério?! Que notícia maravilhosa!
Eles se abraçaram.
Nunca vi meus pais tão felizes!
— Vocês estão parecendo criança quando ganha brinquedo!
Eles riram e a mamãe explicou:
— Sabe a alegria que você sente quando ganha um brinquedo?
— Aham...
— Nossa alegria pela salvação do tio Carlos é mil vezes maior.
— Por quê?
— Porque a melhor decisão que uma pessoa pode tomar é aceitar a Jesus como Salvador. Até os anjos estão em festa no céu.
— Ah... então também estou feliz!

ORAÇÃO

Deus, obrigado pela salvação da minha família.

ATIVIDADE

1) Liste o nome de 5 pessoas para orar pela salvação delas.

2) Você lembra de alguém que aceitou a Jesus e você ficou muito contente?

20 de março

Amar na medida certa!

> Não adore outros deuses; adore somente a mim.
> —Êxodo 20:3

Hoje meu time do coração perdeu a semifinal do campeonato estadual. Fiquei tão bravo que não queria falar com mais ninguém. Fui para meu quarto.

Papai chegou na porta e pediu para entrar.

Eu disse que preferia ficar sozinho.

Ele disse que precisava conversar comigo e eu o deixei entrar.

— Filho, toda essa braveza é porque o seu time foi eliminado do campeonato?

— Lógico! Tudo culpa daquele técnico burro...

— Como é que é?

— Desculpa. Sei que não posso xingar as pessoas.

— Exatamente. Filho, tudo bem você torcer por um time, mas não é certo você perder a alegria por esse ou por qualquer outro motivo. É colocar o time acima de Deus na sua vida e isso é errado.

— Mas não coloquei o time acima de Deus!

— Se por causa dele você fez coisas que entristecem o coração de Deus, colocou sim.

— Entendi. Não vou mais fazer isso.

ORAÇÃO

Deus, perdoe-me por entristecê-lo amando mais as coisas do que o Senhor.

ATIVIDADE

1) Tem alguma coisa que você ama mais que a Deus?

2) Como você pode mudar essa situação?

Já estou trabalhando!

21 de março

> ...Muito bem, empregado bom e fiel...
> —Mateus 25:23

Lembram que há algum tempo o pastor fez um mutirão na igreja para pintar as paredes?

Bem, não foi possível completar todo o trabalho e hoje os homens se reuniram para finalizar a pintura.

Eu fui com papai e decidi que queria ajudar.

O irmão Jeferson disse que eu não poderia pintar as paredes porque não tenho altura suficiente para as passadas do pincel.

Fiquei muito triste e ele percebeu.

Então, veio até mim e fez a seguinte proposta:

— Arthur, não fique triste, você ainda é muito novo e vai poder pintar muitas vezes as paredes da igreja. Nem sempre poderemos fazer o que queremos, mas sempre poderemos fazer alguma coisa. As mulheres estão preparando um jantar para os homens lá na cozinha, mas não tem ninguém para arrumar a mesa. Você ajudará muito se aceitar fazer isso!

Eu aceitei, afinal, o importante é ajudar!

ORAÇÃO

Deus, que eu sempre tenha prazer em ajudar na Sua casa.

ATIVIDADE

1) O que você quer fazer na igreja quando crescer?

2) Que tarefas você já pode fazer na igreja com essa idade?

22 de março

Preparados e alertas

> ...Certamente venho logo!...
> —Apocalipse 22:20

Mamãe fala coisas que não entendo. Hoje mesmo ela falou:
— Viva como se Cristo fosse voltar hoje.
Não entendi e perguntei:
— A senhora sempre fala isso, mas não está escrito que ninguém sabe quando Ele vai voltar?
— Sim, filho.
— Então por que a senhora manda a gente viver como se Ele fosse voltar hoje?
— Sabemos que Cristo vai voltar. O que Ele vem fazer aqui na terra?
— Buscar a Sua igreja para morar com Ele.
— E como precisamos estar para subir?
— Preparados.
— Exatamente. Ter Jesus como Salvador é estar preparado. Quando digo "como se fosse voltar hoje", quero dizer, esteja sempre preparado para a volta de Jesus. Em um jogo de futebol, o zagueiro precisa estar alerta até o fim do jogo, para o time não levar gol. Na vida com Deus é a mesma coisa. Precisamos estar preparados e alertas para a volta dele todos os dias.

ORAÇÃO

Deus, quero estar preparado todos os dias até o momento da volta do Seu filho.

ATIVIDADE

1) Você entendeu o que é estar preparado para a volta de Jesus?
2) Você já está preparado?

Comunhão

23 de março

> Como é bom e agradável que o povo de Deus viva unido como se todos fossem irmãos!
> —Salmo 133:1

O pastor estava animado para inaugurar o salão de eventos e pediu que as mulheres da igreja lhe trouxessem ideias. Uma sugeriu uma noite italiana, com vários tipos de massas. Outra teve a ideia de fazer uma noite nordestina, com comidas típicas da região e uma terceira teve a ideia de fazer um café colonial.

O pastor fez uma votação e a noite italiana ganhou. A senhora que teve a ideia de fazer o café colonial não gostou e disse que não iria ajudar.

O pastor então disse:

— Queridos, nosso objetivo aqui é fazer uma confraternização e nem isso e nem qualquer outro projeto nosso pode dividir os irmãos. Somos mais fortes quando estamos unidos! A maioria decidiu que a primeira noite será de massas, mas nada nos impede de, em outros momentos, usar as outras ideias. A mágoa e a tristeza não podem atrapalhar a nossa comunhão.

ORAÇÃO

Deus, que na nossa igreja busquemos sempre a união de todos.

ATIVIDADE

1) Você gosta de participar das atividades da sua igreja com as outras pessoas?

2) Sua família ajuda bastante na igreja?

24 de março

O sanduíche e o Pão da Vida

> ...vocês ... serão minhas testemunhas em Jerusalém, em toda a Judeia e Samaria e até nos lugares mais distantes...
> —Atos 1:8

Mamãe sempre diz que precisamos falar do amor de Deus para todas as pessoas, mas hoje a Ana se superou.

Acredita que ela falou de Jesus para um mendigo que fica na porta da escola?

Ele sempre diz que está com fome.

Então a Ana disse:

— Olha, seu moço, não tenho dinheiro, mas guardei o lanche do recreio especialmente para você.

Ele ficou muito surpreso.

E ela continuou:

— Você é muito especial para Deus, sabe... Ele até mandou o Seu Filho morrer na cruz para perdoar os seus pecados. E os meus também. Hoje eu só tenho esse sanduíche para dar, mas o Filho de Deus, Jesus, é o Pão da Vida, e se você aceitá-lo como Salvador, nunca mais vai sentir fome de amor e de amizade.

Os olhos do homem se encheram de lágrimas.

Mamãe, que estava junto, disse à Ana que ela agradou o coração de Deus, pois se importou com o próximo.

ORAÇÃO

Deus, quero testemunhar do Seu grande amor a qualquer pessoa.

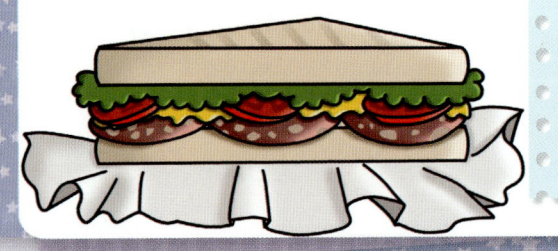

ATIVIDADE

1) Para quem você já falou do amor de Deus?

2) Você tem coragem de pregar o evangelho para todos os seus amigos?

Quem é Jesus?

25 de março

> E vocês? Quem vocês dizem que eu sou?
> —Mateus 16:15

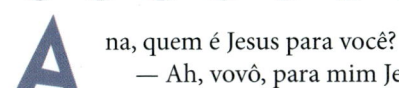

—Ana, quem é Jesus para você?
— Ah, vovô, para mim Jesus é um exemplo de amor.
— E você Arthur, quem é Jesus para você?
— Meu melhor amigo!
Vovô então perguntou ao meu pai:
— Muito bem, e você, Marcos, quem é Jesus para você?
— Ah, pai, Jesus é o meu Salvador!
— Muito bem, pessoal, não podemos jamais esquecer quem é Jesus para nós. Ele é o nosso Criador, Defensor, Amigo e Redentor. Não permitam que nada e nem ninguém mude o que vocês já descobriram sobre Jesus, certo?
— Combinado, vovô!, disse Ana.
— De acordo, pai!, concordou meu pai.
Eu também concordei, afinal, já percebi em muitas situações que Jesus é tudo isso e muito mais. E eu o amo muito.

ORAÇÃO

Jesus, muito obrigado por ser tão incrível para nós!

ATIVIDADE

1) Quem é Jesus para você?
2) Na sua vida existe alguém mais importante do que Jesus?

26 de março

A mágoa e a verdade

Ajuda-me a falar sempre a verdade...
—Salmo 119:43

Indo para a escola, vi um adesivo num carro: "Magoe-me com a verdade, mas não me iluda com a mentira."

Achei estranha essa coisa da verdade magoar alguém e perguntei para o papai:

— Papai, a verdade pode ser ruim?

— Claro que não, meu filho. Por quê?

— Eu acabei de ler um adesivo que diz "magoe-me com a verdade, mas não me iluda com a mentira".

— Filho, Deus é amor e verdade, portanto, a verdade nunca é ruim. Às vezes, ela parece não ser boa, mas nesses casos ela é como o remédio que cura uma doença. Até parece ruim, mas só faz bem. Entende?

— Como assim?

— Por exemplo, quando a professora na escola fala a um menino que ele é bagunceiro e precisa melhorar o comportamento, ele gosta de ouvir isso?

— Não!

— Mas é a verdade, e a professora está falando isso para ajudá-lo a melhorar.

— Entendi, papai. A mentira é que sempre faz mal, não é?

— Exatamente.

ORAÇÃO

Jesus, que eu sempre prefira a verdade na minha vida!

ATIVIDADE

1) Você entendeu por que a verdade é sempre melhor?

2) Você só fala a verdade?

Quantos pais eu tenho?

27 de março

> Pois, por meio da fé em Cristo Jesus, todos vocês são filhos de Deus.
> —Gálatas 3:26

— Pai, por que chamamos Deus de pai também?
— Porque Ele nos adotou.
— Ué, mas só pode ser adotado quem não tem pai. E o senhor já é meu pai e também tem pai, o vovô. Então, como Deus pode ser nosso segundo pai?
— Ele não é o segundo pai. Ele é o Pai celestial.
— Qual a diferença?
— Bom, na verdade nós somos criaturas de Deus, pois foi Ele quem nos criou, mas por causa do pecado, nós nos afastamos dele. Foi então que o Senhor enviou o Seu Filho Jesus para morrer por nós na cruz e nos resgatar para Sua família. Graças ao preço que Cristo pagou na cruz por nós, podemos ser chamados filhos de Deus.
— Acho que agora entendi.

ORAÇÃO

Querido Deus, obrigado por ser o meu Pai celestial.

ATIVIDADE

1) Você é filho de Deus? Por quê?
2) Agradeça a Deus por ter escolhido você para ser Seu filho.

28 de março

Plantando uma árvore

> Que a esperança que vocês têm os mantenha alegres; aguentem com paciência os sofrimentos e orem sempre.
> —Romanos 12:12

A professora de ciências deu a cada aluno uma muda de árvore que depois de crescida chega a quinze metros de altura.

Fiquei empolgado para plantar, até que ela disse que a árvore leva quase 20 anos para alcançar a estatura máxima.

— Vinte anos?

Desanimei!

Quando cheguei a casa, joguei a muda num canto.

Papai perguntou o que era. Expliquei que era uma árvore, mas que demorava demais para crescer.

Ele disse que preciso ser paciente e que devo plantar a árvore mesmo assim, afinal, as árvores que vejo na rua e no quintal das casas só existem porque alguém as plantou, mesmo correndo o risco de não as ver grandes. Ele disse ainda que muitas pessoas não recebem respostas das suas orações porque não tem paciência para esperar o tempo de Deus para a resposta.

Plantei a árvore e aprendi que devo continuar orando, mesmo que a resposta demore.

ORAÇÃO

Senhor, ajude-me a esperar o tempo certo de cada situação na minha vida.

ATIVIDADE

1) Você está orando sobre alguma coisa que ainda não teve resposta?

2) O que é mais difícil para você esperar?

O exemplo de Cristo

29 de março

> A conduta de vocês entre os pagãos deve ser boa, para que ... louvem a Deus no dia da sua vinda.
> —1 Pedro 2:12

Fui com o papai na padaria comprar pão e um menino novo na minha turma, o Adriano, estava lá.

Ele me deu oi e virou para o pai dele e falou:

— Pai, esse é aquele menino que eu falei para o senhor que acabou com o *bullying* que estavam fazendo com o Ênio lá na sala. Os meninos me disseram que ele e toda família amam a Jesus.

O pai dele se virou para o meu pai e disse:

— Parabéns pelo seu filho, ele é um bom garoto e meu filho está muito feliz de estudar com ele esse ano.

Quando saímos da padaria, o papai me deu um forte abraço e disse:

— Hoje é um dia muito especial para mim porque você me mostrou que é testemunha do amor de Cristo em todos os lugares, mesmo quando eu ou a mamãe não estamos perto. Saiba que essas pessoas vão aprender a amar a Jesus por causa do seu exemplo.

Eu fiquei muito feliz!

ORAÇÃO

Querido Deus, fico muito feliz de fazer propaganda do amor de Cristo para as pessoas.

ATIVIDADE

1) Você acredita que sua vida é um exemplo do amor de Jesus para as pessoas?

2) Como você pode ajudar a divulgar o amor de Cristo por onde passa?

30 de março

Quem ama, obedece

> Filhos, o dever cristão de vocês é obedecer sempre ao seu pai e à sua mãe porque Deus gosta disso.
> —Colossenses 3:20

Eu e Sandro passeávamos de bicicleta na rua e ele teve a ideia de irmos até o parque no bairro vizinho. Pedi a mamãe autorização, mas ela não deixou.

Disse que não poderia nos acompanhar e que seria perigoso sairmos sozinhos no fim da tarde.

Avisei ao Sandro que não iria.

Ele achou estranho e disse que sou um "fracote", porque não briguei com a mamãe e nem a desobedeci.

Expliquei que conheço minha mãe e sei que ela falou isso para o meu bem, mas ele não entendeu e foi passear sozinho.

Voltei triste para casa e expliquei a situação para a mamãe, que me consolou dizendo:

— Filho, você tomou a atitude correta. Se tivesse ido sem meu consentimento, não iria se divertir, pois não sentiria paz. O Sandro vai perceber que você agiu certo. Fique tranquilo!

Sabe que é verdade? Não fui ao parque, mas estou em paz.

ORAÇÃO

Deus, obrigado pela vida da minha mãe que sempre pensa no meu bem.

ATIVIDADE

1) Você entende que tudo que seus pais fazem é para o seu bem?

2) Você obedece as instruções dos seus pais ou briga com eles?

Uma questão simples

31 de março

> A salvação não é o resultado dos esforços de vocês; portanto, ninguém pode se orgulhar de tê-la.
> —Efésios 2:9

— Puxa mãe, tenho certeza de que eu vou para o céu!
— E por que você tem tanta certeza, filho?
— Ah, porque eu sou um bom filho, um bom irmão, um bom amigo, um bom aluno, um ótimo neto. Ajudo os mais velhos no que precisam. Respeito os professores. Eu sou muito bom!
— Lembre-se de que ninguém é tão bom que não possa melhorar. Mas preciso avisá-lo de que nada disso vai levá-lo para o céu!
— Não?
— Não, porque a salvação é gratuita, ela não depende de nenhum esforço. Você recebe a salvação no momento que aceita Jesus como Salvador. Ele já pagou todo o preço com a Sua morte lá na cruz.
— Então por que eu preciso fazer todas as coisas que falei?
— Porque quem tem Jesus no coração vai se tornando uma pessoa boa. E você tem Jesus e por causa do amor dele também tem a salvação.
— Que simples!
— Muito simples. O amor de Jesus é simples!

ORAÇÃO

Deus, agradeço pelo sacrifício do Seu Filho lá na cruz por mim.

ATIVIDADE

1) De acordo com a história, o que você precisa fazer para receber a salvação?

2) Você faz coisas boas como as que Arthur falou no começo da história?

1º de abril

Caixa de bombons

Não dê com tristeza no coração, mas seja generoso com ele...
—Deuteronômio 15:10

Durante a aula de matemática, a professora prometeu um prêmio para quem resolvesse primeiro o problema que ela passou.

Adivinha quem acertou primeiro? "Euzinho"!

E adivinha qual era o prêmio?

Uma caixa de bombons. Da minha marca preferida.

Na hora do recreio, o Sandro pediu um bombom.

Eu abri a caixa, separei um para mim e um para Ana e então distribuí os outros bombons com meus amigos de sala.

Uma das meninas ficou admirada ao me ver dividir meu prêmio. Ela disse que nunca faria isso.

Eu disse que meus pais me ensinaram que Deus se agrada de pessoas generosas. E depois me explicaram que ser uma pessoa generosa é dividir suas coisas com alegria com outras pessoas.

Ela perguntou:

— Mas qual a vantagem?

— Meus amigos ficam felizes e eu não engordo. É melhor ter amigos do que um monte de bombons!

ORAÇÃO

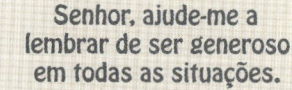

Senhor, ajude-me a lembrar de ser generoso em todas as situações.

ATIVIDADE

1) Você gosta de dividir seu tempo e suas coisas com outras pessoas?

2) O que você tem mais dificuldade para dividir?

Tenho o melhor amigo

2 de abril

(Jesus disse) ... chamo vocês de amigos...
—João 15:15

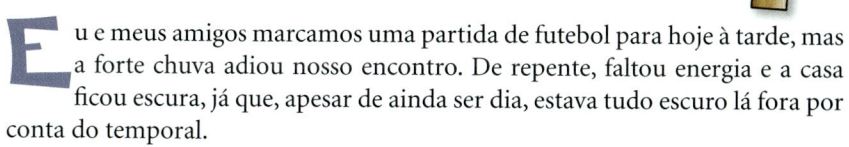

Eu e meus amigos marcamos uma partida de futebol para hoje à tarde, mas a forte chuva adiou nosso encontro. De repente, faltou energia e a casa ficou escura, já que, apesar de ainda ser dia, estava tudo escuro lá fora por conta do temporal.

Ana e mamãe estavam tirando um cochilo naquele momento. Eu me senti sozinho e com medo.

Não dava para estudar, brincar, assistir TV ou navegar na internet.

E também não tinha ninguém para conversar comigo.

Bateu uma tristeza!

Então, lembrei de que a maior vantagem em ter Jesus como nosso melhor amigo é que nunca, mas nunquinha mesmo, a gente fica sozinho.

Era isso! Jesus estava ali para falar comigo, para ouvir tudo o que eu tinha para dizer e para me dar segurança.

Aproveitei para falar com ele em oração e meu coração se encheu de paz e alegria.

ORAÇÃO

Querido Jesus, muito obrigado pela Sua amizade!

ATIVIDADE

1) Você já se sentiu sozinho em algum momento?

2) Agradeça a Jesus pelo Seu amor e amizade!

3 de abril

Significado do meu nome

> ...Foi em Antioquia que, pela primeira vez, os seguidores de Jesus foram chamados de cristãos.
> —Atos 11:26

Diz a mamãe que me chamou de Arthur porque se apaixonou pelo significado deste nome — "nobre e generoso". Ela diz que não poderia querer coisa melhor do que um filho de coração nobre, ou seja, bondoso e correto, e de alma generosa.

Mas o papai disse que ao longo da vida nós recebemos outros nomes e títulos. A mamãe, por exemplo, recebeu o sobrenome do papai quando eles casaram. Ele recebeu o título de papai quando eu nasci e todos nós recebemos dois títulos especiais ao aceitarmos Jesus como Salvador: filho de Deus e cristão.

Ser chamado filho de Deus é motivo de alegria e esperança para nós, e ser chamado cristão nos faz lembrar de que precisamos viver esse exemplo todos os dias, pois as pessoas estão observando nossos atos para conferir se estamos mesmo cheios do amor de Deus.

ORAÇÃO

Querido Deus, ajude-me a viver como um cristão de verdade!

ATIVIDADE

1) Você sabe o significado do seu nome?

2) Você dá um bom exemplo como cristão?

Dia de faxina

4 de abril

> De manhã ouves a minha voz: quando o sol nasce, eu faço a minha oração e espero a tua resposta.
> —Salmo 5:3

Sexta-feira é dia oficial da faxina aqui em casa. E hoje é dia de arrumação no meu quarto.

Mamãe pediu que escolhesse alguns brinquedos para doação.

Enquanto escolhia, encontrei meu macaquinho baterista. Ganhei aos três anos, mas gosto dele até hoje.

Tentei ligá-lo, mas não funcionou.

Papai tentou consertar, mas não conseguiu. Ele disse que esse brinquedo precisava ser ligado de tempos em tempos, para que o lugar onde se põe a pilha não enferrujasse. Agora o macaquinho não vai mais funcionar.

Quando viu que fiquei triste, papai disse que se isso fosse com a minha vida espiritual, seria pior.

— Como assim?

— Na nossa caminhada com Deus também é assim, se não fizermos a manutenção, lendo a Palavra e orando, nos afastamos do Senhor e, quando menos esperamos, estamos totalmente separados do nosso Pai celestial.

ORAÇÃO

Querido Deus, eu quero falar contigo todos os dias.

ATIVIDADE

1) Você já consegue orar todos os dias?

2) Faça o propósito de ler ao menos um versículo todos os dias.

5 de abril

Não é por merecer

> Então os primeiros que tinham sido contratados pensaram que iam receber mais...
> —Mateus 20:10

Quem ajudasse a preparar o almoço ganharia um sorvete. Eu enchi a panela de água para o arroz. Coloquei a toalha na mesa e também os pratos e os copos. Lavei a alface para salada e toda a louça.

Ana só colocou os talheres na mesa.

Mamãe nos levou à sorveteria.

Eu tinha feito muito mais coisas que Ana e pedi um sorvete com duas bolas. Ana também quis um sorvete de duas bolas e a mamãe também deu.

Não achei justo!

— Manhê, eu fiz muito mais coisas e mereço mais sorvete.

— Arthur, você realmente me ajudou mais, mas eu quero dar essa alegria para os dois. Não é merecimento, é graça.

— Como assim?

— Jesus nos ofereceu a salvação pela Sua graça, já que nós nunca poderíamos pagar e nem fizemos nada para merecer. Você mereceu as duas bolas. Ana não mereceu, mas vai ganhar como um presente.

ORAÇÃO

Querido Deus, obrigado pelo Seu amor e pela salvação que me deu, mesmo sem eu merecer.

ATIVIDADE

1) Você já ganhou um presente que não merecia?

2) Você entendeu o que é graça?

O que eu vou ser quando crescer?

6 de abril

> Escolham a vida, para que vocês e os seus descendentes vivam muitos anos ... obedeçam ao que (Deus) manda...
> —Deuteronômio 30:19,20

Hoje, enquanto mamãe lavava a louça, tivemos uma conversa interessante:
— Deus tem um plano para a minha vida?
— Tem sim.
— E qual é?
— Não sei.
— Como vou saber se devo ser pastor, jogador de futebol ou piloto de avião?
— Antes você precisa saber o que deve ser como pessoa.
— Como assim?
— Primeiro você deve amar a Deus sobre todas as coisas. Também precisa lembrar de amar o seu próximo como a si mesmo. E deve mostrar isso com suas atitudes. Lembre-se de falar do amor de Deus para as pessoas e de ser um homem de caráter, ou seja, honesto, bondoso e que busca ter mais amigos do que inimigos. Tudo isso você aprende estudando a Bíblia.
— E quando descubro o que vou ser quando crescer?
— Bom, se você for um homem segundo o coração de Deus, Ele lhe dará sabedoria no tempo certo para tomar as outras decisões importantes, como profissão e casamento.
— Sério?
— Aham.
— Legal!

ORAÇÃO

Querido Deus, que eu agrade o Seu coração com a minha vida.

ATIVIDADE

1) O que você quer ser quando crescer? (Profissão)

2) Segundo a história, como você deve ser quando crescer?

7 de abril

Que sobremesa vamos ter?

...procurem viver bem uma com a outra...
—Filipenses 4:2

Mamãe perguntou que sobremesa queremos no almoço do domingo.
— Sorvete de morango com calda de chocolate!
— Não! Eu quero pudim.
Lá vem a Ana me contrariar!
— Sorvete é mais refrescante.
— Mas pudim é mais doce.
— Mas eu gosto mais de sorvete com calda!
— E eu gosto mais de pudim e também vem com calda de caramelo... hummm.
Eu estava com raiva de Ana. Ela ficou impaciente comigo.
— Que coisa, Arthur, tem que ser tudo do seu jeito?
— Você que é sempre do contra.
Ao perceber que a discussão estava séria, mamãe entrou na conversa:
— Gente, não precisa brigar por causa de uma sobremesa. Vocês são irmãos e se amam. Que tal se perdoarem e fazermos um sorteio para decidir a sobremesa do fim de semana? A outra será feita no próximo domingo.
Ela tinha razão. Ana e eu nos abraçamos. Tiramos no par ou ímpar e Ana ganhou.
Ainda bem que gosto muito de pudim!

ORAÇÃO

Senhor, ajude-me a superar as minhas diferenças com as pessoas e a amá-las.

ATIVIDADE

1) Você já discordou de alguém em alguma coisa?

2) Como vocês resolveram isso?

Com quem me pareço?

8 de abril

...todos nós ... refletimos a glória que vem do Senhor ... e vai nos tornando cada vez mais parecidos com o Senhor, que é o Espírito. —2 Coríntios 3:18

Sou fã do papai. Ele é um homem honesto, perdoador, paciente e muito amoroso.
   Esses dias falei para ele que o amo muito e prometi:
— Quando crescer, serei como o senhor!
Ele agradeceu:
— Obrigado, filho. Fico muito feliz! Eu também tento ser como alguém que admiro.
— O vovô?
— Não, não é o meu pai. Aprendi com ele que meu exemplo de vida deve ser Jesus. Todas as vezes que você vê algo de bom em mim, pode ter certeza que aprendi com Jesus, ao ler a minha Bíblia. Seu avô, também faz muito isso e, por isso, é uma pessoa admirável.
— Então, quer dizer que, se eu for como Jesus, serei parecido com o senhor, papai?
— Na verdade, eu é que busco imitá-lo, lendo todos os dias a Sua Palavra e me aproximando dele.
— Entendi. Eu também quero ficar parecido com Ele!

ORAÇÃO

Deus, ajude-me a ser como o Seu Filho foi.

ATIVIDADE

1) O que você mais gosta em Jesus?
2) Você deseja ser como Ele?

9 de abril

Amado para amar

...Não deixem de receber bem aqueles que vêm à casa de vocês...
—Hebreus 13:2

Um amigo do papai veio passar uns dias aqui em casa com a família. Eles moram em outro país!

Mamãe pediu que eu emprestasse meu quarto para os filhos dele, o Richard e o Josh.

Para falar a verdade, eu não queria emprestar, mas a mamãe falou que preciso ser hospitaleiro.

— Eita, mamãe, você quer que eu vire um hospital?!

— Claro que não! Ser hospitaleiro significa receber as pessoas na sua casa com alegria e dedicação. Você não gosta de passar uns dias na casa da vovó?

— Gosto!

— Por quê?

— Ué, porque ela faz bolo de chocolate para mim. E o vovô sempre me conta histórias incríveis da Bíblia.

— Eles estão sendo hospitaleiros e, por isso, fazem você se sentir amado.

— Verdade!

— Então agora é sua chance de mostrar que tem Deus no coração e oferecer seu quarto aos meninos, que se sentirão amados.

— Combinado, mamãe.

ORAÇÃO

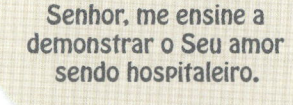

Senhor, me ensine a demonstrar o Seu amor sendo hospitaleiro.

ATIVIDADE

1) Você trata bem as pessoas que vêm à sua casa?

2) Você gosta de ser bem tratado na casa das pessoas?

Banco da frente

10 de abril

> Eu lhes dei os meus mandamentos e lhes ensinei as minhas leis, que dão vida a quem os cumprir.
> —Ezequiel 20:11

Meu sonho é andar no banco da frente do carro, mas meu pai nunca deixa.

Ele disse que faz isso por amor.

— Papai, se o senhor me amasse mesmo, me deixaria ir na frente, já que tenho tanta vontade.

— Sim, meu filho, eu sei que é sua vontade. Porém, mais importante é a sua segurança.

— Que segurança?

— A lei estabelece que só crianças com 10 anos ou mais podem andar no banco da frente.

— Não gosto da lei!

— A lei foi feita para proteger. Antes disso, o cinto de segurança não vai proteger do jeito certo, no caso de um acidente. Todas essas decisões têm o objetivo de proteger a vida das crianças. Entendeu?

— Entendi!

— A Bíblia também não nos apresenta um monte de regras de fé?

— Sim.

— O que Deus quis foi nos proteger e nos abençoar. Suas regras existem por amor e nos ajudam a viver melhor.

— Disso eu já sabia, *né*, papai?

ORAÇÃO

Senhor, me ajude a lembrar que Suas regras são o melhor para mim.

ATIVIDADE

1) Você entendeu que as leis de Deus existem porque Ele ama e cuida de você?

2) Dê um exemplo de uma dessas leis e como ela demonstra o amor de Deus.

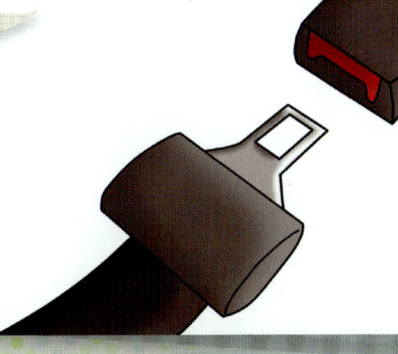

11 de abril

Meu herói!

Deem ao Senhor a honra que ele merece...
—Salmo 29:2

— Pai, Deus criou o universo e todas as coisas que existem, certo?
— Certo.
— Em seis dias?
— Isso mesmo.
— E como que foi isso?
— Ele falou, e as coisas foram aparecendo.
— Simples assim?
— Aham.
— Nossa, tem que ser muito poderoso para fazer isso, não é papai?
— Com certeza, meu filho.
— Acho que nem nos filmes e nos desenhos os heróis são tão poderosos!
— Não são mesmo, Arthur. Inclusive, porque nos desenhos e nos filmes, tudo é invenção, fruto da imaginação. Já o nosso Deus é o Todo-Poderoso de verdade. Ele existe e podemos ver isso quando observamos a natureza a nossa volta. Tudo foi criado pelas mãos dele.
— Uau! Esse sim é meu herói!

ORAÇÃO

Deus, o Senhor é o meu herói Todo-Poderoso e eu o amo!

ATIVIDADE

1) Quem é o seu herói?

2) Desenhe aquilo que Deus criou que mais *te* impressiona.

Novos começos

12 de abril

> Pois agora vou fazer uma coisa nova, que logo vai acontecer, e, de repente, vocês a verão...
> —Isaías 43:19

Hoje, lá na igreja, um missionário contou o testemunho da sua vida. Ele disse que quando era criança, seus pais morreram em um acidente e ele não tinha outros parentes e, por isso, foi morar num orfanato.

Ele já tinha ouvido falar sobre Jesus e todos os dias ele orava, mesmo sendo criança, para que Deus lhe desse uma nova família.

Depois de um ano inteiro orando, quando ele já tinha 9 anos, uma família o adotou e desde então ele é tratado com muito carinho. O missionário louva a Deus porque seus filhos hoje têm avós, tios e primos.

Ele disse que todos os dias agradece a Deus pelo recomeço da sua história.

Fiquei muito feliz por ele, afinal, família é tudo de bom, *né*? E o papai comentou lá em casa que o nosso Deus também é um Deus de novos começos. Ele não nos deixa frustrados.

ORAÇÃO

Se um dia eu precisar, já sei que posso contar com o Senhor para um novo começo.

ATIVIDADE

1) Você já precisou recomeçar alguma coisa?
2) Como foi essa experiência?

13 de abril

Dedicação

...cada um ajuda o outro e diz a seu irmão: "seja forte!"
—Isaías 41:6 (NVI)

Hoje aconteceu um almoço especial na igreja e a mamãe ficou responsável pela equipe de limpeza da cozinha.

Quando o almoço terminou, a equipe de apenas seis pessoas começou os trabalhos.

Durante a limpeza, uma das voluntárias cortou a mão e ela e seu marido saíram para o hospital, para fazer um curativo.

Com duas pessoas a menos, o trabalho ficou mais difícil, mas ninguém desistiu. Todos ficaram até que a última colher fosse guardada.

Ao final, mamãe chamou seus ajudantes e disse:

— Queridos amigos, louvo a Deus por suas vidas e dedicação. Estamos cansados, mas o empenho de cada um fez esse momento ficar mais leve. Eu não conseguiria fazer tudo isso sozinha e vocês foram companheiros, o que prova o amor de Deus nas suas vidas. Muito obrigada!

ORAÇÃO

Querido Deus, que eu seja dedicado em tudo que eu fizer para louvar o Seu nome.

ATIVIDADE

1) Você é dedicado nos estudos?

2) E no serviço da sua casa, ajudando a mamãe, você é dedicado?

Ele está vivo

14 de abril

> Antigamente, por terem desobedecido a Deus e por terem cometido pecados, vocês estavam espiritualmente mortos.
> —Efésios 2:1

Hoje é feriado e fomos almoçar na casa do tio Lúcio. Ele reuniu toda a família para um dia alegre.

Durante o almoço, o vovô deu graças pelo alimento e lembrou que hoje se comemora o dia da morte de Jesus e que, apesar de parecer uma coisa muito maluca, esse é um dia feliz. Não me aguentei e interrompi:

— Vovô, desculpe atrapalhar, mas como o dia da morte de alguém pode ser um dia feliz?

— Sabe, a morte de Jesus não foi uma morte qualquer. Ele foi condenado pelos pecados que toda a humanidade cometeu e Ele morreu para que nós pudéssemos ter a vida novamente. A morte é uma coisa muito triste e o momento exato da morte de Jesus foi de muito sofrimento. Mas Ele ressuscitou ao terceiro dia e é por isso que somos felizes. Ele nos devolveu a chance de morarmos no céu!

— Puxa, Jesus é mesmo o maior exemplo de amor que já existiu!

ORAÇÃO

Querido Jesus, sou muito agradecido porque o Senhor nos dá a vida eterna.

ATIVIDADE

1) Por que Jesus morreu?

2) Existe amor maior do que o de Jesus que entregou a própria vida por nós?

15 de abril

O último ensaio

...façam tudo para a glória de Deus.
—I Coríntios 10:31

Hoje foi o último ensaio para a apresentação de amanhã. Todos estão na maior expectativa.

Quando, enfim, a orquestra e o coro conseguiram completar, sem erros, a música mais difícil, a empolgação foi tão grande que todos aplaudiram, felizes.

Nesse momento, o pastor aproveitou para pegar o microfone e pedir uma coisa muito interessante:

— Queridos músicos e cantores, vocês estão de parabéns! Graças ao seu empenho, a apresentação de amanhã será inesquecível. Mas gostaria de pedir que não esqueçamos o grande objetivo deste trabalho, que é contar para as pessoas, de um jeito diferente, o imenso poder e amor do nosso Cristo. Vamos aproveitar a ocasião para que o nosso Redentor seja exaltado e não nós!

Todos voltaram a aplaudir, mas agora, era para Jesus!

ORAÇÃO

Querido Jesus, eu quero aproveitar todas as oportunidades que tiver para louvá-lo e honrá-lo.

ATIVIDADE

1) Como você pode adorar a Jesus no seu dia a dia?

2) Lembre-se de uma oportunidade que você aproveitou para adorá-lo.

É Páscoa!

16 de abril

...mas ele não está aqui; já foi ressuscitado, como tinha dito...
—Mateus 28:6

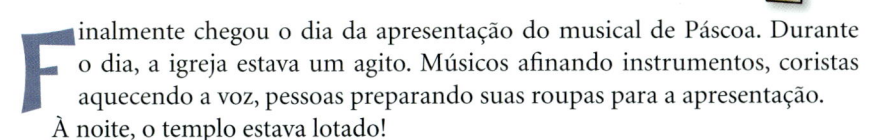

Finalmente chegou o dia da apresentação do musical de Páscoa. Durante o dia, a igreja estava um agito. Músicos afinando instrumentos, coristas aquecendo a voz, pessoas preparando suas roupas para a apresentação. À noite, o templo estava lotado!

Durante a apresentação, o papai participou de um quarteto especial e cantou uma canção que explicava a diferença entre Natal e Páscoa, que dizia assim:

"Celebramos o nascimento de Cristo no Natal, pois nos trouxe a esperança da salvação, mas é na Páscoa que comemoramos o nosso renascimento, pois através da Sua morte e ressureição, Jesus nos devolveu a vida, ao perdoar nossos pecados e conquistar para nós o direito de morarmos no céu. Agora, verdadeiramente somos livres! Viva a Páscoa!"

Finalmente entendi o que a Páscoa significa.

ORAÇÃO

Jesus, obrigado por se entregar na cruz pelos meus pecados e conquistar para mim a salvação.

ATIVIDADE

1) Você já reconheceu que Jesus é o Salvador da sua alma?

2) Explique o que a Páscoa significa.

17 de abril

Pessoa certa no lugar certo

> ...Deus lhe mostrou tudo isso, e assim está claro que não há ninguém que tenha mais capacidade e sabedoria do que você.
> —Gênesis 41:39

Papai e mamãe conversavam após o jantar.

— O seu Antônio é realmente a pessoa perfeita para fazer a recepção nos cultos na igreja, não é mesmo?, disse papai.

— Com certeza! Ninguém consegue ser tão gentil e atencioso com todas as pessoas que chegam, respondeu mamãe.

— E nem tem olhos tão bons para achar os lugares mais escondidos. Ninguém espera para sentar, quando ele recebe as pessoas.

— Verdade. E o que você acha do casal Lívia e Maurício que ficou responsável pelos eventos de família?

— Gostei. A família deles é linda e um bom exemplo para todos, sem contar que são criativos e fazem festas lindas. Acho que vai dar certo!

— Como Deus é sábio! Fez as pessoas diferentes para que, do seu jeito, cada uma possa contribuir na vida das outras.

— E Ele faz tudo isso para que nos abençoemos uns aos outros. O amor de Deus é especial.

ORAÇÃO

Meu Deus, ajude-me a perceber como eu posso ser bênção na vida dos meus amigos.

ATIVIDADE

1) Como você pode ser bênção na vida de alguém?

2) Lembre o nome de alguém que é bênção na sua vida e explique o porquê.

Uma bagunça só!

18 de abril

> ...não falem mal de ninguém, mas que sejam calmos e pacíficos e tratem todos com educação.
> —Tito 3:2

A professora de português passou um trabalho gigantesco que iremos fazer em grupo. Hoje começamos a dividir as tarefas, mas foi uma bagunça só!

Ninguém se entendia. Todo o mundo queria fazer a mesma parte e ninguém sabia tudo o que precisava ser feito.

Quando a professora percebeu a confusão, veio nos ajudar e deu várias sugestões e orientações que nos ajudaram a organizar tudo.

Contei essa história para o papai e ele disse que bagunçar e complicar é fácil, mas é sempre difícil organizar. O único que tem facilidade para ordenar tudo é Jesus, pois Ele traz paz ao coração das pessoas que, então, conseguem se organizar. Ele disse, também, que nós podemos ajudar a diminuir as bagunças quando somos pessoas bondosas e gentis com as outras.

Ele tem razão, sem briga e discussão, não vira bagunça!

ORAÇÃO

Senhor, obrigado por me dar paz e ajudar a resolver meus problemas.

ATIVIDADE

1) Você sente paz no coração?

2) Você confia que Deus está *te* ajudando mesmo em momentos confusos?

19 de abril

Quem está no centro?

Eu tenho prazer em fazer a tua vontade, ó meu Deus!
—Salmo 40:8

Todas as vezes que tento fazer minha família inteira aceitar minha vontade, mamãe avisa:

— Arthur, seu umbigo não é o centro do mundo!

Eu nunca entendi essa frase!

Esses dias, quando eu quis fazer todo o mundo assistir ao filme que só eu gostava, aproveitei para perguntar o que ela queria dizer com aquilo. Ela explicou:

— Filho, todos nós temos gostos, jeito, obrigações diferentes e, muitas vezes, sem perceber, você tenta forçar que todos queiram exatamente o que você quer.

— Como assim?

— Os planetas não giram em torno do sol? Parece que você é o sol e todos nós precisamos girar ao seu redor, fazendo apenas as suas vontades.

— Sério que faço isso, mãe?

— Faz sim, mas você precisa entender que o nosso sol é Deus. O único que orienta tudo o que fazemos na vida é Deus. Entre nós, precisamos sempre respeitar a vontade e o espaço um do outro.

ORAÇÃO

Senhor, ajude-me a viver no centro da Sua vontade.

ATIVIDADE

1) Você respeita a vontade das outras pessoas?

2) Como podemos colocar a vontade de Deus em primeiro lugar?

A ligação com a vida

20 de abril

> ...Ele nos salvou por meio do Espírito Santo, que nos lavou, fazendo com que nascêssemos de novo...
> —Tito 3:5

Vovô ama o Espírito Santo e sempre diz que o Consolador veio em boa hora.

Pedi que ele explicasse essa "boa hora".

— Então, Arthur, quando Jesus, depois de ressuscitar, subiu aos céus, disse que não nos deixaria sós e nos mandaria alguém. Você lembra quem?

— O Consolador!

— Exatamente. E quem é o Consolador?

— O Espírito Santo.

— Isso mesmo.

— Mas por que Ele veio em "boa hora"?

— Porque Ele permanece aqui conosco enquanto Jesus está preparando nossa casa lá no céu. E aqui Ele trabalha muito para nos orientar no caminho para os céus. Ele é nosso guia. Já pensou o que seria da nossa vida sem Ele?

— Ah, vovô, não ia dar, não. O papai diz que é Ele quem nos ajuda a compreender o que está escrito na Bíblia. O Espírito Santo é muito importante para o nosso dia a dia.

O vovô ficou muito feliz quando eu disse isso.

ORAÇÃO

Deus, obrigado pelo Espírito Santo que nos orienta todos os dias.

ATIVIDADE

1) Você acredita no Espírito Santo?

2) Você sabia que aquela "voz interna" que sempre faz lembrar o certo é o Espírito Santo *te* ajudando?

21 de abril

Hora de morrer

...pois está chegando a hora em que todos os mortos ouvirão a voz do Filho do Homem.
—João 5:28

O aniversário de 60 anos do vovô está chegando e hoje nós conversamos sobre isso.

— Puxa vida, vovô, eu fiz as contas e o senhor já viveu quase oito vezes mais que eu!

— Verdade! Você está bem de matemática.

— O senhor já é velho?

— Então, falta pouco para eu pegar fila preferencial nos bancos.

— Então o senhor já está perto de morrer?

— Você quer que eu morra?

— Claro que não, vovô. Mas eu queria entender se já está perto...

— Arthur, hoje em dia as pessoas estão vivendo muito. Tem gente que consegue fazer aniversário de 100 anos.

— Uau!

— Pois é. Se eu conseguir chegar lá, vai ser ótimo, não vai?

— Vai sim.

— De qualquer maneira, não tenho medo de morrer, já que tenho uma morada lá no céu graças a Jesus. Então, sendo assim, não tenho pressa, mas também não tenho medo, porque quando eu morrer, tenho certeza de que vou para o céu!

ORAÇÃO

Deus, obrigado por preparar um lugar no céu para mim.

ATIVIDADE

1) Você está pronto para se encontrar com Jesus no céu?

2) Por que o vovô do Arthur não tem medo da morte?

Para glória de Deus

22 de abril

> O resultado final dessa doença não será a morte... Isso está acontecendo para que Deus revele o seu poder glorioso.
> —João 11:4

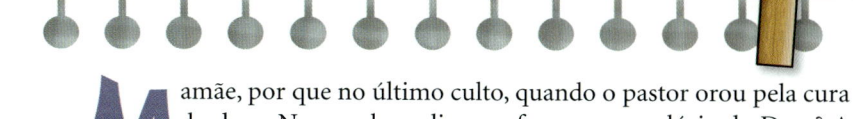

— Mamãe, por que no último culto, quando o pastor orou pela cura da dona Neusa, ele pediu que fosse para a glória de Deus? A gente não é curado para viver mais e melhor? O que a glória de Deus tem a ver com isso?

— Arthur, se você contar para os seus amigos que Deus é poderoso a ponto de conseguir curar uma pessoa Eles vão acreditar com certeza?

— Não sei, mamãe. Talvez sim, talvez não.

— E se eles virem alguém sendo curado ou alguém que Deus curou?

— Ah, assim é diferente! Aí, com certeza, eles vão acreditar.

— Então, quando pedimos a Deus que cure para Sua glória, é porque acreditamos que essa cura contribuirá para mostrarmos às outras pessoas o quanto o Senhor é poderoso.

— Ah, tá. Agora entendi que tudo o que acontece em nossa vida deve ser para glória de Deus.

— Isso mesmo filho!

ORAÇÃO

Deus, eu o louvo porque acredito que o Senhor é Todo-Poderoso.

ATIVIDADE

1) Você acredita no imenso poder de Deus?

2) Conhece alguém que já foi curado pelo poder de Deus?

23 de abril

A hora certa

...Deus nos deu a vida eterna, e essa vida é nossa por meio do seu Filho.
—1 João 5:11

— Arthur, é verdade que você perguntou para o vô Augusto se ele vai morrer?
— É, mamãe!
— Mas não é legal ficar perguntando esse tipo de coisa para as pessoas!
— Por quê? A morte não é uma coisa que acontece todo dia?
— É natural, mas não é legal. Ninguém tem vontade e nem pressa de morrer.
— Ah, mas o vovô me garantiu que não tem nenhum problema com isso. Ele disse que não tem pressa mesmo não, mas também me falou que quando ele partir, vai feliz, porque sabe que vai estar na eternidade ao lado de Jesus!
— E isso é mesmo verdade. Para nós que cremos na vida eterna, a morte é apenas um passo para o céu. Mas, filho, vou *te* dar uma dica, evite perguntar esse tipo de coisa para as pessoas. Elas podem não gostar. Está bem?
— Tudo bem. Estamos combinados.

ORAÇÃO

Querido Deus, obrigado por saber que um dia estarei para sempre com o Senhor!

ATIVIDADE

1) Como você imagina que é o céu?

2) Qual a primeira coisa que você quer fazer quando chegar lá?

Exame de sangue

24 de abril

...todas as coisas trabalham juntas para o bem daqueles que amam a Deus...
—Romanos 8:28

Mamãe nos levou ao laboratório para um exame de sangue.

A enfermeira apareceu com uma seringa enorme e tentei, de todas as formas, convencer a mamãe que estava bem.

— Manhê, estou ótimo! Não tenho nenhuma dor. Não preciso desse exame.

Mas ela disse que era para prevenção.

— O que é prevenção?

— É um cuidado que tomamos para evitar que fiquemos doentes. Ao invés de tratarmos a doença, investigamos as suas causas e eliminamos qualquer chance dela aparecer.

— Do que adianta, se mesmo assim eu tenho que tomar injeção?

— Adianta, sim. Para um exame, usam apenas uma seringa, mas para tratar a doença, você pode levar muitas injeções.

Mamãe sempre tem razão. Ela me ensinou que algumas situações na vida são dolorosas, mas são para o nosso bem e evitam coisas piores. Ela disse que é por isso que Deus permite algumas coisas que não gostamos. É tudo prevenção!

ORAÇÃO

Deus, que eu sempre entenda que tudo o que o Senhor permite na minha vida é para o meu bem.

ATIVIDADE

1) Tem alguma coisa que a sua mãe faz que parece ruim, mas é para o seu bem?

2) O que você entendeu que é "prevenção"?

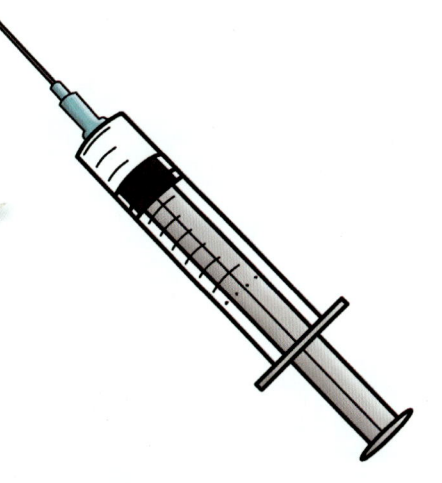

25 de abril

Exemplo de ser humano

...E nós vimos a revelação da sua natureza divina, natureza que ele recebeu como Filho único do Pai.
—João 1:14

— Pai, Jesus veio aqui para a Terra só para ser o nosso Salvador?
— Basicamente sim, Arthur, mas durante Sua vida aqui, Ele fez outras coisas.
— Quais?
— Uma das mais importantes foi revelar o amor de Deus. Ao se tornar homem, Ele demonstrou o plano de Deus para os seres humanos e exemplificou de várias formas o Seu amor.
— Como?
— Perdoando, orando, aconselhando e fazendo grandes amizades.
— Entendi. Então, além de Salvador, Jesus é o nosso exemplo de amor e de como devemos viver aqui na Terra.
— Isso mesmo. Se isso fosse uma prova, você tiraria um dez!

ORAÇÃO

Querido Jesus, quero seguir Seu exemplo de amor aqui na Terra.

ATIVIDADE

1) Que atitude de Jesus você quer imitar?

2) Você gosta de ler sobre o exemplo de Jesus?

Cachorrinho medroso

26 de abril

Nós que somos fortes na fé devemos ajudar os fracos...
—Romanos 15:1

Hoje fomos na casa do Antônio conhecer os filhotes da sua cachorra, a Muquiça. Eles já estão com dois meses e são muito espertinhos.

Quando chegamos, a Muquiça e a ninhada estavam no andar de cima. Todos desceram, menos um. Quando chegou na escada, ele sentiu medo.

Então a mãe dele voltou correndo e desceu correndo para mostrar que era fácil. Mesmo assim o Tobi não desceu. Ela fez o mesmo caminho lentamente. Mesmo assim, ele não veio. Só quando ela subiu a terceira vez e colocou uma pata só no degrau debaixo, ele se encorajou e moveu a patinha. Foi assim que ele conseguiu descer. Fizemos a maior festa.

Quando contei ao papai, ele me explicou que no discipulado também é assim. Quando uma pessoa aceita a Jesus, nós a ajudamos aos poucos, dando bons exemplos, sobre como se anda com Deus e assim ela fica amiga de Jesus!

ORAÇÃO

Deus, me ensine a ter paciência para ajudar meus amigos a conhecê-lo!

ATIVIDADE

1) Você já ajudou alguém a conhecer a Jesus melhor?

2) Você teve bastante paciência ou achou muito difícil?

27 de abril

Aprendendo a amar

Quem ama é paciente e bondoso...
—I Coríntios 13:4

Quando chegamos à igreja, o pastor conversava com um mendigo. O culto começou e o pastor não participou. Na saída vi o pastor e perguntei:
— Por que o senhor não participou do culto?
Ele fez outra pergunta:
— Você conhece o Moisés?
— O da Bíblia?
— Não. Aquele rapaz que conversava comigo antes do culto.
— Não conheço.
— Também não conhecia, mas ele apareceu aqui e pediu ajuda. Contou que é viciado em drogas e foi expulso de casa por isso. Disse que ninguém se importava com ele e eu lhe garanti que Deus o amava. Ele pediu uma prova.
— O senhor deu?
— Cuidei dele. Levei-o para uma casa de recuperação e vou acompanhá-lo durante o tratamento.
— E isso prova que Deus o ama?
— Claro! Se digo que tenho o amor de Deus em mim e tenho uma atitude de amor para com Moisés, então ele vê o amor de Deus no meu exemplo. Entendeu?
— Perfeitamente!

ORAÇÃO

Senhor, que as minhas atitudes façam as pessoas acreditarem no Seu grande amor.

ATIVIDADE

1) Como você pode demonstrar o amor de Deus às outras pessoas?
2) Você acredita no amor de Deus por você?

Perguntas

28 de abril

...Estejam sempre prontos para responder a qualquer pessoa que pedir que expliquem a esperança que vocês têm.
—1 Pedro 3:15

A professora de português pediu que fizéssemos uma redação sobre o maior tesouro que temos na vida. Hoje, ela devolveu as redações corrigidas e escolheu algumas pessoas para lerem seus textos. Eu fui um dos escolhidos. E ela explicou o porquê:

— Arthur, a maioria dos seus amigos disse que o maior tesouro que possuem são suas famílias, a mãe, ou algum presente que ganhou dos avós. Você foi o único que disse que Deus é seu maior tesouro. Por quê?

— Porque meus pais me ensinaram que todas as coisas foram criadas por Deus e que Ele fez tudo por me amar. Inclusive, mandou o próprio Filho Jesus para morrer por mim e perdoar meus pecados. Então descobri que tenho paz e sou feliz porque Deus é meu amigo. Até minha família, que amo tanto, foi Ele quem me deu! Ele é, com certeza, o meu maior tesouro.

ORAÇÃO

Deus, o Senhor é o presente mais precioso que ganhei na vida.

ATIVIDADE

1) Qual é o seu maior tesouro?

2) Você considera Deus o seu tesouro?

29 de abril

Momentos difíceis

> ...Por que é que vocês são assim tão medrosos? Vocês ainda não têm fé?...
> —Marcos 4:40

Papai nos levava para o colégio quando um carro avançou o sinal vermelho e veio, em alta velocidade, em direção ao nosso carro.

Papai foi rápido e enquanto girava o volante para evitar o acidente, ele disse alto:

— Jesus, cuida de nós!

Apesar da imprudência do outro motorista, nada de grave aconteceu.

Ana e eu estávamos assustados, mas o papai estava calmo. Perguntei:

— O senhor não sentiu medo?

— Claro que sim. Vivemos uma situação real de perigo.

— E por que o senhor está tão calmo?

— Nessa vida passamos por momentos difíceis, mas creio que em todos eles o nosso Deus está presente, cuidando de nós.

— Por isso o senhor pediu que Ele cuidasse de nós?

— Exatamente! Momentos difíceis existem para todos, mas quem confia em Deus, consegue ficar em paz até nessas situações.

ORAÇÃO

Senhor, que eu sempre tenha fé na Sua proteção.

ATIVIDADE

1) Você confia que Deus está no controle de todas as coisas?

2) Você lembra de alguma experiência que teve com o cuidado de Deus? Qual?

Tarde demais

30 de abril

...tenhamos muito cuidado para que Deus não julgue que algum de vocês tenha falhado...
—Hebreus 4:1

Mamãe entrou apressada no quarto e me chamou:
— Arthur, perdi a hora e estamos atrasados para chegar à escola. Você precisa ser rápido ou vai perder o ônibus da excursão para o zoológico.

Eu estava tão sonolento, que não liguei para o que ela falou e continuei dormindo. Minutos depois, mamãe voltou e disse:

— Arthur, agora nosso atraso é maior. Você tem poucas chances de chegar a tempo.

Corremos bastante, mas quando chegamos na escola, os ônibus já tinham saído. Senti uma tristeza tão grande!

O papai disse que quando perdemos alguma coisa por culpa nossa, ficamos muito frustrados. Ele disse ainda que a maior perda que podemos ter — por nossa própria culpa — é ficar longe de Deus por toda a eternidade.

Prometi ao papai que ficarei sempre atento!

ORAÇÃO

Senhor, que nenhuma das minhas atitudes me levem para longe de ti.

ATIVIDADE

1) Você já aceitou a Jesus como seu Salvador?

2) Convide sua família para aceitar essa salvação também!

1º de maio

Precisando de um favor

...Senhor, eu sei que o senhor pode me curar se quiser.
—Mateus 8:2

Ana queria a ajuda do papai para um trabalho escolar, mas ele estava ocupado e ela teve receio de interrompê-lo.

Enquanto esperava, acabou adormecendo no sofá.

Mais tarde, quando papai terminou seu trabalho, ele viu Ana dormindo e resolveu levá-la até o quarto. Nesse momento ela despertou e falou que precisava terminar a sua tarefa e dependia da ajuda dele. Papai estranhou e perguntou por que ela não pediu ajuda antes. Depois de ouvir sua explicação, ele disse:

— Filha, você sempre será prioridade para mim. Nunca ficarei irritado por você me pedir ajuda. E aprendi isso com Deus, pois Ele está sempre disponível para Seus filhos. Sempre que preciso, eu o procuro em oração e medito em Sua Palavra. E Ele sempre me responde, me conforta e me orienta.

— Obrigada, papai. Das próximas vezes, eu não terei vergonha de pedir a sua ajuda.

ORAÇÃO

Senhor, obrigado por estar sempre disponível para me ajudar.

ATIVIDADE

1) Você tem vergonha de pedir ajuda para alguém?

2) Você já precisou da ajuda de Jesus?

A nova casa da árvore

2 de maio

> Que ninguém procure somente os seus próprios interesses, mas também os dos outros.
> —Filipenses 2:4

O pai de Sandro construiu uma incrível casa na árvore no quintal deles. Toda a turma se reuniu para brincar na nova "residência" do Sandro.

Como estava muito calor, eu saí para buscar água. Um dos colegas fechou a porta e ela emperrou com todos eles lá dentro.

Ainda bem que eu fiquei para fora, porque aí fui correndo pedir ajuda ao pai dele, que veio rápido e conseguiu abrir a porta com um martelo.

Quando eu contei essa história ao papai, ele me disse que quando estamos em uma situação difícil, sempre tem alguém com condições de ajudar os outros e que naquele dia Deus tinha me escolhido para ser essa pessoa.

Foi muito assustador, mas depois nós rimos bastante de tudo o que aconteceu!

ORAÇÃO

Senhor, quero aproveitar todas as oportunidades para ajudar a quem precisa.

ATIVIDADE

1) Você já teve o prazer de ajudar alguém?

2) Como foi essa experiência?

3 de maio

Contando as bênçãos

> Que aqueles que ele libertou repitam isso em louvor ao Senhor! Ele os livrou das mãos dos seus inimigos.
> —Salmo 107:2

De ontem para hoje, uma amiga da Ana dormiu aqui em casa. Na hora do café, Ana disse:

— Mamãe, a Denise veio dormir aqui para saber mais sobre Jesus.

— Que legal, Denise! Mas por que você se interessou tanto por Jesus?

— É que a Ana tirou 10 na prova de história e me disse que só conseguiu ir bem na prova porque estudou bastante e pediu a ajuda de Jesus para se lembrar de tudo. Era muita matéria! Ela disse que Jesus sempre a ajuda muito e já lhe deu um presente muito especial que é a salvação.

— E é verdade, Denise. Nosso maior tesouro é a salvação, um presente que Jesus nos deu e que foi muito caro. Eu vou *te* contar tudo sobre isso, mas antes quero parabenizar a Ana por ser agradecida a Jesus pela Sua bondade e por contar desse amor dele aos seus amigos.

— Obrigada, mamãe!

ORAÇÃO

Senhor, vou testemunhar a todos os meus amigos sobre a Sua bondade.

ATIVIDADE

1) Você já recebeu alguma bênção de Deus?

2) E você contou para alguém sobre essa bênção?

Dia de ceia

4 de maio

>...vocês ... estão anunciando a morte do Senhor, até que ele venha.
>—1 Coríntios 11:26

Estávamos a caminho da igreja e o papai comentou que, na opinião dele, o culto de Ceia é o mais especial da igreja.

Eu perguntei o porquê.

— Em todos os cultos adoramos a Deus e ouvimos a Sua Palavra, mas o culto de celebração da Ceia é um memorial especial.

— O que é um memorial?

— É alguma coisa que homenageia e lembra algo. E a Ceia é um memorial porque nos faz lembrar do grande sacrifício que Jesus fez na cruz para nossa salvação. Sempre que pegamos o pedaço de pão que representa para nós o corpo de Jesus e o cálice de suco de uva que representa o sangue que Ele derramou na cruz, nos lembramos dessa atitude maravilhosa de amor por nós.

— Que lindo, papai, e quem inventou esse memorial?

— Ah, isso está escrito na Bíblia em Mateus 26. Foi o próprio Jesus, um pouco antes de Ele ser preso.

— Entendi. Que legal!

ORAÇÃO

Jesus, obrigado por entregar Sua vida na cruz por nós!

ATIVIDADE

1) Você já participou de algum culto de Ceia?

2) Qual é a mensagem mais linda que a celebração da Ceia traz?

5 de maio

Melhor nota da sala

> ...Se alguém quiser se orgulhar, que se orgulhe de me conhecer e de me entender...
> —Jeremias 9:24

Cheguei a casa animado.

— Mamãe, tirei a nota máxima na prova de matemática. Fui o único da sala!

— Fico feliz por você.

— Estou muito orgulhoso!

— Cuidado! O orgulho é um sentimento perigoso.

— Por quê?

— Porque, quase sempre, ele vem junto com sentimentos como ingratidão e egoísmo.

— Como assim?

— Lembra que um dia antes da prova, enquanto estudava, você pediu à Deus para ajudá-lo?

— Lembro.

— Você chegou orgulhoso do resultado, mas não percebi gratidão a Deus pela ajuda dele. Outra coisa, você se gabou de ser o único a tirar 10. Isso não é motivo de alegria! Seria melhor que todos conseguissem a nota máxima! Querer ser o único a ter bons resultados é egoísmo!

— Estou envergonhado!

— Não sinta vergonha, mas lembre-se de que na vida só devemos ter orgulho de conhecer a Deus. Todo orgulho diferente disso pode ser muito ruim.

ORAÇÃO

Deus, que eu sempre me lembre que existo para que o Senhor seja glorificado e não eu.

ATIVIDADE

1) Você já sentiu orgulho de alguma coisa?

2) Por que devemos evitar o sentimento de orgulho?

Vida espiritual

6 de maio

> Ainda que a minha mente e o meu corpo enfraqueçam, Deus é a minha força, ele é tudo o que sempre preciso.
> —Salmo 73:26

— Papai, lembra que te falei que me esforcei para ler a Bíblia todos os dias e falhei?

— Lembro, sim, Arthur. Por quê?

— Ah, papai, é que eu falhei mais uma vez. Estou achando tão difícil fazer isso todos os dias!

— Eu entendo. Também encontro dificuldades para ler a Bíblia.

— O senhor também?!

— Claro! Todos temos dificuldade para organizar nossos afazeres do dia a dia e dedicar um tempo com Deus.

— Por quê?

— É que nosso corpo, às vezes, não entende a necessidade do nosso espírito e aí sentimos sono, cansaço e desistimos de orar e meditar na Palavra. Mas isso é um perigo! Nosso espírito também precisa ser alimentado. Se ficarmos sem água e alimento, morreremos e na nossa vida espiritual não é diferente. Se não recebemos a Palavra do Senhor vamos enfraquecendo até nossa fé acabar!

ORAÇÃO

Deus, que eu dedique mais tempo em me aproximar do Senhor e conhecer Sua Palavra.

ATIVIDADE

1) Você gosta de orar e ler a Bíblia?

2) O que mais o atrapalha quando você tenta orar ou ler a Bíblia?

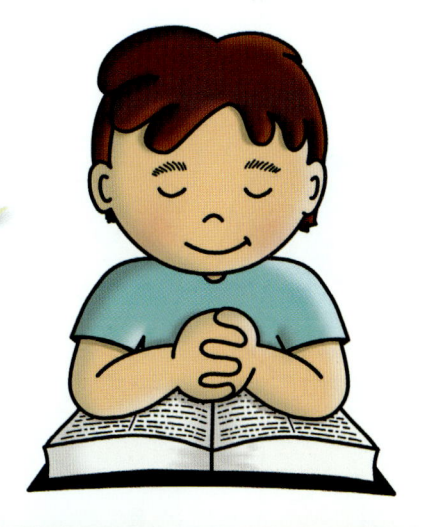

7 de maio

Pessoas que gosto

> Alguns de vocês eram assim. Mas foram lavados do pecado...
> por meio do Senhor Jesus Cristo...
> —1 Coríntios 6:11

Durante o recreio, a turma resolveu votar para saber qual de nós era o mais legal da sala.

Para minha surpresa, fui o mais votado!

Sandro disse que votou em mim porque sou amigo de todos e não falo mentiras. Ênio elogiou minha bondade. Adriana lembrou o dia que dividi a caixa de bombons com todos e a Patrícia disse que não tenho defeitos!

Eu fiquei sem graça! Na verdade, tenho muitos defeitos. Esses dias mesmo a mamãe me deu uma bronca porque fui orgulhoso e egoísta.

Foi então que me lembrei de uma coisa que o papai disse e resolvi contar para a turma:

— Pessoal, agradeço a vocês, mas preciso avisá-los que não sou perfeito. Tenho muitos defeitos. A diferença, talvez, é que aprendi que quando me arrependo dos meus erros, Jesus me perdoa! E também aprendi que ser como Ele, me faz mais feliz. Então, todos vocês podem ser como eu, amigos de Jesus e perdoados por Ele.

ORAÇÃO

Deus, que eu sempre me lembre de que não sou perfeito.

ATIVIDADE

1) Na sua opinião, qual o seu maior defeito?

2) Como você pode corrigir esse defeito?

Cumprindo promessas

8 de maio

> A aliança que estou fazendo para sempre com você e com os seus descendentes é a seguinte: eu serei para sempre o Deus de você e o Deus dos seus descendentes. —Gênesis 17:7

Já eram oito horas e toda a família e também os grandes amigos do vovô estavam reunidos em um restaurante que ele gosta muito, esperando a sua chegada.

Ele achava que ia jantar sozinho com a vovó.

A decoração estava linda e o bolo era gigante!

Quando ele entrou, cantamos parabéns e estouramos balões. Ele ficou muito emocionado.

Na hora de cortar o bolo, ele disse:

— Esse é um dia especial que celebro ao lado das pessoas que amo e com a presença do meu Deus que, no dia que aceitei Seu Filho como Salvador, fez uma aliança comigo. Eu sei que Ele nunca vai quebrar essa aliança, e sou muito agradecido por isso!

Mais tarde pedi ao vovô para ver a aliança que Deus tinha dado para ele. Ele me explicou que essa aliança era a salvação em Jesus e a promessa de Deus levá-lo para o céu e cuidar dele aqui na Terra. Fiquei feliz, tenho essa aliança também.

ORAÇÃO

Deus, obrigado pela Sua aliança com Seus filhos.

ATIVIDADE

1) Você já fez alguma aliança com alguém?

2) Você já fez uma aliança com Deus?

9 de maio

Boa aparência

...Lave primeiro o copo por dentro...
—Mateus 23:26

Faltavam apenas cinco minutos para a família sair. Corri ao banheiro, molhei o cabelo, lavei o rosto e vesti uma roupa limpa.

Assim que cheguei na sala, mamãe, que não é boba, chegou perto e perguntou:

— Você jogou bola hoje, Arthur?
— Ahan.
— Percebi pelo cheiro.
— Que cheiro?
— Esse de desodorante vencido.

Fui pego!

— Ai, mãe, não deu tempo de tomar banho.
— Filho, tudo que disfarça alguma coisa é mentira. Você até parece limpo, mas quando chegamos perto, o cheiro prova que você não tomou banho.
— Isso é coisa de fariseu, né mãe?

Lá vem a Ana...

— Que fariseu?

Aí a mamãe explicou que na época de Jesus, os fariseus eram homens religiosos que não tinham bom coração, mas faziam coisas boas para parecerem bons. A intenção deles era parecer bons, mas no coração eles não estavam preocupados com isso.

ORAÇÃO

Deus, eu sei que às vezes tento parecer uma coisa que não sou, ajude-me a mudar!

ATIVIDADE

1) Você já tentou parecer algo que não é?

2) Alguém já pareceu alguma coisa para você que não era?

É possível escapar?

10 de maio

...Deus cumpre a sua promessa e não deixará que vocês sofram tentações que vocês não têm forças para suportar...
—1 Coríntios 10:13

Sandro sentou desanimado ao meu lado. Ele tinha acabado de mostrar para os pais uma advertência por pichar a parede da escola.

— Meus pais ficaram decepcionados comigo. Não consigo fazer nada direito, disse ele.

— Ô Sandro, mas por que você estragou a parede da escola?

— Ah, os meninos me provocaram, dizendo que eu não tinha coragem. Tive que provar que sou corajoso.

— Sabe, meu pai me ensinou que na vida nós nunca sofremos tentação maior do podemos suportar.

— O que é tentação?

— É a oportunidade de fazer uma coisa errada. Toda vez que aparece uma, junto vem a chance de escapar. Tente se lembrar de um momento que poderia ter fugido dessa situação.

— Hummm… a professora passou no corredor e me pediu para ajudá-la a carregar umas caixas, mas eu não fui.

— Viu? O segredo é orar e pedir que Deus lhe mostre o escape quando for tentado.

— Valeu, Arthur. Vou tentar isso da próxima vez!

ORAÇÃO

Deus, ajude-me a fugir das coisas erradas que aparecem para eu fazer.

ATIVIDADE

1) Você já fez alguma coisa errada que poderia ter evitado?

2) Você já conseguiu escapar de fazer uma coisa errada?

11 de maio

Falando de Jesus

> Porque, quando estive com vocês, resolvi esquecer tudo, a não ser Jesus Cristo e principalmente a sua morte na cruz.
> —I Coríntios 2:2

Um amigo me perguntou o que era proibido na minha religião.
— Como assim?
— Ah, meu irmão mais velho sempre fala que religião só existe para proibir um monte de coisas e deixar as pessoas tristes.
— Mas eu sou muito feliz e não estou proibido de nada!
— Claro que está! Você não pode mentir e nem falar palavrão.
— Ué, mas isso ninguém deveria fazer. Qual a vantagem de mentir e xingar?
— É… nenhuma.
— Viu, só? Eu não sou proibido de nada, mas depois que conheci a Jesus, desejo amar e respeitar as pessoas como Ele faz. É por isso que eu evito mentir e ofender alguém. Sabe, não precisa se preocupar com religião, preocupe-se em conhecer a Jesus, pois o amor dele por nós é maravilhoso.
— Do jeito que você fala, Jesus parecer ser muito legal!

ORAÇÃO

Deus, que eu sempre me lembre de falar do Seu amor.

ATIVIDADE

1) Você já falou do amor de Jesus para alguém?

2) Você já teve que discutir religião com alguém?

Saber e fazer

12 de maio

> ...eu lhes tenho ensinado as leis e os mandamentos que vocês deverão guardar...
> —Deuteronômio 4:5

A minha irmã terminou de comer e saiu da mesa sem tirar o prato. Eu reclamei e Ana voltou e tirou o prato. Assim que ela saiu de perto, mamãe me perguntou:

— Por que você cobrou Ana?

— Ué, porque é o certo, não é?

— É sim, mas você sempre se esquece de tirar seu prato. Sabe filho, quando vejo você cobrando Ana, percebo que você já entendeu a regra, mas não consegue colocá-la em prática. Você até sabe que precisa tirar os pratos, mas ainda não criou esse hábito.

— Tenha paciência comigo, mamãe. Vou me acostumar a fazer isso.

— Mas hoje eu quero que você pense na sua vida toda, você já aprendeu e vai aprender muitas coisas, especialmente sobre Jesus e Seus mandamentos, mas é importante que isso não seja apenas conhecimento e sim prática. É mais importante que você faça, do que você apenas saiba. Entendeu?

— Entendi.

ORAÇÃO

Querido Deus, ajude-me a colocar em prática tudo o que eu aprendo na Sua Palavra!

ATIVIDADE

1) Tem alguma coisa que você sabe que precisa fazer, mas não consegue?

2) Como você pode vencer esse desafio?

13 de maio

Deus é genial

*Tu criaste cada parte do meu corpo;
tu me formaste na barriga da minha mãe.*
—Salmo 139:13

Selma, uma amiga da mamãe, acabou de ter uma filha, a Laura. Hoje fomos visitá-las e mamãe se derreteu toda quando pegou a bebezinha nos braços.

— Que linda! Que olhos espertos!

Cheguei perto e pensei em pegá-la no colo, mas é tão pequena, que tive medo de quebrá-la.

— Mamãe, ela é linda! As mãos e os dedinhos dela são tão pequenos!

— É verdade, Arthur! Quando olho para um bebê consigo me lembrar de como Deus é perfeito e magnífico em Sua criação. Essa menininha já foi do tamanho de um grão de feijão, agora está assim, um dia será como você e ainda vai ser mais alta que eu. Não é incrível pensar que Deus criou e projetou como vai ser cada parte do corpo dela e até as habilidades e talentos como cantar, pintar ou mesmo jogar vôlei?

— É incrível mesmo! Deus é genial!

ORAÇÃO

Deus, Sua criação é maravilhosa. Obrigado por ser nosso Criador!

ATIVIDADE

1) Você já viu um bebezinho de perto? O que mais chamou sua atenção?

2) De qual parte do seu corpo você mais gosta?

Trabalho de mãe

14 de maio

> Fiz o melhor que pude na corrida, cheguei até o fim, conservei a fé.
> —2 Timóteo 4:7

Papai, Ana e eu acordamos cedo e preparamos uma bandeja caprichada de café da manhã para a mamãe.

Entramos no quarto fazendo o maior barulho e ela acordou feliz, sorridente e descabelada.

Enquanto ela comia, dissemos o quanto éramos felizes por tê-la como nossa mãe.

Ela sorriu:

— É fácil ser mãe de filhos tão especiais! Mas meu trabalho está só começando.

— A senhora só para de trabalhar quando a gente casar, né?

— Claro que não, eu só paro quando for morar no céu!

— A senhora quer dizer quando morrer?!

— Exatamente! Aí vou falar como Paulo: "Fiz o melhor que pude na corrida, cheguei até o fim, conservei a fé."

— O que quer dizer isso?

— Quer dizer que a minha carreira para o céu inclui educá-los nos caminhos de Deus, falar sobre o amor dele a todas as pessoas em volta, mas principalmente amar ao Senhor de todo coração.

— Puxa! Que dedicação!

E pulamos no seu pescoço desejando um FELIZ DIA DAS MÃES!

ORAÇÃO

Deus, ajude-me a ser dedicado nas minhas atividades assim como a mamãe é.

ATIVIDADE

1) Em qual das suas atividades do dia você é mais dedicado?

2) Você gosta de se dedicar nas coisas da igreja?

15 de maio

Chega de saudade!

Ele enxugará dos olhos deles todas as lágrimas. Não haverá mais morte ... As coisas velhas já passaram.
— Apocalipse 21:4

— Vovô, já faz uns dois meses que o avô da minha amiga morreu. Ontem nós conversamos e ela falou que sente muitas saudades dele e que nunca mais vai esquecê-lo. Como podemos viver felizes se alguém que amamos morre?

— Sabe, Arthur, a saudade é um dos sentimentos mais tristes que existe e todo mundo vai ter que conviver com ela um dia. É verdade que, conforme o tempo passar, essa saudade vai doer menos e a sua amiga vai se lembrar com mais alegria dos dias que ela foi feliz junto ao vovô dela. Agora, sabe qual é a nossa maior esperança?

— Não. Qual é?

— Nossa esperança é que lá no céu não haverá tristeza. Temos a convicção de que no dia que formos para o céu, não sentiremos mais nenhuma dor ou sofrimento. Nem saudade!

— Que bom, vovô! Vou correndo contar isso para minha amiga.

ORAÇÃO

Deus, obrigado por preparar um lugar tão especial como o céu, onde não existe tristeza!

ATIVIDADE

1) O que você acha que mais vai gostar lá no céu?

2) Do que você quer se esquecer quando chegar no céu?

Os conselheiros

16 de maio

> Sem conselhos os planos fracassam,
> mas com muitos conselheiros há sucesso.
> —Provérbios 15:22

Papai viu uma reportagem sobre a importância de verificar a validade do extintor de incêndio do carro.

Logo depois ligou para o vovô, que comentou que estava no posto de gasolina, trocando o extintor.

No caminho para a escola vimos um *outdoor* com propaganda sobre a importância do extintor.

Assim, que paramos no posto para abastecer, um rapaz pediu para conferir a validade do extintor. Foi aí que o papai descobriu que o dele estava vencido. Claro que ele trocou o extintor.

Assim que saímos do posto, fomos parados em uma *blitz* e o policial conferiu a validade do extintor. Como tudo estava dentro da lei, fomos liberados.

Depois disso o papai comentou que Deus deu um jeito de mostrar que o extintor estava vencido e que Ele sempre encontra uma maneira de nos enviar conselheiros, por isso devemos ser sábios e aceitar Seus conselhos!

ORAÇÃO

Deus, ajude-me a entender que as pessoas me aconselham para o meu bem!

ATIVIDADE

1) Quem é a pessoa que mais o aconselha?

2) Você aceita esses conselhos ou não gosta de ouvi-los?

17 de maio

Criador de tudo

> ...Deus criou tudo, no céu e na terra, tanto o que se vê como o que não se vê...
> —Colossenses 1:16

— Vovô, eu li que Deus criou todas as coisas. As visíveis e as invisíveis. As visíveis é a que vemos e as invisíveis as que não vemos, certo?
— Isso mesmo.
— As invisíveis são o vento e o ar?
— Sim, mas elas também podem ser outras coisas que acontecem e não conseguimos explicar. Os milagres. Por exemplo, imagine que quando uma mulher engravida, surge um embrião do tamanho de um feijão que vai se desenvolvendo dentro da barriga dela e quando nasce já é um bebê lindo, todo formado.
— Ah, entendi.
— Mas tem mais. Deus criou o reino espiritual e os sentimentos também. Não podemos ver, mas podemos sentir a paz, a alegria, e até a fome. Você vê alguma dessas coisas? Pois até elas Deus criou!
— Que legal, né? Deus pensou em tudo! Sou muito fã de Deus.
— Que bom, Arthur!

ORAÇÃO

Deus, obrigado por ser o Criador de tudo, até das coisas invisíveis.

ATIVIDADE

1) Tem mais alguma coisa invisível que você lembrou que Deus criou?

2) Das coisas invisíveis criadas por Deus, de qual você mais gosta?

O sonho do amigo

18 de maio

> Não façam nada por interesse pessoal ... mas sejam humildes e considerem os outros superiores a vocês mesmos.
> —Filipenses 2:3

No início das aulas, o Ênio comentou que nunca teve uma festa de aniversário e que esse era seu maior sonho.

O aniversário dele é daqui 4 dias e hoje pedi à mamãe para fazer um bolo para levar para ele na escola. Ela concordou e disse:

— Que lindo, Arthur! Fiquei feliz de perceber que você se interessa pelos sonhos das outras pessoas.

— Como assim?

— Veja, você não vai ganhar nada por ajudar o Ênio, mas o Ênio vai ficar muito feliz. E Deus se agrada de pessoas que se importam com as outras. Lá no livro de Filipenses, o apóstolo Paulo disse para considerarmos as outras pessoas mais importantes que nós!

— Ah, é? Mas mamãe, eu vou ficar feliz de ver o Ênio feliz! Então eu também estou ganhando.

— Você tem razão, mas muitas pessoas são tão egoístas que não entendem que, ao abençoar alguém, também são beneficiadas.

ORAÇÃO

Deus, quero amar e me importar com os outros sempre.

ATIVIDADE

1) Você já foi abençoado com a amizade de outra pessoa?

2) Você já se preocupou em fazer outra pessoa feliz? Quem?

19 de maio

Fora do campeonato

> Mas o que o Senhor planeja dura para sempre, as suas decisões permanecem eternamente.
> —Salmo 33:11

Há duas semanas torci o pé e o ortopedista me proibiu de jogar futebol por dois meses.

Eu fiquei arrasado, pois tive que abandonar o campeonato mais importante do semestre.

Naquele dia, mamãe me falou:

— Filho, não fique decepcionado. Deus está no controle de todas as coisas e pode ser um plano dele você ficar fora desse campeonato!

Na hora eu não consegui entender muito bem isso, afinal, como Deus, que é amor, me deixa de fora do campeonato?

Mas hoje recebi a notícia de que o melhor professor de piano do país está passando uma temporada na minha cidade e fui um dos escolhidos para ter aulas com ele.

Então mamãe me lembrou:

— Percebeu, filho? Se você estivesse no campeonato, não poderia aproveitar essa oportunidade.

Mamãe tem razão, tudo o que acontece está no controle de Deus!

ORAÇÃO

Deus, quero sempre confiar na Sua bondade.

ATIVIDADE

1) Já aconteceu alguma coisa que não o deixou feliz?

2) Você conseguiu perceber como Deus pode ter te abençoado com essa situação?

20 de maio

Era uma vez

> O Senhor ordenou que um grande peixe engolisse Jonas. E ele ficou dentro do peixe três dias e três noites.
> —Jonas 1:17

— Papai, uma menina da minha sala falou que a Bíblia é um livro de aventuras e que nada do que está escrito lá é verdade.

— E por que ela disse isso, Ana?

— Ah, ela acha que não tem como um homem ser engolido inteiro por um peixe e ser vomitado com vida de dentro do peixe três dias depois.

— Ela estava falando de Jonas?

— Isso.

— Filha, quem inspirou a escrita dos livros da Bíblia?

— Deus!

— Ele é mentiroso?

— Não.

— Então, não se preocupe, apesar da sua amiga não acreditar, tudo que está registrado na Bíblia aconteceu de verdade. Nós mesmos já vimos Deus curar a sua avó. Os médicos já não tinham esperança e Deus devolveu a saúde para ela, não é mesmo?

— É sim.

— Mesmo que alguém não queira crer, nós sabemos que isso aconteceu. Com a Bíblia é a mesma coisa.

— Está bem, papai. Eu continuo acreditando!

ORAÇÃO

Senhor, obrigado pela inspiração da Sua Palavra que nos ajuda a conhecer o Seu poder!

ATIVIDADE

1) Você acredita no que está escrito na Bíblia?

2) De qual acontecimento descrito na Bíblia você mais gosta?

21 de maio

Âncoras na tempestade

...porque eu, o Senhor, seu Deus, estarei com você em qualquer lugar para onde você for!
—Josué 1:9

O vovô me contou que certa vez estava num barco em alto-mar, quando passou um furacão. Para o barco não se despedaçar nas rochas, por causa dos ventos fortes, ele e seu amigo jogaram a âncora.

— O que é âncora?

— É uma peça pesada de ferro que todos os barcos e navios possuem. Quando precisamos parar o barco, a jogamos no fundo do mar e ela segura a embarcação. Foi graças a ela que nós não perdemos o barco e, quem sabe até, a própria vida.

— Puxa, vovô, ainda bem que a âncora deixou vocês em segurança, *né*?

— Verdade! Com isso aprendo que a presença de Deus e as promessas dele na nossa vida nos deixam seguros para enfrentarmos as situações difíceis que vivemos neste mundo.

— Que situações difíceis?

— Um bom exemplo foi a doença da sua avó. Sofremos muito, mas sabíamos que Deus estava conosco o tempo todo.

— Que legal que Deus é nossa âncora!

ORAÇÃO

Querido Deus, *te* agradeço por me dar segurança nos momentos difíceis.

ATIVIDADE

1) Você sente segurança em Deus?

2) Que situações podem deixar você com medo?

Aniversário do Ênio

22 de maio

> Como gostaria que alguém me ouvisse!...
> —Jó 31:35

Depois do recreio, quando o Ênio entrou na sala, todos cantamos parabéns. O bolo com velas estava na mesa da professora e as meninas escreveram no quadro:
FELIZ ANIVERSÁRIO, ÊNIO!
Ele ficou emocionado!
Enquanto assoprava a vela, não conseguiu segurar uma lágrima e, com dificuldade para falar, disse:
— Hoje é o dia mais feliz da minha vida! Eu contei para o Arthur que nunca tive uma festa e vocês todos se uniram para me fazer feliz.
Ele abraçou a todos e me agradeceu pela surpresa.
Quando contei tudo isso em casa, o papai me parabenizou. Ele disse:
— Sabe, filho, hoje em dia as pessoas não se preocupam umas com as outras. Elas nem escutam mais as outras pessoas. Mas você ouviu o seu amigo e ainda se esforçou para agradá-lo oferecendo o que ele mais desejava. Hoje eu sei que você agradou muito o coração de Deus!

ORAÇÃO

Querido Deus, assim como o Senhor sempre me ouve nas orações, eu também quero ouvir mais os meus amigos.

ATIVIDADE

1) Você já foi ouvido por alguém?

2) Você já parou para ouvir outra pessoa?

23 de maio

Mais do que merecemos

> O Senhor não nos castiga como merecemos, nem nos paga de acordo com os nossos pecados e maldades.
> —Salmo 103:10

— Mãe, eu sou uma das melhores pessoas do mundo!

— Como?

— Sou sim, mãe. Olha, eu não minto para vocês, não respondo aos mais velhos, não brigo com meus amigos, falo de Jesus para as pessoas, estou arrumando meu quarto todos os dias...

— Arthur, posso falar de outras características suas que talvez esteja se esquecendo?

— Pode.

— Você às vezes é egoísta, também já vi você ser orgulhoso e ingrato. Já percebi que em alguns momentos você fica impaciente com sua irmã e até sente raiva.

— Mas ela provoca...

— Mas isso não é coisa da melhor pessoa do mundo...

— Tem razão, mamãe, acho que eu sou a pior pessoa do mundo.

— Filho, você não é nem a melhor e nem a pior, mas com certeza você e eu recebemos de Deus muito mais amor e cuidados do que realmente merecemos. Não somos abençoados porque somos bons, somos abençoados porque Ele nos ama!

ORAÇÃO

Querido Deus, obrigado pelo Seu amor tão grande que eu recebo, mesmo sem merecer.

ATIVIDADE

1) Você se sente amado por Deus?

2) Você acha que merece receber esse amor?

Um nome apropriado

24 de maio

> Ela terá um menino, e você porá nele o nome de Jesus...
> —Mateus 1:21

— Mamãe!
— Sim?
— Lembra que a senhora me explicou que escolheu o meu nome por causa do significado?
— Uhum. Lembro.
— Será que a mãe de Jesus fez a mesma coisa?
— Quase.
— Como assim?
— Na verdade, o anjo que apareceu para José explicando que Maria teria um filho, já aproveitou a visita para avisar que o nome do bebê deveria ser Jesus.
— Entendi. Foi o anjo que escolheu o nome dele.
— Não, foi Deus quem escolheu e o anjo só entregou o recado.
— Ah, tá. Mas mãe, será que Deus escolheu o nome porque era bonito ou por causa do significado?
— As duas coisas. Você sabe qual é o significado do nome Jesus?
— Não. Qual é?
— "O Senhor salva!"
— Não acredito. É perfeito, porque Ele é o nosso Salvador, né?
— Exatamente. E esse nome que nos faz lembrar da nossa fé e da nossa esperança de salvação.

ORAÇÃO

Querido Deus, obrigado por enviar Jesus com esse nome tão lindo para ser nosso Salvador.

ATIVIDADE

1) Você já sabe o significado do seu nome?

2) Você já recebeu a salvação que Jesus conquistou na cruz?

25 de maio

A queda

...Ele nos levará para a luz, e nós seremos salvos.
—Miqueias 7:9

— Mãe!
— Pois não.
— Só seremos salvos quando chegarmos ao céu?
— Não, filho. Nós somos salvos assim que aceitamos a Jesus.
— Tem certeza?
— Tenho. Por quê?
— Ah, porque eu ouvi um irmão ler na Bíblia um versículo que dizia que "Ele nos levará para a luz, e nós seremos salvos." Se Ele vai levar a gente para o céu, logo, essa luz é o céu!
— Não, filho. A luz é o caminho da verdade e o que nos traz a luz é a leitura e meditação na Palavra de Deus, a Bíblia. E o versículo fala da salvação da nossa alma, mas também pode simbolizar outras situações que enfrentamos na vida e que muitas vezes precisamos da ajuda de Deus para suportar ou superar. Deus nos concede a salvação da alma, mas também nos salva de situações perigosas e difíceis aqui na Terra.
— Entendi.

ORAÇÃO

Jesus, obrigado por ser a minha salvação!

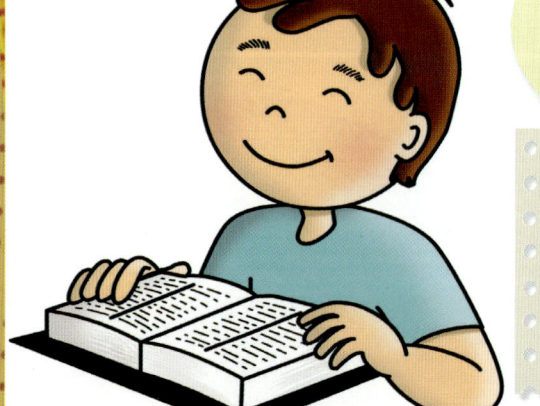

ATIVIDADE

1) Você já percebeu a salvação de Deus no seu dia a dia?

2) Você já pediu a ajuda de Deus para salvá-lo de alguma situação?

O consolo de Pedro

26 de maio

> Louvado seja o Deus e Pai do nosso Senhor Jesus Cristo, o Pai bondoso, o Deus de quem todos recebem ajuda!
> —2 Coríntios 1:3

A vovó fez um bolo de chocolate para nós, mas, quando tirou do forno, queimou a mão. Ela sentiu tanta dor, que começou a chorar.

Pedro, meu priminho de dois anos, ficou triste de ver a vovó chorando e correu até ela, pediu colo e a encheu de beijos.

Para a vovó era complicado segurá-lo no colo, pois sua mão ainda doía, mas o tio Lúcio não conseguia convencer Pedro a sair do colo dela.

Ao ver a cena, a mamãe comentou:

— O Pedro não entende o que está acontecendo, mas ele já percebe o sofrimento da vovó e está fazendo de tudo para consolá-la. Já nós, que somos muito maiores que ele, muitas vezes não percebemos que nossos amigos em volta precisam de apoio. Jesus sempre nos oferece apoio e consolo e nós também precisamos oferecer esse amor a quem precisa. É uma boa forma de demonstrar o amor de Deus.

ORAÇÃO

Querido Deus, que eu seja mais atento aos meus amigos e ofereça o consolo quando eles precisarem.

ATIVIDADE

1) Você já foi consolado por alguém?

2) Você já consolou alguém?

27 de maio

Seguros atrás da porta

Eu sou a porta. Quem entrar por mim será salvo...
—João 10:9

No caminho de volta da escola para nossa casa, muitas viaturas da polícia passavam por nós em alta velocidade. Tinha policiais armados e atentos em todas as esquinas e as pessoas andavam rápido e com medo.

Foi uma situação inesperada e nós não sabíamos o que estava acontecendo. Quando chegamos a casa e fechamos a porta, é que, finalmente, nos sentimos em paz e seguros.

Nesse momento o papai lembrou uma passagem bíblica na qual Jesus diz que é a porta e que quem entrar por ela será salvo. Ele explicou que, ao entrar pela porta, nos sentimos seguros e esquecemos os problemas lá de fora.

Mais tarde, o papai ligou a televisão e a repórter informou que justo no nosso bairro aconteceu um assalto a banco e houve perseguição policial.

ORAÇÃO

Jesus, obrigado por ser a Porta de entrada do céu, onde não sentiremos mais medo.

ATIVIDADE

1) Você já ficou aliviado quando chegou a casa e fechou a porta?

2) Qual é a situação na vida que faz você sentir medo?

Merecido descanso

28 de maio

...Vamos ... para um lugar deserto a fim de descansarmos um pouco.
—Marcos 6:31

A tarde do domingo estava maravilhosa e pedimos ao papai para fazermos um passeio.

Ele disse que não seria possível porque precisava descansar um pouco, mas prometeu levar-nos para tomar um sorvete mais no fim da tarde.

Enquanto o papai se deitou, eu fiquei indignado na sala e comentei com a mamãe:

— Nós nunca fazemos nada!

— Não seja injusto. Sempre que podemos, levamos vocês para passeios muito legais. Acontece que nos últimos dias seu pai precisou trabalhar dobrado para dar conta de alguns compromissos e está muito cansado. Todos precisam parar e descansar para retomar os compromissos depois. Você já pensou se tivesse aulas todos os dias, inclusive no fim de semana?

— Perdão, mamãe. Fui mesmo injusto. E eu realmente não aguentaria ter aulas todos os dias. Só um sorvete no fim da tarde já vai alegrar o meu dia.

ORAÇÃO

Querido Deus, ajude-me a entender a importância das pausas e do descanso.

ATIVIDADE

1) Você já ficou muito cansado?

2) Como você se sente após uma boa noite de descanso?

29 de maio

Pesca diferente

> Jesus lhes disse: — Venham comigo, que eu ensinarei vocês a pescar gente.
> —Mateus 4:19

— Papai, até hoje eu não entendo por que os pescadores resolveram seguir a Jesus.

— Por que, filho?

— Porque se alguém me convidasse para pescar pessoas, eu acharia essa pessoa maluca!

O papai riu.

— Você tem razão, mas Jesus tinha um propósito e depois que falou isso, foi explicando para os discípulos que Ele queria era que as pessoas entristecidas e sem esperança por causa dos seus pecados voltassem a sorrir e conhecessem o amor salvador de Jesus. "Pescador de homens" foi só uma expressão que Ele usou para explicar que a vida dos discípulos ia mudar completamente, antes pescavam peixes, agora eles iriam evangelizar.

— Ah, tá!

— Mas sabe por que os discípulos o obedeceram?

— Por quê?

— Porque confiavam em Jesus. Quando confiamos nele, falamos do Seu amor para todos em volta.

ORAÇÃO

Jesus, eu confio no Senhor e quero ajudar a evangelizar a todas as pessoas.

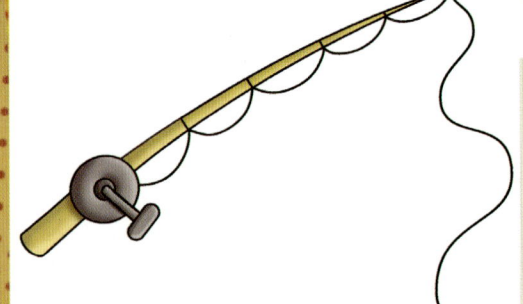

ATIVIDADE

1) Você entendeu a expressão "pescar gente"?

2) Você deseja ajudar a evangelizar o mundo?

30 de maio

Força de Deus

> Com a força que Cristo me dá, posso enfrentar qualquer situação.
> —Filipenses 4:13

Um amigo do papai, que é missionário, veio jantar em nossa casa e contou que no ano passado tentou entrar com Bíblias em um país que proíbe o uso de Bíblia.

Ele foi pego pelos militares do lugar e torturado.

O papai explicou que tortura é um sofrimento que pessoas maldosas fazem com outras para dar alguma lição.

O amigo de papai foi chicoteado até sair sangue do seu corpo!

Aí perguntei:

— Mas por que Deus deixou esses homens fazerem isso com você?

— Deus ama tanto aqueles homens e me levou lá para falar do amor dele para eles.

— Você falou do amor de Deus para os homens que o maltrataram?

— Claro!

— E como você aguentou passar por tudo isso?

— É que Deus dobrou as minhas forças para suportar toda a dor daquela situação. Deus sempre nos dá força para suportar as situações que Ele mesmo permite em nossa vida.

ORAÇÃO

Querido Deus, obrigado por nos dar forças para viver cada situação do dia a dia.

ATIVIDADE

1) Qual situação na sua vida o fez sentir uma força enorme?

2) Você se sente fortalecido por Deus?

31 de maio

Perdão da mamãe

Mas eu — eu mesmo — sou o seu Deus e por isso perdoo os seus pecados e os esqueço.
—Isaías 43:25

Quando saí para jogar futebol com meus amigos, mamãe pediu que voltasse para casa até às 5 horas, pois tínhamos um compromisso à noite. Empolguei-me brincando com os meninos e só me dei conta do atraso quando um deles gritou que já eram quase 6 horas.

Fiquei apavorado! Eu tinha desobedecido à mamãe.

Voltei correndo para casa. Quando entrei, ela estava já estava se preparando para sair, assim como Ana e o papai.

Pedi desculpas:

— Mamãe, me perdoe, eu me perdi no horário.

Ela parou o que estava fazendo e disse:

— Filho, você nos atrasou a todos, mas acredito que não fez por mal. Eu o perdoo sim, mas espero que isso não se repita.

— A senhora não vai me castigar?

— Dessa vez eu vou perdoá-lo e esquecer que isso aconteceu. Assim como Deus faz quando perdoa nossos pecados.

— Muito obrigado. Ficarei mais atento de hoje em diante.

ORAÇÃO

Querido Deus, eu agradeço pelo Seu perdão e por se esquecer dos meus pecados.

ATIVIDADE

1) Você já foi abençoado ao invés de ser castigado?

2) Você se sente perdoado por Jesus?

De volta ao passado

1º de junho

> ...esqueço aquilo que fica para trás e avanço para o que está na minha frente...
> —Filipenses 3:13

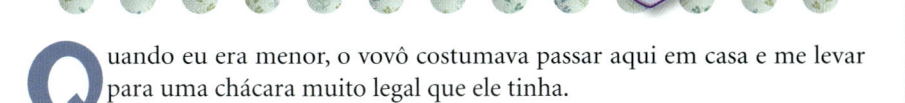

Quando eu era menor, o vovô costumava passar aqui em casa e me levar para uma chácara muito legal que ele tinha.

Nós pescávamos juntos, dormíamos na rede, soltávamos pipa e, no fim da tarde, a vovó preparava um lanche especial.

Mas o vovô vendeu a chácara e nós nunca mais fizemos esse passeio. Hoje me lembrei disso e fiquei triste, aí falei para o papai que queria voltar no tempo para fazer mais uma vez esse programa com o vovô.

O papai me explicou que eu posso sentir saudades e guardar boas lembranças das coisas que já vivi, mas o certo é eu me preocupar em viver bem o agora e me preocupar em fazer as coisas importantes, como estudar na escola e conhecer mais da Palavra de Deus, para ter um bom futuro. Eu nunca devo desejar voltar atrás, nem que seja para ter as coisas boas do passado.

ORAÇÃO

Querido Deus, que eu viva feliz e dedicado à Sua vontade hoje e não sinta vontade de voltar ao passado.

ATIVIDADE

1) Você aproveita bem o seu dia ou fica pensando nas coisas legais que já viveu?

2) Qual o seu maior sonho para o futuro?

2 de junho

Cansado de fazer o certo

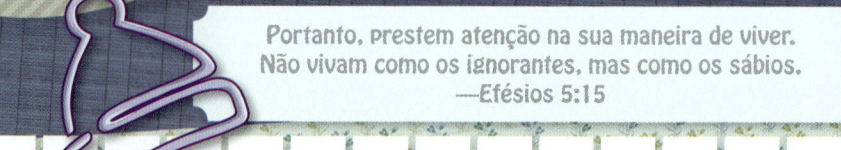

> Portanto, prestem atenção na sua maneira de viver. Não vivam como os ignorantes, mas como os sábios.
> —Efésios 5:15

— Papai, estou cansado.
— Cansado do quê?
— Sabe papai, eu me esforço para ser um bom garoto. Às vezes tenho vontade de fazer alguma coisa e lembro que é errado e não faço. Só faço o que é certo.
— Mas isso é ótimo!
— Por quê? Meus amigos não são assim e os adultos não ligam para o que eles fazem. Dizem "ah, é só uma criança!"
— Se quem construiu essa casa não caprichasse, não conferisse se alguma viga ou parede estava torta ou fina demais, ele conseguiria deixar essa casa pronta e linda rapidamente. Mas nos primeiros meses de moradia os problemas na obra apareceriam, como rachaduras, problemas elétricos e hidráulicos...
— O que isso tem a ver?
— Crianças viram adultos um dia. Se desde o início elas forem bem-educadas, então serão pessoas especiais, mas se não prestarem atenção no que fazem desde cedo...
— Vão dar problema igual à casa?
— Exatamente!

ORAÇÃO

Querido Deus, eu às vezes não tenho paciência para mudar de atitude, por favor, ajude-me!

ATIVIDADE

1) Você também se esforça para ser uma criança amável?

2) O que você acha mais difícil fazer certo?

É para o bem, mesmo que não pareça

3 de junho

> Pois sabemos que todas as coisas trabalham juntas para o bem daqueles que amam a Deus...
> —Romanos 8:28

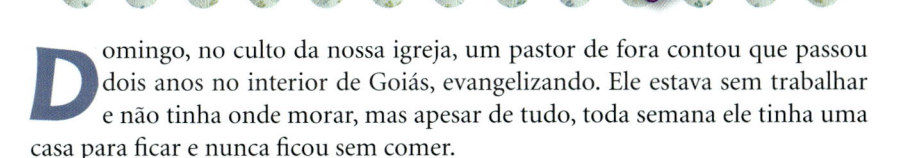

Domingo, no culto da nossa igreja, um pastor de fora contou que passou dois anos no interior de Goiás, evangelizando. Ele estava sem trabalhar e não tinha onde morar, mas apesar de tudo, toda semana ele tinha uma casa para ficar e nunca ficou sem comer.

Hoje comentei com o papai:

— Por que Deus judia das pessoas que falam do amor dele?

— Do que você está falando?

— O pastor que pregou domingo estava falando do amor de Deus e não tinha nem onde morar.

— É verdade, mas em nenhum momento ele ficou sem uma cama para dormir ou um prato de comida. Algumas dificuldades que enfrentamos são oportunidades que Deus encontra para nos mostrar que cuida da gente. As coisas não aconteciam como o pastor desejava, mas aconteciam do jeito que Deus preparava. Tudo o que Ele faz, mesmo que não pareça, é para o nosso bem!

ORAÇÃO

Deus, desejo perceber em todas as coisas que o Senhor trabalha em meu favor.

ATIVIDADE

1) Você já viveu alguma situação difícil?

2) Você conseguiu perceber o lado bom dessa situação?

4 de junho

Tudo o que preciso

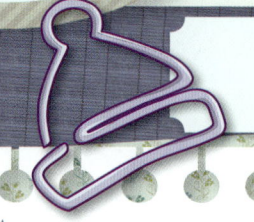

...eu vou preparar um lugar para vocês...
—João 14:2

A professora perguntou:
— Qual a função da mãe na família?
Uma menina respondeu:
— Ela limpa a casa, faz comida e fica regulando doces e a *internet*.
— Muito bem! E qual é a função do pai?
— Trabalhar e pagar todas as contas.

A professora explicou que não é assim em todas as casas. Hoje, muitas mulheres trabalham e muitos pais ajudam nos serviços de casa. Ela lembrou que em algumas casas quem cuida de tudo são os avós e em outras só existe o pai ou a mãe.

Quando comentei da aula, a mamãe concordou com a professora e disse:
— Apesar dessas diferenças que existem na dinâmica de muitas famílias, Deus é aquele que cuida de tudo. Ele enviou Jesus, que veio aqui nos conceder a salvação e deixar o Espírito Santo para nos fazer companhia. Também deixou a Bíblia para nos ensinar tudo o que precisamos para ter uma vida saudável aqui na Terra e ainda foi para o céu preparar uma casa bem bonita para nós.

ORAÇÃO

Deus, obrigado por cuidar de tudo para nós aqui na Terra e aí no céu.

ATIVIDADE

1) Como são as coisas na sua casa?

2) Você se sente seguro em saber que Deus cuida de tudo na sua vida?

O medo de Pedro

5 de junho

> Como a águia ... com as asas estendidas pega (os filhotes) quando estão caindo, assim o Senhor Deus ... os guiou ...
> —Deuteronômio 32:11,12

O Pedrinho ama a praça que tem aqui perto da minha casa. A sua paixão é a caixa de areia. Hoje, o tio Lúcio esteve nos visitando e o levou para brincar um pouco lá.

Em um certo momento, enquanto caminhava para um dos escorregadores, o Pedrinho não viu seu pai. Ele se desesperou e gritou até que o tio Lúcio correu em sua direção para acalmá-lo.

O Pedro é pequeno e precisa ver o pai para se sentir seguro, mas mesmo que ele não pudesse ver, o tio Lúcio esteve perto e cuidando dele o tempo todo.

Eu ri muito da reação dele, mas o tio explicou que muitas vezes fazemos a mesma coisa com Deus. Tem coisas que acontecem na vida que fazem a gente pensar que Deus não está por perto, mas Ele sempre está, mesmo quando não conseguimos perceber.

ORAÇÃO

Deus, obrigado por me dar segurança!

ATIVIDADE

1) Com quem você se sente mais seguro?

2) Você confia que Deus está sempre por perto?

6 de junho

O Dia "D"

*...decidam hoje a quem vão servir ...
Porém eu e a minha família serviremos a Deus, o Senhor.*
—Josué 24:15

Hoje tive uma prova de matemática daquelas! A professora colocou todo o conteúdo que aprendemos nesse semestre.

Já fazia dias que ela avisava que o dia seis seria o "Dia D". Dia de confirmar se nós tínhamos aprendido a matéria ou não.

O papai e a mamãe me ajudaram a estudar bastante e, apesar do frio na barriga, consegui fazer uma boa prova.

Falei para o papai que a professora chamou o dia da prova de "Dia D", mas não entendi o porquê.

Ele explicou que o "Dia D" quer dizer que o dia ou o momento é decisivo na vida de alguém. Surgiu quando vários exércitos aliados invadiram a Normandia, mais de 70 anos atrás, para expulsar os nazistas. Era um termo militar para o dia em que uma operação planejada iria começar.

Papai disse que seu casamento foi um "Dia D" e que a decisão de que a nossa família serviria ao Senhor foi o "Dia D" mais importante para nossa família!

ORAÇÃO

Deus, quero decidir permanecer na Sua presença todos os dias.

ATIVIDADE

1) Você já fez alguma decisão importante na sua vida?

2) Você já decidiu ser filho de Deus, por meio da salvação de Cristo?

Mereço mais que ele

7 de junho

> No céu, eu só tenho a ti. E, se tenho a ti, que mais poderia querer na terra?
> —Salmo 73:25

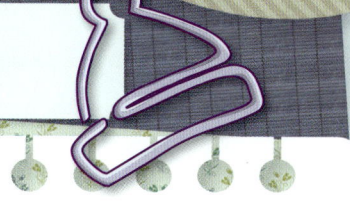

— Papai, qual a chance de o senhor me dar um *smartphone* de presente?

— Quer dizer, um celular moderno e caro?

— Sim... é que o Murilo ganhou do pai dele e me mostrou. Esse tipo de celular é muito legal e eu tive muita vontade de ter um.

— Filho, no momento, eu não tenho condições de gastar tanto dinheiro em um celular. Por isso, a resposta é não.

— Mas pai, não é justo! O Murilo é mal-educado, responde à professora, não faz as tarefas. Por que ele pode ter coisas melhores que eu?

— Arthur, em primeiro lugar, você precisa entender que está sendo invejoso. Se o pai do Murilo pode e resolveu dar um presente caro para ele, você deve ficar feliz e não se sentir no direito de ter o que é dele. Além disso, você tem a Cristo como Salvador e isso é mais importante e valioso que todo o tesouro existente na terra!

ORAÇÃO

Deus, ajude-me a não ser invejoso!

ATIVIDADE

1) Você já sentiu inveja de alguém?

2) Qual é a coisa mais importante que podemos conquistar nessa vida?

8 de junho

Medo de sofrer

> Suportem o sofrimento com paciência... pois o sofrimento de vocês mostra que Deus os está tratando como seus filhos... —Hebreus 12:7

De repente, Ana desmaiou no meio da sala.

Mamãe correu com ela para o hospital.

Ana estava desidratada, pois estava desde ontem com dor de barriga e não contou nada para a mamãe.

Acontece que Ana tem tanto medo de injeção, que ficou com medo de contar que não estava bem. O resultado foi um quadro grave de desidratação (palavras do médico!).

Por causa disso, ela precisou tomar soro na veia... ela ficou horas com uma agulha no braço, sem poder se mexer.

Mamãe deu uma bronca na Ana, pois a situação piorou muito porque ela teve medo de sofrer.

Ela explicou que o tratamento, mesmo que doloroso, só tem o objetivo de fazer bem. Até Deus repreende e permite alguns sofrimentos na vida das pessoas, mas Ele sempre está preocupado em transformar as pessoas em seres humanos melhores.

ORAÇÃO

Deus, ajude-me a confiar que até no sofrimento o Senhor nos ama!

ATIVIDADE

1) Você já experimentou uma situação desagradável?

2) O que você aprendeu com essa situação?

Bênçãos especiais

9 de junho

...Deus, o qual, por meio do seu poder ... pode fazer muito mais do que nós pedimos ou até pensamos!
—Efésios 3:20

Hoje a vovó nos trouxe aquele bolo de cenoura com cobertura de brigadeiro. Humm!

Ao me servir um pedaço, perguntou:

— Quer mais cobertura?

Mais cobertura?! Nunca imaginei que isso fosse possível, mas ela pegou uma colher cheinha de brigadeiro e despejou sobre o meu bolo. Que visão maravilhosa! Minha boca se encheu de água.

O vovô riu quando viu a minha alegria e comentou:

— Fico pensando que Deus deve achar graça em nós quando nos deliciamos com os exageros de bênçãos que Ele nos dá!

— Como assim?

— Arthur, graças ao sacrifício de Jesus nós já ganhamos a salvação, que é muito mais do que merecemos. Mas Deus não se contenta só com o bolo, Ele também exagera na cobertura e aí, manda para nós um monte de bênçãos especiais que tornam a nossa vida muito mais doce e feliz, assim como você está agora!

ORAÇÃO

Deus, obrigado por tantas bênçãos especiais que eu não mereço, mas o Senhor me dá com tanta alegria.

ATIVIDADE

1) Além da salvação, qual a bênção mais especial que você já recebeu?

2) Você gostaria de receber alguma bênção especial? Qual?

10 de junho

A coroa mais importante

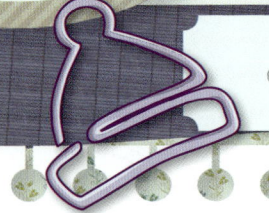

> Depois os soldados fizeram uma coroa de ramos cheios de espinhos, e a puseram na cabeça dele...
> —João 19:2

Mamãe estava mexendo em objetos antigos e nós a ajudávamos. De repente, Ana encontrou uma coroa de Miss e colocou na sua cabeça.

— Que coroa linda. É sua, mamãe?

— É sim. Ganhei aos dez anos, no concurso de Miss Primavera da escola.

Ana suspirou:

— É a coroa mais linda que já vi!

Eu não me aguentei:

— E a única, né? Você nunca viu outra coroa!

— De perto não, mas na televisão já.

Mamãe entrou na conversa:

— É mesmo uma linda coroa, mas não é tão importante quanto outra que já existiu.

— Qual, mamãe?

— A de Jesus! Ele, que era o Rei dos reis, foi coroado com uma coroa de espinhos que o machucou muito e as pessoas riram dele. E Ele fez isso para perdoar nossos pecados.

— Puxa, mamãe, Ele que merecia a coroa mais linda de todas, teve a pior por nossa causa, né?

— Isso mesmo, Arthur. Foi uma grande lição e uma prova de amor!

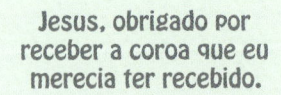

ORAÇÃO

Jesus, obrigado por receber a coroa que eu merecia ter recebido.

ATIVIDADE

1) Você já imaginou como foi a coroa que colocaram em Jesus? Aproveite para desenhá-la.

2) Você já agradeceu a Jesus por ter usado a coroa que você merecia?

Ser honesto vale a pena

11 de junho

> As pessoas direitas são guiadas pela honestidade...
> —Provérbios 11:3

Hoje mamãe nos levou a uma clínica para tomar a vacina contra a gripe.

Eu não gosto de tomar vacinas! Ainda mais quando é injeção, mas a mamãe falou que a gripe pode ser muito forte e tem gente que morre por causa dessa doença.

Assim que chegou minha vez, perguntei:

— Mãe, vai doer?

— Vai sim, mas essa dor compensa, já que a vacina vai evitar que você fique doente e tenha que tomar muitas outras injeções, muito mais doloridas.

Eu fechei bem os olhos e deixei a enfermeira aplicar a injeção.

Doeu! Eu não consegui segurar uma lágrima.

A enfermeira falou para a mamãe:

— Puxa vida, a senhora foi muito honesta com seu filho!

— Eu sei, mas ele entendeu o motivo de estarmos aqui e deixou que você aplicasse a vacina. Eu já ensinei a eles que a honestidade sempre vai compensar e agora preciso dar o exemplo!

ORAÇÃO

Senhor, quero agradá-lo sendo honesto com todas as pessoas em volta.

ATIVIDADE

1) Você já contou alguma mentira?

2) Você acha que compensa ser uma pessoa honesta?

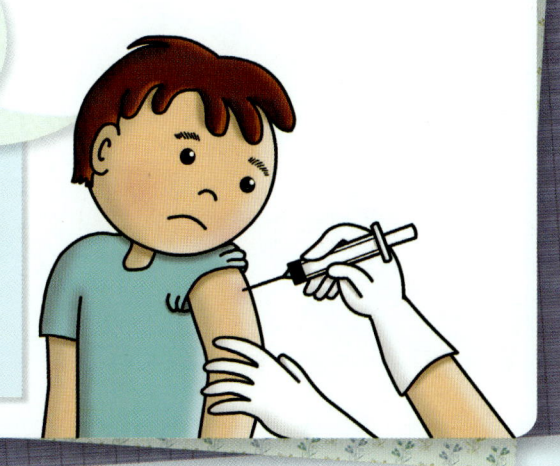

12 de junho

Fique calmo!

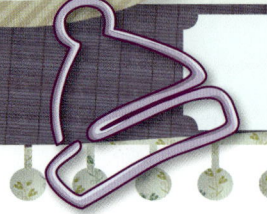

...Nós somos servos do Deus do céu e da terra...
—Esdras 5:11

Hoje aconteceu um culto especial na igreja pelo aniversário da esposa do pastor. Em seu discurso, ele disse que muitas vezes ela foi a voz de Deus, pois nos momentos em que as coisas não davam certo, ela dizia:

— Fique calmo! Deus logo trará uma solução.

"E era bem assim mesmo", ele disse, e aproveitou para dizer que a ama muito, pois hoje se comemora o dia dos namorados.

Quando chegamos a casa, tinha um buquê de rosas vermelhas em cima da mesa de jantar. A mamãe ficou toda sorridente e o papai falou que ela o ajudou a confiar ainda mais no Senhor e a se sentir calmo, mesmo nos momentos complicados.

Igualzinho o pastor falou para a esposa dele! Será que eles combinaram?

Bom, o que importa é que hoje eu entendi que quando confiamos em Deus, Ele se responsabiliza por fazer dar tudo certo.

ORAÇÃO

Deus, quero confiar no Senhor e ficar calmo quando alguma coisa for difícil!

ATIVIDADE

1) Você já viu Deus resolver uma situação complicada em sua família?

2) Como foi essa experiência?

O assalto

13 de junho

> Assim esperamos possuir as ricas bênçãos que Deus guarda para o seu povo. Ele as guarda no céu, onde elas não perdem o valor... —1 Pedro 1:4

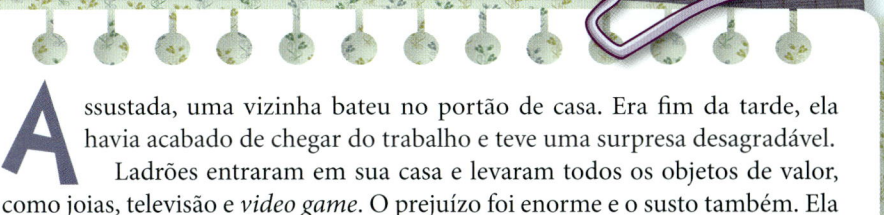

Assustada, uma vizinha bateu no portão de casa. Era fim da tarde, ela havia acabado de chegar do trabalho e teve uma surpresa desagradável. Ladrões entraram em sua casa e levaram todos os objetos de valor, como joias, televisão e *video game*. O prejuízo foi enorme e o susto também. Ela estava abalada!

Depois de ouvir a mulher, o papai tratou de chamar a polícia e a orientou sobre o que fazer, já a mamãe a abraçou, orou a Deus pedindo que o Espírito Santo acalmasse nossa vizinha e depois falou algo interessante:

— Sabe, Jeniffer, aqui na terra, nossas riquezas nunca estarão totalmente seguras, mas há um tesouro guardado por Deus no céu para todos o que aceitarem o Seu amor. Esse tesouro está guardado e nada pode roubá-lo! A herança do céu é o tesouro mais seguro que podemos ter.

ORAÇÃO

Senhor, obrigado pelo meu tesouro guardado aí no céu!

ATIVIDADE

1) Como você imagina que será o céu?

2) Qual o maior tesouro que você possui aqui na Terra?

14 de junho

A melhor proteção

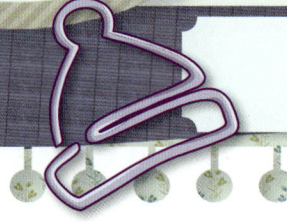

> Deus cuida das pessoas honestas e ouve os seus pedidos.
> —Salmo 34:15

Uma chuva forte destelhou parte da nossa casa, inclusive meu quarto, nessa noite.

Que medo! Além de molhar todas as minhas coisas, me senti desprotegido. Meu quarto já não era um abrigo, mas um lugar perigoso.

Papai providenciou lonas para cobrir a casa o restante da noite e mamãe tratou de secar o que era possível. Só pela manhã foi possível ver bem os estragos e começar a arrumar tudo.

Eu contei para a mamãe que senti muito medo e ela respondeu:

— Eu sei, filho! Situações assim fazem a gente se sentir desprotegido! Mas nunca se esqueça de que quem nos guarda é o nosso Deus. Mesmo nos momentos difíceis e assustadores.

— Está bem, mamãe, não vou me esquecer!

ORAÇÃO

Deus, eu confio que em todos os momentos o Senhor cuida de mim!

ATIVIDADE

1) Você já passou por uma situação assustadora?

2) Você confiou que Deus iria te proteger?

Santo, Santo, Santo

15 de junho

...Santo, santo, santo é o Senhor Deus, o Todo-Poderoso, que era, que é e que há de vir.
—Apocalipse 4:8

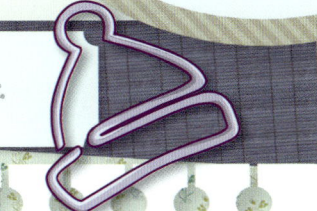

Hoje tivemos um culto especial das crianças e a professora nos apresentou o "Quiquinho", um boneco muito engraçado.

Minha irmã gostou tanto do Quiquinho, que falou dele umas 30 vezes durante o almoço.

Teve um momento em que o papai não aguentou e soltou:

— Mas você não tem outro assunto, Ana?

Pela primeira vez tive que defendê-la:

— Papai, se o senhor tivesse visto o Quiquinho, também teria se divertido bastante.

Aí ele parou e percebeu que nós realmente havíamos gostado muito. Eu até defendi a Ana!

A mamãe sorriu e entrou na conversa:

— É, Marcos, parece que as crianças ficaram felizes! Fico imaginando os anjos, quando repetem "Santo, Santo, Santo" sem parar! Eles devem estar tão maravilhados com o poder e a grandiosidade de Deus, que não se cansam de adorá-lo repetindo estas palavras. E será assim também quando chegarmos lá.

ORAÇÃO

Senhor, eu quero adorá-lo sempre por causa da Sua grandeza!

ATIVIDADE

1) Como você acha que será nossa adoração lá no céu?

2) Você tem curiosidade de conhecer o céu?

16 de junho

Visitando os velhinhos

Para Deus, o Pai, a religião pura e verdadeira é esta: ajudar os órfãos e as viúvas nas suas aflições...
—Tiago 1:27

Todo mês, a mamãe vai pelo menos duas vezes até uma casa-lar que abriga idosos para fazer companhia a eles, já que eles se sentem muito sozinhos.

Um dia ela me explicou que quando temos condições de ajudar alguém e não o fazemos, pecamos. E disse ainda que não adianta falarmos que temos o amor de Deus na nossa vida, se não fizermos nada para demonstrar esse amor.

— Mas mãe, a senhora já mostra amor por mim, pelo papai, pela Ana...

— Pois é, Arthur, mas esse é um amor que tem retorno. O amor como o de Deus, não recebe nada em troca. Deus nos encoraja a amar, inclusive, nossos inimigos. Eu quero amar essas pessoas mesmo que elas não tenham condições de me oferecer nada em troca. E lá na Bíblia está escrito que a verdadeira religião é cuidar de órfãos e viúvas, então estou no caminho certo.

— Ah, acho que entendi.

ORAÇÃO

Senhor, quero demonstrar o Seu amor por onde eu passar.

ATIVIDADE

1) Você consegue amar as pessoas desconhecidas?

2) Você já visitou uma casa-lar ou um orfanato?

A luz de Jesus

17 de junho

> A cidade não precisa de sol nem de lua para a iluminarem, pois a glória de Deus brilha sobre ela... —Apocalipse 21:23

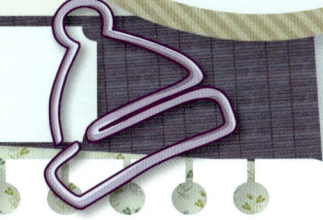

— Papai, é verdade que lá no céu não tem sol e nem lua?
— É, sim.
— Mas tem energia elétrica.
— Também não.
— E como vamos enxergar as coisas lá?
— Lá será ainda mais iluminado que *shopping* em época de natal.
— Como?
— Através da glória de Deus!
— A glória de Deus ilumina?
— Sim!
— E como funciona?
— Também não sei. O céu é um lugar tão glorioso, que tudo o que a gente já sabe de tecnologia não adianta para conseguirmos imaginar o céu. O negócio é esperar chegar lá para entender como que é.
— Puxa vida! Então vamos esperar, né? Mas eu fiquei muito curioso.

ORAÇÃO

Senhor, estou muito curioso para conhecer a Sua casa. Ajude-me a chegar lá.

ATIVIDADE

1) Das coisas que você já sabe que vai ter lá no céu, qual deseja conhecer primeiro?

2) Você consegue imaginar a glória de Deus?

18 de junho

Levando alegria

...que o Senhor os trate com bondade e misericórdia.
—Números 6:25

Chegamos na padaria e a fila estava enorme. Apenas uma das meninas estava atendendo, pois as outras duas faltaram.

Quando chegou a vez da mamãe, a garota atendeu impaciente e aborrecida:

— O que a senhora deseja?

A mamãe parou, olhou para ela e sorriu:

— O dia começou difícil hoje, né?

No mesmo instante o rosto dela mudou. Num primeiro momento ela ficou sem graça, mas a mamãe tratou de dizer logo:

— Olha, eu só preciso de oito pães, mas desejo que o seu dia melhore bastante a partir de agora.

Ela sorriu, pegou os pães e atendeu a próxima pessoa com muito mais gentileza.

A mamãe diz que quem tem Deus no coração precisa demonstrar alegria por onde passar. E foi isso que ela fez!

ORAÇÃO

Senhor, ajude-me a demonstrar alegria às pessoas a minha volta.

ATIVIDADE

1) Você já sorriu para alguém hoje?

2) Quando foi que por causa da alegria de outra pessoa você ficou mais feliz?

O outro lado da história

19 de junho

> Eu, o Senhor Deus, digo que eu mesmo procurarei e buscarei as minhas ovelhas.
> —Ezequiel 34:11

Hoje o papai nos contou a história da ovelha que se perdeu. A ovelha se desgarrou do rebanho e o pastor saiu a procurar e só voltou para casa com ela nos braços.

Eu disse para o papai que já conhecia essa história e então ele me perguntou:

— E qual é o ensinamento dessa história?

— Que o bom pastor não desiste das suas ovelhas, e que Jesus não desiste de nós!

— Muito bom! Mas você já parou para pensar na situação da ovelha?

— Como assim?

— A história fala que ela estava ferida e que o pastor teve que tratá-la. Sabe filho, algumas coisas que guardamos no coração tentam afastar a gente do rebanho, nos levar para longe do nosso Bom Pastor, mas isso não é bom. Na maioria das vezes, as pessoas voltam com a alma ferida, precisando de consolo, de ânimo e de esperança.

— Verdade, papai. Não tinha prestado atenção nisso.

ORAÇÃO

Senhor, não quero jamais sair de perto do Seu amor!

ATIVIDADE

1) Você conhece alguém que se afastou de Jesus e ficou triste por isso?

2) Em algum momento, você já se afastou de Jesus?

20 de junho

Lembrando do cuidado de Deus

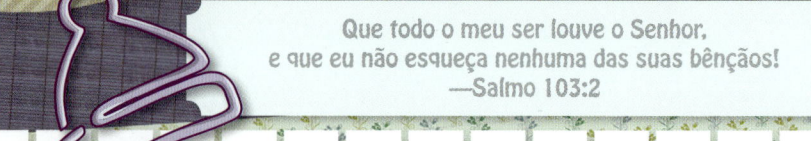

Que todo o meu ser louve o Senhor, e que eu não esqueça nenhuma das suas bênçãos!
—Salmo 103:2

Papai chegou em casa angustiado! Durante o jantar, quase não conversou conosco e, diferentemente dos outros dias, foi logo para o quarto. Mamãe foi atrás dele.

Pouco tempo depois eles voltaram para a sala e ele nos explicou que a empresa em que ele trabalha está passando por uma crise financeira e muitos funcionários serão demitidos. Ele está com medo!

Mas a mamãe o lembrou de que todos os dias Deus cuidou da nossa família! Ela lembrou como Deus permitiu que eles comprassem nossa casa e que, mesmo com pouco dinheiro, eles pagaram o plano de saúde para eu e minha irmã nascermos em um bom hospital e que nos momentos mais difíceis, Deus sempre tratou de tudo!

Ao ser lembrado de como Deus sempre cuidou da nossa família, papai ficou mais aliviado e voltou a sorrir, e veio nos contar para não ficarmos preocupados.

Eu amo muito minha família!

ORAÇÃO

Querido Deus, obrigado pelo Seu cuidado com a minha família!

ATIVIDADE

1) Será que você consegue listar dez bênçãos que já recebeu?

2) Você acredita que Deus cuida da sua família em todos os momentos?

Escolha a melhor parte

21 de junho

> Maria, a sua irmã, sentou-se aos pés do Senhor e ficou ouvindo o que ele ensinava.
> —Lucas 10:39

Hoje a família veio almoçar aqui em casa. Mamãe levantou cedo e a correria começou.

No fim da tarde, quando todos foram embora, ela desabou exausta no sofá e reclamou:

— Puxa vida, precisei fazer tanta comida e lavar tanta louça que não tive tempo de conversar com ninguém!

O papai sentou ao seu lado, abraçou-a e disse:

— Meu amor, hoje você deu uma de Marta, ficou tão ocupada com as tarefas, que perdeu de aproveitar a melhor parte da festa.

— Quem é Marta, papai?

— Marta e Maria eram as irmãs de Lázaro e receberam Jesus em sua casa. Enquanto Marta limpava tudo e preparava a refeição, Maria se sentou ao lado de Jesus para receber Sua atenção e Seus ensinamentos. Devemos cuidar com a nossa correria, porque às vezes perdemos a companhia dos amigos e até a de Jesus, por conta das nossas ocupações.

ORAÇÃO

Senhor, que as tarefas do dia a dia não me façam esquecer da Sua companhia!

ATIVIDADE

1) Você tem muitas atividades no seu dia?

2) Você procura fazer um tempo durante seu dia para falar com Deus?

22 de junho

O exemplo fala mais alto

...Deus teve misericórdia de mim ... E isso ficará como exemplo para todos os que, no futuro, vão crer nele e receber a vida eterna. —I Timóteo 1:16

Hoje fui ver o futebol da galera. Ainda vou ficar uns dias sem jogar, mas a saudade é grande.

De todos os meninos, o Anderson nunca foi muito meu amigo, mas quando cheguei, ele foi o primeiro a me abraçar.

Na hora de ir embora, ele pediu para conversar e me contou que estava triste, pois seus pais se separaram.

Ele perguntou:

— Arthur, você nunca fica triste? Os meninos falaram que você é igual a gente, só que amigo de Deus. É verdade?

— É sim! Eu tenho problemas, não sou especial, mas Deus é especial e Ele é meu amigo.

Fiz uma oração pelo Anderson. Pedi ao Espírito Santo para trazer paz e alegria ao coração dele. Quando terminei, ele confirmou que se sentia melhor e eu lembrei que o papai disse que Deus conquista as pessoas pelo nosso exemplo.

ORAÇÃO

Senhor, desejo que através da minha vida muitas pessoas conheçam Seu amor!

ATIVIDADE

1) Alguém já se aproximou de você por saber que você ama a Deus?

2) Para qual dos seus amigos você falou do amor de Deus? Como foi?

Restaurado pelo Mestre

23 de junho

...Essa natureza é a nova pessoa que Deus, o seu criador, está sempre renovando para que ela se torne parecida com ele... —Colossenses 3:10

Na nossa rua tem uma casa muito antiga que estava muito feia e corria o risco de desabar. Os donos resolveram restaurá-la e hoje passei lá na frente e fiquei espantando!

Eu não imaginava que aquela casa pudesse ficar tão linda!

Corri em casa para chamar todo mundo para ver e todos ficaram admirados de como ela ficou linda!

O papai disse que gosta muito de restaurações porque elas redescobrem a beleza que o tempo e o descaso esconderam por muito tempo.

A mamãe concordou e disse que quando essa restauração é na alma é ainda mais especial! Ela disse que quando uma pessoa volta a ter amizade com Deus, Ele restaura a alma dessa pessoa e ela volta a se sentir especial e feliz!

ORAÇÃO

Senhor, restaure as coisas antigas e remova a poeira do meu coração!

ATIVIDADE

1) Você acha que está precisando de restauração de alguma coisa na sua alma?

2) Descreva como seria esta restauração.

24 de junho

Quebrados e consertados

Pois, se fomos unidos com ele por uma morte igual à dele, assim também seremos unidos com ele por uma ressurreição igual a dele. —Romanos 6:5

Ana ficou muito triste quando sua bonequinha de porcelana caiu no chão e a cabeça se espatifou em dezenas de pedaços.

Ela perguntou para a mamãe se tinha como colar os pedacinhos. Mamãe avisou que não seria possível recuperar a boneca, mas prometeu pegar todos os pedacinhos e montar um porta-joias bem bonito, enfeitado com os cacos da boneca.

Ana continuou triste!

O papai explicou:

— Ana, quando alguma coisa de porcelana se quebra, é impossível recuperar, mas sabe qual é a lição que podemos aprender por meio dessa perda?

— Qual?

— Quando nossa alma quebra por conta de algum pecado ou tristeza, Deus tem o poder de nos restaurar e nos deixa ainda melhores do que éramos antes de "quebrarmos". E, acredite filha, é mais importante estarmos inteiros por dentro do que ter todas as nossas coisas intactas.

— Eu sei papai, vou me conformar!

ORAÇÃO

Senhor, restaure a minha alma quando ela se quebrar!

ATIVIDADE

1) Você já quebrou ou perdeu alguma coisa de que gostava muito?

2) Como foi sua reação?

Sabedoria do alto

25 de junho

A sabedoria que vem do céu é antes de tudo pura; e é também pacífica...
—Tiago 3:17

Durante o recreio, um garoto mais velho esbarrou em mim e virou na minha roupa o copo de suco que eu segurava.

Logo percebi que a turma dele ria de mim e que tinha sido de propósito. Fiquei muito bravo! Minha vontade era dar um soco naquele sem noção.

Meus amigos vieram me acudir e me incentivaram a partir para cima do garoto, mas no meu coração eu sabia que não podia fazer isso.

Saí do meio da confusão e fui até a inspetora de alunos explicar o que aconteceu. Ela e a diretora do colégio trataram o caso com o menino e com os pais dele.

Eu sabia que podia querer a justiça, mas no meu coração eu sabia o jeito certo de fazê-lo e foi por isso que ouvi o Espírito Santo em meu coração e não os meus amigos.

Quando papai soube o que aconteceu, ele disse que eu agi certo. Ufa!

ORAÇÃO

Senhor, obrigado por me ajudar a tomar a decisão certa nos momentos difíceis.

ATIVIDADE

1) Você já viveu uma situação parecida com a do Arthur?
2) Como você reagiu?

26 de junho

Ilustre ajudante!

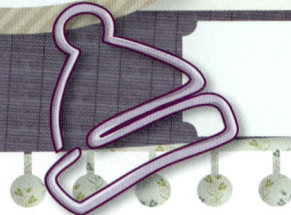

Deus é o nosso refúgio e a nossa força, socorro que não falta em tempos de aflição.
—Salmo 46:1

Hoje assisti na TV que um garoto, da minha idade, se perdeu dos pais e um jogador de futebol bem famoso o ajudou a procurar os pais depois do jogo.

Quando vi a matéria, falei:

— Uau! Deve ser muito *show* ser ajudado por uma celebridade!

Papai achou graça na minha empolgação.

— Você está mais feliz com o fato de o jogador ter ajudado o garoto do que pelo fato dele ter encontrado sua família.

Era verdade. Mas era um astro do futebol!

— Ah, papai...

— Filho, é muito legal ser fã de grandes atletas, mas eles são pessoas como nós. Eu fico muito mais impressionado em pensar que Deus, tão poderoso, se preocupa em nos ajudar e nos livra das dificuldades que enfrentamos por amor a nós. E podemos contar com Ele continuamente! O menino talvez nunca mais veja o jogador famoso que o ajudou, mas nós podemos contar com o cuidado de Deus para sempre!

ORAÇÃO

Senhor, obrigado por me livrar de todas as dificuldades que eu enfrento.

ATIVIDADE

1) Você gostaria de ser ajudado por algum famoso?

2) Como você se sente sabendo que o Todo-Poderoso Deus está do seu lado?

Furando fila?

27 de junho

> Quem ama os outros não faz mal a eles.
> Portanto, amar é obedecer a toda a lei.
> —Romanos 13:10

Hoje, durante o recreio, serviram um lanche muito gostoso para os alunos.

Eu também quis o lanche, mas a fila estava gigante!

Um dos meus amigos estava lá no começo e me ofereceu um lugar na frente dele.

Eu estava indo para lá quando lembrei da perguntinha básica que mamãe me ensinou a fazer:

"— Se Jesus estivesse no meu lugar, o que Ele faria?"

Então eu percebi que Jesus nunca furaria a fila, pois as pessoas que ficam para trás chegaram antes de mim e isso não é justo com elas.

Se, de alguma maneira, eu prejudico outras pessoas, então não devo fazer aquilo! Desisti do lugar no começo e fui lá para o final da fila. E eu sei que Jesus faria exatamente como eu fiz!

ORAÇÃO

Senhor, que eu sempre demonstre amor para com as pessoas nas minhas decisões.

ATIVIDADE

1) Você já fez alguma coisa que prejudicou outras pessoas?

2) Como você pode mudar isso?

28 de junho

Exemplo convincente

> Sejam sábios na sua maneira de agir com os que não creem e aproveitem bem o tempo que passarem com eles.
> —Colossenses 4:5

O chefe de papai é ateu, ou seja, ele não acredita em Deus. Já faz muitos anos que eles trabalham juntos.

Esses dias eu perguntei ao papai se ele conversa sempre com o chefe sobre Deus. O papai respondeu que não, ele não fica falando de Deus para o chefe!

Eu estranhei, afinal nós sempre precisamos falar de Deus para as pessoas.

Então o papai me explicou que ele não precisa ficar falando de Deus o tempo todo, mas ele precisa demonstrar a presença de Deus na vida dele o tempo todo, por meio das suas atitudes, demonstrando amor, mansidão, compaixão, bondade, justiça e perdão em todas as suas ações!

Então eu entendi que o exemplo do papai é muito importante e através desse exemplo ele explica o amor de Deus para o seu chefe!

ORAÇÃO

Senhor, com minhas atitudes quero convencer as pessoas do Seu amor.

ATIVIDADE

1) Você fala do amor de Deus para as pessoas?

2) Como você pode demonstrar o amor de Deus com seus atos?

Nascer sabendo

29 de junho

> ...Porém continuem a crescer na graça e no conhecimento do nosso Senhor e Salvador Jesus Cristo. — 2 Pedro 3:18

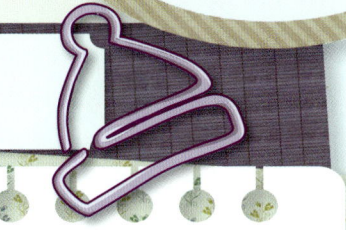

Lembrei que amanhã tenho uma prova daquelas. Fiquei irritado e desabafei:
— Ah, eu queria ter nascido sabendo tudo!
Eu não sabia, mas papai estava atrás de mim e ouviu meu desabafo.
— Queria ter nascido sabendo o quê?
— Tudo! Não queria precisar ir para a escola!
— Está certo. Então você já queria ter nascido adulto?
— De jeito nenhum! Não queria, não.
— Ué, mas crianças vão para a escola. E você está querendo pular etapas.
— Eu gosto de ser criança, mas não gosto de estudar.
— Até na nossa vida com Deus, existe um processo de aprendizado. Precisamos ler a Bíblia sempre para aprender um pouquinho a cada dia. Você precisa entender que em quase tudo na vida o processo é mais importante do que o resultado.
— Como assim?
— É como uma viagem, chegar é muito bom, mas apreciar o caminho também é muito divertido. Entendeu?
— Ah, entendi, sim.

ORAÇÃO

Senhor, quero aprender um pouco mais todos os dias.

ATIVIDADE

1) Você entendeu por que não vale a pena nascer sabendo?

2) O que você aprendeu recentemente?

30 de junho

O grande retorno

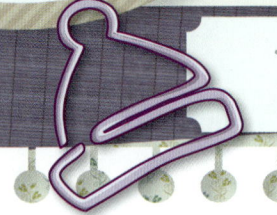

...se confessarmos os nossos pecados a Deus ... Ele perdoará os nossos pecados e nos limpará de toda maldade. —1 João 1:9

O papai desligou o telefone impressionado.
Era o nosso pastor do outro lado da linha.
Mamãe perguntou:
— O que aconteceu?
— Lembra do Gilberto, meu melhor amigo da igreja quando eu ainda era adolescente?
— Claro que me lembro. E lembro-me também de que ele ficou triste com alguma coisa e se afastou de Deus.
— Pois é, mas sabe qual é a grande notícia? No próximo domingo ele será o preletor do culto! O pastor acabou de me contar que há poucos anos ele voltou para Jesus e agora é missionário em um país africano!
— Que notícia linda! Estou muito feliz!
— E eu estou ainda mais, pois achei que ele jamais voltaria. Agora eu entendo que Deus, quando recupera uma pessoa, faz dela muito mais que qualquer um imaginou. Agora ele é um missionário! Eu amo observar os efeitos do amor de Deus na vida das pessoas.

ORAÇÃO

Querido Deus, obrigado por restaurar a vida e os sonhos de todos nós!

ATIVIDADE

1) Você conhece alguém que teve a vida transformada pelo amor de Deus?
2) Conte como isso aconteceu.

O único Salvador

1º de julho

...nosso Senhor Jesus Cristo ... a sua ressurreição provou, com grande poder, que ele é o Filho de Deus.
—Romanos 1:3,4

— Pai, eu hoje ouvi num programa de televisão uma mulher dizendo que todos os caminhos levam a Deus!

— Isso foi o que você ouviu na televisão, mas o que é que ensinamos aqui em casa?

— Que Jesus é o único caminho que leva a Deus!

— Exatamente.

— Mas a mulher falou que Jesus foi um cara muito legal, mas não tão especial assim como falam...

— Filho, Jesus veio à Terra e realizou muitos milagres. Além disso, Ele realizou algo que nenhum outro jamais conseguiu: ao terceiro dia ressuscitou e venceu a morte! Sabe, as pessoas insistem em duvidar do Seu poder, mas a Sua ressureição é definitiva para provar que, verdadeiramente, Ele é o Filho de Deus!

— É, papai, eu acredito em Jesus como meu Salvador.

— Que bom, Arthur! Ele é mesmo o único Salvador!

ORAÇÃO

Senhor Jesus, muito obrigado por entregar Sua vida por mim naquela cruz!

ATIVIDADE

1) Você acredita que Jesus é o único caminho para o céu?

2) O que acontece quando você fala isso para as pessoas?

2 de julho

Preocupação pesa

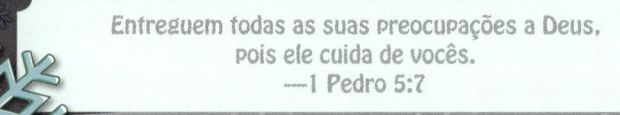

> Entreguem todas as suas preocupações a Deus, pois ele cuida de vocês.
> —1 Pedro 5:7

Pouco antes de servir o almoço, mamãe nos chamou e entregou um copo de água para cada um.

Ela explicou que era uma brincadeira e que não poderíamos beber a água, nem trocar o copo de mão e nem apoiá-lo. Venceria quem segurasse o copo por mais tempo.

O desafio pareceu fácil, mas conforme passava o tempo, o copo ficava pesado. Eu já estava cansado, mas não podia perder para minha irmã!

Depois de muito tempo, Ana desistiu.

Ganhei o desafio!

Então mamãe falou que na vida, nós ficamos preocupados com algumas coisas sem poder resolvê-las e Deus não nos criou para isso. Ela disse que a preocupação é como um peso que vai ficando insuportável, assim como segurar o copo.

— Mas como fazemos para não ficar preocupados?, perguntei.

— Contamos para Deus nossos problemas e confiamos que Ele nos ajudará a solucioná-los.

ORAÇÃO

Querido Deus, eu lhe entrego todas as minhas preocupações e peço Sua ajuda para resolvê-las.

ATIVIDADE

1) Quais as coisas que te preocupam mais?

2) Você já contou a Deus sobre suas preocupações e pediu Sua ajuda?

Ajudando com carinho

3 de julho

> ...quando estivemos com vocês ...
> fomos como uma mãe ao cuidar dos seus filhos.
> —1 Tessalonicenses 2:7

Estou aprendendo frações na escola, mas não estou entendendo muito bem. Hoje mamãe pediu que Ana me ajudasse e eu me sentei com ela para estudar.

Em um dos problemas, minha irmã explicou a forma de calcular três vezes, mas eu não entendia. Teve um momento em que ela perdeu a paciência e falou:

— Ai, Arthur, não adianta, você não entende nada mesmo!

Então a mamãe veio até a sala e deu uma lição:

— Ana, uma das coisas mais bonitas que existem são pessoas que ajudam as outras por amor e com carinho. Se você fica aborrecida e trata mal seu irmão ao ajudá-lo, seu favor não tem nenhum valor!

Ana ficou envergonhada porque teve que reconhecer que quando ela estava aprendendo esse conteúdo, também teve dificuldades e o papai a ajudou bastante.

Minha irmã me pediu perdão e continuou me ajudando. No final, eu aprendi tudo!

ORAÇÃO

Senhor, ensina-me a servir as pessoas com gentileza.

ATIVIDADE

1) Você tem paciência para ajudar outras pessoas?

2) Como você costuma ajudar em casa?

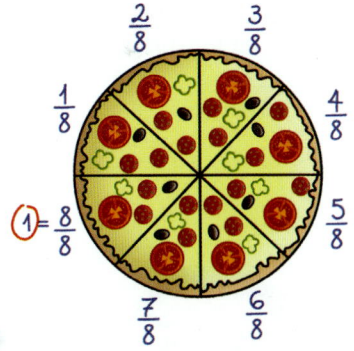

4 de julho

Dependente ou independente?

Quem está unido comigo e eu com ele, esse dá muito fruto porque sem mim vocês não podem fazer nada.
—João 15:5

Na hora do jantar, o pequeno Pedro pegou a colher e comeu sozinho.

Mamãe comentou:

— Ele está ficando independente!

Estranhei:

— Só porque come sozinho?

— Claro! Desenvolvemos níveis de independência. Ele come sozinho, mas não prepara a própria comida. Você toma banho e consegue estudar sozinho, mas também não prepara sua comida. Já eu cozinho e sou capaz de cuidar de vocês.

— Mas se independência é uma coisa boa, por que o papai sempre fala que é totalmente dependente de Deus?

Ele explicou:

— Arthur, nós desenvolvemos independência social e isso é muito bom, mas espiritualmente precisamos depender de Deus sempre. As nossas decisões precisam ser tomadas em segurança com a direção de Cristo. Não existe nada melhor do que ter a certeza de que Deus está nos amparando!

ORAÇÃO

Deus, quero sempre depender do Senhor na minha vida!

ATIVIDADE

1) Você é bastante independente?

2) Como devemos depender de Deus no nosso dia a dia?

Crescimento

5 de julho

> Porém continuem a crescer na graça e no conhecimento do nosso Senhor e Salvador Jesus Cristo...
> —2 Pedro 3:18

De uns dias para cá, Ana não quer comer. Todos os dias deixa toda a salada e a verdura no prato. Mamãe está preocupada com a saúde dela!

Então hoje, o papai chegou e fez um anúncio muito esquisito.

— Pessoal, eu ando muito cansado e nesse mês vou suspender nosso culto doméstico.

Ana ficou indignada!

— Como assim?

— É... decidi que não vamos fazer mais isso.

— Mas se nós não conhecermos mais da Palavra de Deus, enfraquecemos e a nossa fé acaba!, Ana protestou.

— Puxa! Você está coberta de razão. Não posso cancelar nosso culto doméstico. E que tal se você aproveitar essa oportunidade para voltar a se alimentar corretamente? Verduras, frutas e legumes são como a nossa oração: fundamentais para nossa saúde! As frutas e verduras nos ajudam a crescer fortes, e a oração faz "crescer" a nossa alma.

— Combinado, papai!

ORAÇÃO

Senhor, quero crescer no conhecimento da Sua Palavra!

ATIVIDADE

1) Você se preocupa em crescer no conhecimento das coisas de Deus?

2) Como está sua alimentação ultimamente?

6 de julho

Coisa de museu

> ...Porém uma coisa eu faço: esqueço aquilo que fica para trás e avanço para o que está na minha frente.
> —Filipenses 3:13

Ouvi uma frase engraçada:
"Quem vive de passado é museu!"
Foi a mamãe quem me explicou essa expressão:

— Na maioria das vezes, museus são espaços que guardam coisas antigas relacionadas à alguma pessoa importante de alguma época. Aqui no Brasil, o Museu do Ipiranga guarda parte dos itens mais importantes da época da monarquia. Acontece que existem pessoas que vivem falando e pensando nas coisas boas que viveram no passado e se esquecem de viver o presente e nem pensam no seu futuro. Por isso, às vezes, alguém tenta lembrá-las de que quem vive de passado é só o museu.

— Mas o passado não serve para nada?

— Serve, sim. Ele serve para nos lembrar de como Deus foi fiel conosco em outros momentos e isso vai nos dar coragem e alegria para enfrentar os desafios do presente e do futuro.

— Agora faz sentido!

ORAÇÃO

Senhor, só quero lembrar do passado para ter esperanças no presente!

ATIVIDADE

1) Você sente muitas saudades do seu passado?

2) Como o seu passado pode inspirar o seu presente?

Alegria para quem está triste

7 de julho

> ...andaram por todos os povoados, anunciando o evangelho e curando doentes por toda parte.
> —Lucas 9:6

Hoje o papai contou de um amigo para quem ele sempre falava de Jesus, mas que sempre dizia que não podia receber esse amor.

Um dia o papai perguntou:
— Por quê?
— Porque sou muito grosseiro. Lá na minha casa falo coisas desagradáveis para minha mulher e meus filhos. Grito o tempo todo com eles. Não os trato com amor! E não mereço que ninguém me ame.

Então o papai explicou a ele que o amor de Jesus é um presente. Na verdade, ninguém merece esse amor, mas para a nossa sorte, Ele nos ofereceu e está disposto a transformar nossa vida através desse amor.

Naquele dia o homem aceitou a Jesus e, com o tempo, se tornou um pai e marido muito carinhoso!

O papai explicou que as pessoas estão tristes e nós, que já experimentamos a alegria da salvação em nosso coração, devemos insistir em transmiti-la aos nossos amigos.

ORAÇÃO

Senhor, quero ser corajoso e falar do Seu amor a todas as pessoas.

ATIVIDADE

1) Por que é importante contar para as pessoas sobre o amor de Jesus?

2) Quem você conhece que se sentiu mais feliz depois que conheceu a Jesus?

8 de julho

Turbulência

> E a paz de Deus ... guardará o coração e a mente de vocês, pois vocês estão unidos com Cristo Jesus.
> — Filipenses 4:7

Hoje a mamãe nos contou a história de um menino que estava viajando de avião e, de repente, o avião começou a enfrentar uma turbulência muito forte.

O avião sacudia inteiro, todos usavam os cintos e, de vez em quando, o avião descia muitos metros bruscamente.

Todas as pessoas estavam desesperadas e gritavam nervosas, mas aquele menino permanecia muito calmo e tranquilo.

Um homem não se conformou e perguntou a ele por que estava tão calmo se eles corriam o risco de morrer com a queda do avião. Então o menino respondeu:

— Esse avião não vai cair!
— Como você pode ter tanta certeza?
— Porque o piloto é o meu pai!

Então a mamãe nos explicou que nós que cremos em Deus, também ficamos calmos nos momentos complicados da vida e isso porque sabemos que Deus está no controle de todas as coisas.

ORAÇÃO

Senhor, obrigado por me guardar nos momentos difíceis!

ATIVIDADE

1) Você confia que Deus controla todas as coisas?

2) Já houve algum momento em sua vida em que você sentiu a paz e tranquilidade do menino da história?

Perguntas diferentes

9 de julho

> Pois sabemos que todas as coisas trabalham juntas para o bem daqueles que amam a Deus...
> —Romanos 8:28

Mamãe desligou o telefone abalada e avisou:
— O sogro do Lúcio sofreu um acidente automobilístico e não resistiu.
— Como assim, mamãe?
Foi o papai quem explicou:
— Ele faleceu.
— Mas ele não era amigo de Jesus? Não é justo o seu Altanir morrer! Ele era muito legal!
Comecei a chorar.
Papai me abraçou e disse:
— Filho, você confia no meu amor por você?
— Confio.
— Mas às vezes faço e proíbo coisas que você não gosta, certo?
— Aham.
— Nesses momentos, você acha que eu o amo menos?
— Não, mesmo quando não gosto, sei que o senhor faz tudo para o meu bem.
— Exatamente, meu querido. E aprendi isso com nosso Deus. Tem muitas coisas e momentos tristes que vivemos, que não fazem sentido e parece que Deus não gosta da gente. Mas não se engane, tudo o que Deus faz, mesmo quando não entendemos, é para o nosso bem!

ORAÇÃO

Senhor, ajude-me a confiar que tudo é para nosso bem!

ATIVIDADE

1) Você já perdeu alguma pessoa querida?

2) O que o ajudou a entender que Deus faz tudo por nos amar?

10 de julho

Olhe para os montes

Olho para os montes e pergunto: "De onde virá o meu socorro?" O meu socorro vem do Senhor Deus, que fez o céu e a terra. —Salmo 121:1,2

Assisti a uma reportagem especial sobre a cidade do Rio de Janeiro. O repórter dizia:

"No topo do morro do Corcovado, olhando para a cidade do Rio de Janeiro, está o Cristo Redentor, uma das estátuas mais altas de Cristo no mundo, com 38 metros de altura e braços se estendendo por 30 metros. Esta escultura pode ser vista, dia ou noite, a partir de quase todos os pontos da cidade."

Comentei com o papai:

— Deve ser legal morar no Rio de Janeiro e ver o Cristo Redentor todo dia!

— Verdade. Mas essa é só uma vista bonita, não traz paz, calma ou alegria. Isso só encontramos quando olhamos para o verdadeiro Jesus.

— Pai, não tem como a gente ver Jesus!

— Na verdade, quando dizemos que olhamos para Jesus, queremos falar é que nos lembramos de tudo o que Ele nos ensinou com Seu exemplo e isso fortalece nossa fé e acalma nosso coração.

ORAÇÃO

Querido Deus, em todo o tempo quero sempre olhar para o Senhor e sentir paz!

ATIVIDADE

1) Você já encontrou-se com o Cristo Salvador?

2) Por que encontramos paz e calma ao olhar para Jesus?

Aventura na caverna

11 de julho

> No amor não há medo; o amor que é totalmente verdadeiro afasta o medo...
> —1 João 4:18

Hoje eu e minha turma de escola fizemos uma excursão para conhecer algumas cavernas. Quando chegamos, a equipe de guias fez várias recomendações e distribuiu lanternas e água.

Dentro da caverna, não poderíamos nos afastar do grupo e dos guias, mas no meio da aventura, meu tênis desamarrou e me abaixei para arrumar. Todos continuaram andando e fiquei sozinho.

Quando levantei a lanterna e não vi ninguém, fiquei desesperado. Comecei a tremer e a chorar, pois não sabia o que fazer.

Então lembrei-me que mamãe ensinou que Deus nos ama demais e nos protege. Por causa desse amor, não devemos sentir medo, e sim, confiança!

Então me acalmei, segui um pouco para frente e, com muito cuidado, chamei pelo grupo. Eles estavam logo à minha frente e foi só a escuridão e uma estalactite gigante que os esconderam de mim. Ufa!

ORAÇÃO

Senhor, obrigado pelo Seu amor que afasta de mim o medo!

ATIVIDADE

1) Qual foi o maior medo que você já sentiu na sua vida?

2) Como você superou esse medo?

12 de julho

O poder de um nome

O nome do Senhor é como uma torre forte...
—Provérbios 18:10

— Arthur, sabia que Deus tem vários nomes?
— Só conheço Deus e Senhor!
— Na verdade, existem muitos nomes que damos a Ele e que representam algumas de Suas características.
— Quais?
— Anote aí que ele é Elohim, o Deus acima de todos os deuses.
— Javé Jirê, o Deus que provê, ou seja, que não deixa faltar nada na nossa casa.
— El Shadai, o Deus Todo-Poderoso.
— Javé Rafá, nosso Deus que cura.
— Javé Shalom, nosso Deus da paz.
— Javé Shamá, nosso Deus que está presente, ou seja, que nos faz companhia.
— Javé Iauê, nosso Deus amoroso que mantém Sua promessa.
— Que interessante, papai.
— Não é mesmo? E sabe o porquê de tudo isso? É que em cada momento da nossa vida precisamos lembrar da força e cuidado de Deus para conosco e esses nomes nos ajudam a ver as muitas formas como Ele demonstra Seu amor por nós.

ORAÇÃO

Senhor, eu o agradeço pelo cuidado com nossa saúde, felicidade e por nos alimentar e vestir!

ATIVIDADE

1) Você já precisou de Deus Javé Rafá?

2) Qual desses novos nomes você achou mais especial?

Encontrão

13 de julho

> A pessoa sensata controla o seu gênio,
> e a sua grandeza é perdoar quem a ofende.
> —Provérbios 19:11

Hoje teve futebol!

Em uma dividida, o lateral esquerdo do outro time entrou com tudo na minha canela e eu rolei no gramado de dor.

Até o fim do jogo eu ia devolver o encontrão. Ah, se ia!

No intervalo, o papai veio ver se estava tudo bem com meu joelho. Eu disse que estava bem, mas não ia "deixar barato"!

Então ele perguntou:

— Quando você joga bola, você continua sendo filho de Deus?

— Continuo, pai, mas ele merece uma lição.

— Filho, nós aprendemos que Deus nos oferece Sua graça, ou seja, Ele nos dá o que é bom quando merecemos ser castigados. Se somos Seus filhos, não podemos pensar em vingança ou justiça com as próprias mãos. Você deve perdoá-lo e evitar fazer a mesma coisa com seu colega.

O papai tinha razão. Voltei mais calmo para o jogo e fiz o que mais gosto: muitos gols. E o nosso time ganhou!

ORAÇÃO

Por favor, Deus, ajude-me a amar o outro e a perdoá-lo.

ATIVIDADE

1) Você prefere perdoar quem o magoa ou se vingar?

2) Por que não devemos nos vingar das pessoas que nos machucam?

14 de julho

No topo do monte

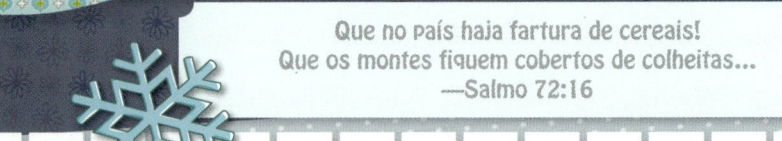

> Que no país haja fartura de cereais!
> Que os montes fiquem cobertos de colheitas...
> —Salmo 72:16

Hoje, quando líamos o salmo 72, papai explicou que, ao pedir que os montes ficassem cobertos de colheitas, o rei Salomão estava desafiando Deus a fazer algo grande em um terreno ruim. É que o topo das montanhas costuma ser um lugar rochoso, impróprio para plantações.

Ele também explicou que quando nos sentimos fracos e pequenos, Deus se aproxima de nós e usa a nossa vida a partir desses limites, porque é Ele quem nos capacita e fortalece.

Só que aí eu não entendi muito bem essa parte e papai deu um exemplo!

— Eu tinha um amigo que era muito tímido, mas tinha muita vontade de ministrar sermões. Mas como enfrentar plateias sendo tão envergonhado?

— É, não tem como!

— Pois é, mas aí ele orou e Deus o transformou de uma forma surpreendente. Hoje ele é um dos maiores pregadores que conheço!

ORAÇÃO

Senhor, transforma cada um de nós a partir das nossas fraquezas!

ATIVIDADE

1) Você tem alguma fraqueza?

2) Como você gostaria de superar essa fraqueza?

O mais mais

15 de julho

> Se existe motivo para eu me gabar, então vou me gabar das coisas que mostram a minha fraqueza.
> —2 Coríntios 11:30

De boa em casa, curtindo as férias, eu e Ana conversamos sobre quem é o mais inteligente e popular. Ela se gabou de ser a melhor aluna da sua sala no primeiro semestre.

Acontece que fui eleito o menino mais legal da sala por todos os colegas!

Ela se dá bem com as meninas da sala, mas eu não tirei nenhuma nota vermelha.

Ficamos num impasse!

Chamamos mamãe para decidir. Quando explicamos a situação, ela disse:

— Filhos, não existe importância em "se achar" superior a alguém. Não existe vantagem em ser o mais inteligente e popular, se você só usa isso para se sentir melhor que outras pessoas. A busca por melhorar deve ter o único objetivo de fazer de vocês pessoas melhores. O apóstolo Paulo deu o exemplo quando afirmou que só se gabava das suas fraquezas, porque, lá no fundo, todos nós precisamos melhorar em alguma coisa.

ORAÇÃO

Senhor, quero ser melhor para agradar o Seu coração e não para ser superior aos outros!

ATIVIDADE

1) Você se considera melhor do que outras pessoas?

2) Por quais motivos devemos sempre querer melhorar?

16 de julho

Alegre-se com o que tem

...aprendi a estar satisfeito com o que tenho.
—Filipenses 4:11

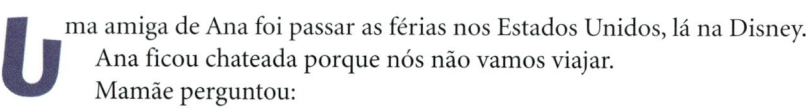

Uma amiga de Ana foi passar as férias nos Estados Unidos, lá na Disney. Ana ficou chateada porque nós não vamos viajar.

Mamãe perguntou:

— Ana, sua tristeza é porque não vamos para os Estados Unidos?

— É.

— Mas filha, a maioria das pessoas nunca chegará nesse lugar. Já pensou se todo mundo ficasse triste por causa disso?

— Mãe, não sou todo mundo.

— Não mesmo, mas eu garanto que você pode ter férias muito divertidas aqui em casa se nós formos criativos e encontrarmos uma atividade legal para cada dia. O segredo é lembrar que a presença de Deus na nossa vida é motivo suficiente para nossa alegria, afinal ninguém nunca terá tudo.

— A senhora tem razão. Vou procurar me alegrar com o que temos!

ORAÇÃO

Senhor, quero ser feliz com o que eu tenho.

ATIVIDADE

1) Você se sente satisfeito com as coisas que tem?

2) Por que devemos ser felizes com o que temos?

Ajudando um ao outro

17 de julho

> Consideremo-nos também uns aos outros, para nos estimularmos ao amor e às boas obras.
> —Hebreus 10:24

Meu primo Lucas veio em casa hoje. Depois de me "detonar" no *video game*, fomos para a cozinha comer um cachorro-quente da mamãe.

Durante o lanche, ele disse que está com problemas. Todos os dias ele gosta de jogar, mas sempre fica mais tempo jogando do que deveria. O resultado é que ele foi mal na escola no primeiro semestre e vai ter que estudar muito para passar de ano. E ele também contou que não sobra tempo para orar e ler a Bíblia.

Eu disse a ele que às vezes também esqueço de ler a Bíblia e orar. Mas depois dessa conversa nós dois ficamos animados para fazer tudo diferente quando voltarmos das férias!

Foi aí que entendi quando o papai fala que nós precisamos ajudar uns aos outros na fé. Porque se nenhum de nós dois estava bem e depois da conversa decidimos que vamos melhorar, significa que nós nos ajudamos. Certo?

ORAÇÃO

Senhor quero sempre ajudar e ser ajudado a conhecer mais da Sua Palavra!

ATIVIDADE

1) Por que precisamos de ajuda na fé?

2) Você e algum amigo já se ajudaram a melhorar em alguma coisa?

18 de julho

Raízes profundas

> Mas eu abençoarei aquele que confia em mim, aquele que tem fé em mim, o Senhor.
> —Jeremias 17:7

Na rua em que o vovô mora, há várias árvores. Bem na frente da casa dele tem uma árvore centenária, de caule bem grosso e raízes profundas. Ele sempre diz que aquela árvore vai ficar ali por muitos anos e que até os meus netos vão conhecê-la.

Acontece que do outro lado da rua, hoje, estavam cortando uma árvore baixinha e magrela. O vovô explicou que aquela árvore estava morta! Por falta de água, ela não conseguiu se desenvolver bem e firmar suas raízes. Faltou seiva e ela morreu.

O vovô fez uma brincadeira e disse que a árvore na frente da sua casa é como um homem que confia em Deus e nunca fica abalado, pois sua confiança está enraizada em Deus. Já a outra árvore é como um homem que só confia em outros homens e aí ele vive sofrendo decepções, assustado com as situações e não cria raízes, ou seja, vive com medo!

ORAÇÃO

Quero firmar minha confiança no Senhor e não ficar assustado com nada!

ATIVIDADE

1) Você já confiou em alguém e ficou decepcionado?

2) Por que devemos confiar em Deus?

Deus é velho?

19 de julho

> Mas tu és sempre o mesmo,
> e a tua vida não tem fim.
> —Salmo 102:27

Ana conversava com o papai:
— Pai, Deus é velho?
— Como assim?
— Deus parece um velhinho de bengala?
— Não!
— Mas Ele não é muito mais antigo do que o planeta Terra?
— Muito mais. Segundo a Bíblia, Ele sempre existiu, não tem um começo.
— Então Ele deve ser muito velhinho, com a cabeça branquinha.
— Não. Deus é o Todo-Poderoso e Ele nunca muda.
— Então Ele continua sendo criança!
— De onde você tirou essa ideia?
— Ué, nós primeiro somos crianças e depois mudamos para adultos. Se Deus nunca mudou, Ele ainda é criança...
— Não, filha, não é assim. Deus sempre foi Deus. O Todo-Poderoso que nos criou. A essência da Sua existência é o Seu grande amor. Ele sempre foi, é, e sempre será assim. Não vai rejuvenescer e nunca envelhecerá. E é por isso que nós sempre poderemos confiar nele!
—Puxa, Deus é incrível mesmo!

ORAÇÃO

Eu confio no Senhor porque sei que nunca vai mudar e nem deixar de me amar!

ATIVIDADE

1) Segundo o texto, quando Deus nasceu?

2) Descreva o quanto Deus é incrível para você.

20 de julho

Número de convidados

> E os que não deram valor
> a um começo tão humilde...
> —Zacarias 4:10

Eu e Ana convidamos vários amigos para estar conosco na igreja hoje. No final, eu chamei doze amigos e ela apenas cinco.

Quando fizemos a contagem, me senti superior a ela porque tinha conseguido um número bem maior de convidados. E Ana ficou triste.

Ao ver a nossa disputa, mamãe entrou na conversa:

— Queridos, quando trabalhamos para o reino de Deus, a quantidade não é assim tão importante!

— Não?

— Claro que não. O mais importante para Deus é que o nosso coração esteja por inteiro dedicado àquilo que fazemos para Ele. Não importa se o trabalho é simples ou esplêndido. Doze ou cinco, Deus está muito feliz de saber que vocês se preocuparam em falar do amor dele aos seus amigos.

À noite, todos os nossos convidados estavam no culto e eles gostaram muito de saber que Jesus nos ama do jeito que somos!

ORAÇÃO

Quero trabalhar com amor para o Senhor, mesmo nas atividades mais simples!

ATIVIDADE

1) Qual é o trabalho mais simples que você já fez para Jesus?

2) E qual foi o trabalho mais especial?

Precisamos de água

21 de julho

Como dizem as Escrituras Sagradas: "Rios de água viva vão jorrar do coração de quem crê em mim."
—João 7:38

Tio Lúcio me convidou para acompanhá-lo até a loja de sapatos.

Fomos a pé. Seriam apenas 20 minutos até lá.

Quando chegamos, eu sentia muita sede e pedi um copo de água, mas a moça avisou que estavam sem água no momento.

Com tanto calor, eu precisava muito de água e pedi ao meu tio que comprasse para nós. Aí a situação piorou! Ele tinha esquecido a carteira e eu só beberia água novamente ao chegar a casa.

A pior parte é que na volta, o sol batia forte sobre nós e por muitos momentos achei que não aguentaria.

Não sabia que precisava tanto de água!

Já na cozinha, enquanto bebíamos água, tio Lúcio me lembrou que Jesus é a Água da Vida, pois Ele é tão necessário para nós existirmos como a água.

Eu preciso muito de água! E muito mais de Jesus! E preciso distribuir essa Água da Vida para as pessoas.

ORAÇÃO

Senhor, quero me lembrar de oferecer a Água da Vida para todas as pessoas!

ATIVIDADE

1) Você já sentiu muita sede?
2) Como foi essa experiência?

22 de julho

Arrependimento doloroso

> Enquanto não confessei o meu pecado, eu me cansava, chorando o dia inteiro.
> —Salmo 32:3

Mamãe falou para eu não sair para o futebol porque ia chover.

Eu a desobedeci e fui.

Na volta para casa, um toró me pegou desprevenido e cheguei encharcado.

Resultado?

Peguei uma gripe daquelas!

Quando me viu tossindo e espirrando, mamãe me levou ao médico.

Adivinha o que ele receitou?

Injeção!

Levei uma injeção bem doída no bumbum.

Na volta, o papai explicou que todas as decisões que tomamos geram algum resultado. E ele pode ser bom ou muito doloroso. Existem coisas que fazemos e depois nos arrependemos muito. Só a sabedoria de Deus pode nos ajudar a fazer boas escolhas e evitar arrependimentos dolorosos!

Eu me arrependi de desobedecer a mamãe! Ai que dor!

A boa notícia é que Deus sempre nos perdoa e nos ajuda a evitar novos erros.

ORAÇÃO

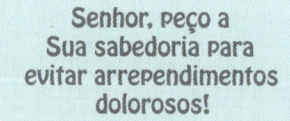

Senhor, peço a Sua sabedoria para evitar arrependimentos dolorosos!

ATIVIDADE

1) Você já fez alguma coisa da qual se arrependeu?

2) Por que você se arrependeu de ter feito isso?

Dia de batismo

23 de julho

> Povo de Israel, vocês esqueceram o seu Deus, que os salvou ... assim não haverá colheitas nos campos...
> —Isaías 17:10,11

Hoje aconteceu o batismo de 27 pessoas na nossa igreja, o maior batismo que já tivemos.

Com lágrimas nos olhos, o pastor contou à igreja que há tempos buscava estratégias de evangelização, mas então ele confessou que cometeu um erro.

O pastor disse que acreditou na própria força e se esqueceu de orar e clamar ao Espírito Santo que convertesse as pessoas. Por isso mesmo, durante muito tempo, apesar de todo o esforço, não havia conversões em nossa igreja.

Foi só depois que se deu conta desse erro, pediu perdão ao Senhor e passou a contar com a ajuda dele, que o pastor começou a ver o resultado do evangelismo na nossa igreja.

Muito alegre, ele disse que hoje era um dia feliz por cada um que decidiu por Jesus e porque ele aprendeu finalmente que sem Deus não podemos realizar nada.

ORAÇÃO

Senhor, aprendi que não posso fazer nada sem Sua ajuda. Não quero me esquecer disso!

ATIVIDADE

1) Você está tentando fazer alguma coisa sem contar com a ajuda de Deus?

2) Como você pode apresentar isso a Deus e pedir Sua ajuda?

24 de julho

Nome das estrelas

> Foi ele quem resolveu quantas estrelas deviam existir e chama cada uma pelo nome.
> —Salmo 147:4

— Ô vô, é verdade que Deus sabe o nome de cada estrela?
— É sim, se está na Bíblia, é verdade!
— Então Ele sabe o nome de todas as pessoas que existem também?
— Sabe sim. Ele sabe, inclusive quantos fios de cabelo cada um de nós temos.
— Uau! Então Ele entende todas as línguas que existem?!
— Todas. Até os dialetos menos comuns. Ele entende até tupi-guarani!
— Puxa vida! Mas por que Deus sabe tudo?
— Porque Ele é o Criador de todas coisas. Ele criou a Terra, o Universo, cada estrela, cada árvore, cada um de nós. Ele nos fez por Suas poderosas e amorosas mãos. Mas não pense que Deus usa esse conhecimento apenas para nos controlar.
— Não?!
— Não! Ele sabe de tudo e em todo o tempo pensa em nos abençoar, por causa da Sua grande misericórdia.
— Puxa, Deus é mesmo muito legal!

ORAÇÃO

Deus, reconheço a Sua grandeza em saber o nome completo de todas as pessoas, inclusive o meu.

ATIVIDADE

1) Você sabe o nome completo de todos os seus familiares (vô, vó, tio, tias e primos)?

2) De que maneira você se sente protegido ao saber que Deus conhece tudo a seu respeito?

Procurando Zaqueus

25 de julho

...Hoje a salvação entrou nesta casa...
—Lucas 19:9

Hoje o papai saiu quase perto da meia-noite. Ele disse que ia sair com o grupo de homens da igreja para encontrar os "Zaqueus".

— Quem são esses Zaqueus?

— Lembra-se do Zaqueu da Bíblia? A casa e a vida dele precisavam de uma grande mudança e ele até ficou bem curioso para saber quem era Jesus, mas não teve coragem de se aproximar. Foi Jesus quem chegou até ele e ofereceu Sua bênção. É isso que vamos fazer. Vamos em busca de pessoas que precisam desse amor de Jesus e vamos oferecer isso a elas.

— Que legal, papai. Eu já ouvi dizer que guardar o amor de Jesus só para nós é muito egoísmo.

— Isso aí, Arthur. Então, enquanto eu vou até lá, aproveite para orar por mim e pelos outros do grupo.

— Pode deixar!

ORAÇÃO

Senhor, quero oferecer o Seu amor para as pessoas!

ATIVIDADE

1) Como ficou sabendo sobre o amor de Jesus por você?

2) E você já apresentou esse amor a alguém?

26 de julho

Relacionamentos

> Escute, povo de Israel! O Senhor, e somente o Senhor, é o nosso Deus. Portanto, amem o Senhor, nosso Deus...
> —Deuteronômio 6:4,5

Procurei o papai para um papo de homens.
— Ô pai, preciso conversar sobre um assunto importante.
— Diga!
— Vou pedir a Clara em namoro.
— Como?
— Ah, pai, eu estou apaixonado.
— Filho, você tem ideia de como é trabalhoso viver um relacionamento?
— Não, pai, é só um namoro.
— Você está disposto a ficar horas com ela no telefone?
— Hein?
— Onde você vai arranjar dinheiro para presentes? Tem de aniversário, Dia dos Namorados, Natal, entre outros.
— Pai!
— Vai abrir mão do futebol e do piano para dar mais atenção a ela.
— Tá bom, não quero mais namorar!

Papai explicou que relacionamentos exigem dedicação. Ele me fez lembrar que no meu relacionamento com Jesus eu preciso orar, meditar na Palavra, frequentar a igreja e que faço isso por amar a Deus.

Percebi que não gosto tanto da Clara para namorar com ela.

Ainda bem que ele avisou!

ORAÇÃO

Deus, quero manter um relacionamento de amizade com o Senhor para sempre!

ATIVIDADE

1) Você pensa em namoro?

2) Você se preocupa em melhorar seu relacionamento com Deus?

Um pai acessível

27 de julho

...Cheguemos perto do trono divino, onde está a graça de Deus. Ali receberemos misericórdia e encontraremos graça...
—Hebreus 4:16

Uma amiga de Ana veio passar o dia aqui em casa. Na hora do almoço, acidentalmente ela bateu o braço no copo de vidro, que caiu e quebrou.

Ela começou a chorar desesperada e mamãe a acalmava:

— Calma, Júlia, está tudo bem. Foi um acidente. Temos muitos copos aqui!

Ela pedia:

— Tia, por favor, não conta nada para o meu pai.

Mamãe estranhou o pedido, mas prometeu não contar nada.

Mais tarde, quando ela foi embora, Ana nos contou que Júlia sente muito medo do pai. Ela não pode falar com ele quando está ocupado e fica muito bravo se ela ou a irmã quebram alguma coisa.

Mamãe comentou:

— Infelizmente, o papai da Júlia ainda não conhece o exemplo do nosso Deus, que mesmo sendo forte e poderoso, permite que nós falemos com Ele sempre que precisamos. E Ele também se apressa em nos perdoar quando pedimos Seu perdão.

ORAÇÃO

Querido Deus, agradeço por me atender sempre que preciso falar com o Senhor.

ATIVIDADE

1) Você tem liberdade para conversar com seus pais?

2) Qual a maior semelhança entre Deus e seus pais?

28 de julho

Corajoso e consistente

> ...Ao ver esses irmãos, Paulo agradeceu a Deus e se animou.
> —Atos 28:15

Estava voltando do futebol no horário que mamãe mandou, mas como estamos no inverno, o dia está escurecendo bem mais cedo. Quando cheguei na frente da viela que corta boa parte do caminho, senti medo. Com a noite chegando, aquele lugar é assustador!

Logo atrás de mim vinha o Eduardo e ele perguntou:

— Você vai passar pela viela?

— Você vai?

— Ah, se você for, eu vou!

E então passamos. Ficamos mudos. Quase não respirávamos e praticamente corríamos.

Quando chegamos do outro lado, respiramos aliviados e confessamos que estávamos com medo.

Mais tarde mamãe me disse que todos nós sentimos medo e todos nós somos corajosos. O importante é dividir esses sentimentos com as pessoas, encorajando quem está com medo e se deixando animar por alguém que não está com medo. Ela disse que aprendeu isso com o exemplo do apóstolo Paulo!

ORAÇÃO

Senhor, obrigado por me dar coragem!

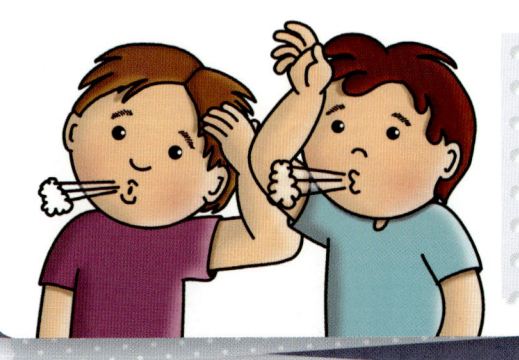

ATIVIDADE

1) Você já sentiu medo de alguma coisa?

2) O que você fez para superar esse medo?

Surpresa!

29 de julho

Ainda não chegou o tempo certo para que a visão se cumpra; porém ela se cumprirá sem falta...
—Habacuque 2:3

Hoje é aniversário da mamãe e ela fez um bolo para cantarmos parabéns depois do almoço, lá no vô Augusto.
   Mas o bolo se espatifou no chão.
E no meio do caminho o carro estragou.
Foi o tio Lúcio quem nos resgatou para o almoço e o papai comentou:
— Hoje as coisas estão difíceis...
Tio Lúcio retrucou:
— Lembra-se de que tudo contribui para o bem de quem ama a Deus?
Quando chegamos à casa da vovó...
Surpresa!
Os pais e irmãos da mamãe, que moram em outra cidade, estavam reunidos para comemorar seu aniversário. E a vovó providenciou um bolo lindo!
Ela ficou muito feliz!
Depois, tio Lúcio explicou que se chegássemos mais cedo, a surpresa não daria certo, pois o trânsito na estrada atrasou a chegada dos nossos avós! Então entendi que, mesmo que não pareça, Deus está cuidando para que tudo dê certo no final!

ORAÇÃO

Senhor, obrigado por trabalhar em favor da minha família!

ATIVIDADE

1) Você já viveu uma situação que parecia que ia dar errado, mas deu certo?

2) O que você tem medo que dê errado?

30 de julho

Marcas de Deus

> Queridos amigos, amemos uns aos outros porque o amor vem de Deus. Quem ama é filho de Deus e conhece a Deus.
> —1 João 4:7

Estava brincando na praça com os meninos do futebol, quando vi um senhor com bengala que precisava atravessar a rua. A avenida é movimentada e ele estava com muitas compras nos braços, que o atrapalhavam bastante. Corri até ele, peguei suas compras e o ajudei a atravessar a rua e a chegar a casa.

Quando me despedi, ele agradeceu e disse:

— Você verdadeiramente é um filho de Deus!

Eu fiquei espantado! É que é verdade que eu sou filho de Deus, mas como ele sabia disso?

Quando contei para a mamãe, ela explicou:

— Essa é fácil! A principal característica de Deus é o amor e os filhos dele demonstram isso por onde passam. Você ajudou aquele senhor e demonstrou amor pelo próximo. Foi assim que ele descobriu que você é filho de Deus!

ORAÇÃO

Senhor Jesus, faça com que eu sempre ajude os outros demonstrando o Seu amor.

ATIVIDADE

1) Você já demonstrou seu amor por alguém?

2) Qual atitude sua já fez alguém perceber o amor de Deus na sua vida?

Venha como está

31 de julho

Escutem-me e venham a mim, prestem atenção e terão vida nova...
—Isaías 55:3

Li em um adesivo num carro:
"Jesus *te* convida: venha como você está!"
Perguntei:
— Papai, por que no adesivo deste carro está escrito "venha como você está"?
— Acontece filho, que muitas pessoas reconhecem a grandeza do amor de Jesus, mas não se sentem no direito de receber esse amor.
— Por que não?
— Porque não se sentem dignas. Elas imaginam que Jesus não vai aceitá-las por causa dos seus pecados e defeitos, mas é justamente o contrário. Ele as convida para se aproximar dele exatamente como são, é Ele que vai realizar as mudanças na vida delas.
— E que mudanças seriam essas?
— Por exemplo: quem mentia, quando se encontra com Cristo, passa a falar a verdade e o ladrão nunca mais rouba ninguém. É por isso que Ele convida para vir como está, para que Ele mesmo possa transformar.

ORAÇÃO

Senhor Jesus, obrigado por me aceitar como sou e por transformar minha vida.

ATIVIDADE

1) Jesus já realizou a transformação na sua vida?
2) Você já contou para alguém das mudanças que Jesus faz em nós?

1º de agosto

Bom exemplo

> ...eu, o Senhor e o Mestre, lavei os pés de vocês ... dei o exemplo para que vocês façam o que eu fiz.
> —João 13:14,15

Hoje voltaram às aulas. Já na primeira aula, vi que o lápis de um amigo estava sem ponta. Peguei o lápis, apontei e devolvi.

O Sandro e o Ênio pediram para apontar os deles.

Quando me dei conta, estava apontando os lápis de todos.

Por um momento achei que estavam abusando da minha boa vontade, mas depois percebi que não custava nada fazer essa gentileza.

Quando a aula acabou, todos saíram correndo, mas o Sandro ficou e pegou todo o lixo que estava sobre as carteiras e colocou na lixeira, depois alinhou as carteiras.

Fiquei curioso:

— Por que está fazendo isso?

— Ué, você não fez um favor para todos os alunos hoje?

— Fiz.

— Achei tão legal o que fez, que resolvi ajudar alguém. Acho que as moças da limpeza ficarão felizes quando virem a sala arrumada.

Fiquei feliz em ser exemplo de bondade para alguém, e lembrei que aprendi isso com Jesus!

ORAÇÃO

Querido Jesus, estou feliz em ser um exemplo do Seu amor para meus amigos.

ATIVIDADE

1) Você já foi exemplo de bondade para alguém?

2) Como isso aconteceu?

A graça nunca faltará

2 de agosto

> ...a graça de Deus é muito maior, e ele dá a salvação gratuitamente a muitos, por meio da graça de um só homem, que é Jesus Cristo. —Romanos 5:15

O forno elétrico estava ligado, Ana usava o secador e eu estava no banho. Mamãe resolveu ligar o liquidificador e a luz acabou.

Papai avisou:

— Caiu a energia. Já arrumo!

E foi assim. Em um minuto tudo se normalizou.

Depois ele explicou que ao ligar o liquidificador, mamãe sobrecarregou a rede elétrica e o disjuntor caiu e interrompeu o fornecimento de energia.

Papai me levou até a caixa de força e explicou que ela era responsável por todas as lâmpadas e pelo funcionamento de todos os aparelhos elétricos da casa.

Achei interessante e fiz uma comparação:

— Igual a Jesus, né? Ele morreu na cruz uma única vez e conseguiu oferecer a salvação a todas as pessoas.

Papai gostou da comparação, mas fez uma observação:

— É verdade, mas o bom é que a graça de Jesus é tão grande, que nunca ficará sobrecarregada.

ORAÇÃO

Querido Deus, entendi que a Sua graça é tão grande que pode ser distribuída para todas as pessoas.

ATIVIDADE

1) O que você entende que é a graça de Deus?

2) Como você pode contar com essa graça na sua vida?

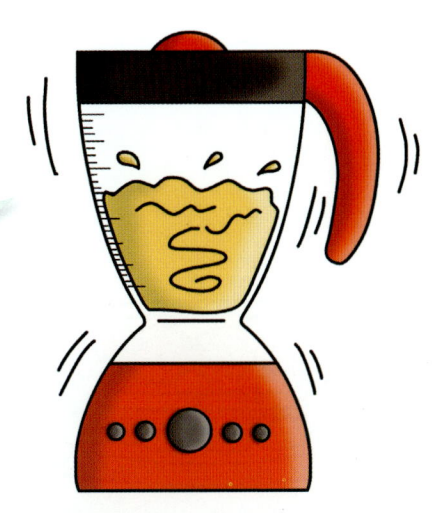

3 de agosto

Vidros marinhos

> Quando o pote que o oleiro estava fazendo não ficava bom, ele pegava o barro e fazia outro, conforme queria.
> —Jeremias 18:4

Na sala da tia Jana, tem uma coleção de vidros marinhos. Hoje fiquei observando-os e perguntei ao papai:

— Como o mar consegue fazer vidro?

— O mar não faz vidro, apenas o modela.

— Como assim?

— Muitas pessoas jogam nas areias da praia recipientes de vidro que se quebram e viram cacos. Então, a força do mar e os seus movimentos desgastam esse vidro e arredonda suas pontas. É por isso que são chamados de vidros marinhos, porque foram "trabalhados" pela força do mar.

— Que interessante!

— Verdade. E isso me faz pensar que quando a nossa vida passa por situações complicadas, é Deus fazendo como o mar, trabalhando com força para suavizar os sentimentos e valores do nosso coração. Pessoas impacientes aprendem a ter paciência, os egoístas aprendem a dividir. Tudo por causa de experiências que até parecem ruins.

ORAÇÃO

Senhor, agradeço por aproveitar as situações ruins para me transformar em uma pessoa melhor!

ATIVIDADE

1) Você já viveu uma situação triste?

2) Como essa situação ajudou você a se tornar melhor?

Notebook da discórdia

4 de agosto

> Pois eu sei que aquilo que é bom não vive em mim, isto é, na minha natureza humana...
> —Romanos 7:18

Quando todos descuidaram, Pedrinho pegou o *notebook* de trabalho do papai. Quando o tio Lúcio viu, correu e tirou o aparelho das mãos dele.

O Pedrinho ficou muito bravo. Ele berrava, chorava, esperneava. E brigava muito, numa língua que ninguém entende.

Quando eles foram embora, confessei ao papai que eu não sabia que crianças tão pequenas eram tão desobedientes e bravas!

Então o papai me explicou que naturalmente somos pessoas egoístas e que não gostamos de ser contrariados. Por isso os pais têm tanto trabalho para educar as crianças, para que elas se tornem bons adultos.

— Mas papai, nem todos os adultos são boas pessoas. Os pais deles erraram na educação?

— Na verdade, filho, todos somos maus. Só pela graça de Deus podemos ser verdadeiramente bons. Por isso a presença do Senhor é fundamental na nossa vida!

ORAÇÃO

Senhor, sei que não sou tão bonzinho, por favor, ajude-me a ser melhor!

ATIVIDADE

1) Tem alguma coisa em você que precisa ser melhor?

2) Como você pode ser transformado quanto a isso?

5 de agosto

Libertar-se

> Agora já não existe nenhuma condenação para as pessoas que estão unidas com Cristo Jesus.
> —Romanos 8:1

Hoje o Antônio me falou que está com problemas, porque não consegue parar de mentir.

— Como assim?, perguntei.

— Acontece que eu sempre menti para os meus pais. Falava que estava estudando e estava dormindo. Falava que comi toda a salada, mas dei para o cachorro. Sempre coloquei a culpa das coisas que estrago no meu irmão mais novo e ele já levou muita bronca por minha causa.

— Mas agora é diferente, você está tentando mudar isso, não está?

— Estou, mas depois de tudo o que fiz, não mereço que Jesus seja meu amigo!

Então expliquei que Jesus nos perdoa dos nossos erros por que nos ama e não porque merecemos.

O Antônio pode ficar tranquilo porque confessou seus pecados para Jesus, e Ele já o perdoou e até esqueceu os pecados dele, por isso ele não precisa mais se sentir culpado.

Meu amigo ficou muito aliviado e feliz por se sentir perdoado e amado por Jesus.

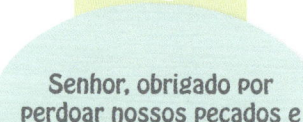

ORAÇÃO

Senhor, obrigado por perdoar nossos pecados e nos devolver a alegria da Sua amizade.

ATIVIDADE

1) Você ainda se sente culpado por um erro que cometeu?

2) O que é preciso fazer para que Jesus o perdoe?

Um novo amigo

6 de agosto

> ...todos vocês são um só
> por estarem unidos com Cristo Jesus.
> —Gálatas 3:28

Quando cheguei à Escola Bíblica, hoje pela manhã, vi um menino novo. O nome dele é Marcelo.
Mas ele não era estranho. Eu já o havia visto antes e comentei:
— Eu acho que conheço você de algum lugar...
— Conhece, sim. Nós estudamos na mesma escola.
Era verdade. Lembrei que ele é do quarto ano, mas já nos esbarramos algumas vezes durante o recreio.
Fizemos amizade rapidamente e fiquei feliz de pensar que terei um novo amigo para conversar durante o recreio. E o melhor: ele é cristão, como eu, e ama conversar sobre o amor de Jesus.
Contei tudo para o papai e ele me disse que eu tinha mesmo motivos para ficar feliz, pois nós, que cremos em Jesus, somos unidos como um corpo e ficamos muito felizes quando reconhecemos alguém que tem a mesma fé que nós.

ORAÇÃO

Senhor, obrigado pelas pessoas que conheço e que o amam assim como eu. Elas são ótimas companhias.

ATIVIDADE

1) Faça uma lista dos seus amigos que creem em Jesus.
2) Sobre o que vocês gostam de conversar quando estão juntos?

7 de agosto

Tia Jana e sua mania de limpeza

...peço a vocês que vivam de uma maneira que esteja de acordo com o que Deus quis quando chamou vocês ... suportando uns aos outros com amor. —Efésios 4:1,2

O dia que temos que ir na casa da Tia Jana, fico irritado. Não aguento aquela mania de limpeza. Já começa com o fato de que, quando chegamos, precisamos tirar os sapatos e ficar descalços para não sujar o chão. Não sei como o Lucas, meu primo, aguenta isso.

Hoje, para piorar, derrubei, sem querer, suco de uva no chão.

Ela me olhou feio! Tremi de medo.

Quando voltávamos para casa, desabafei:

— Não gosto de visitar a tia Jana! Ela é muito implicante.

O papai concordou:

— Você tem razão filho, não é fácil lidar com ela. Mas se você pensar bem, vai notar que também possui manias chatas que os outros são obrigados a aguentar. E se pensarmos que Deus aguenta nossas chatices e mau humor todos os dias e mesmo assim nos ama tanto, você vai entender que precisamos ter paciência e muito amor com a tia Jana.

ORAÇÃO

Senhor, me dê paciência para lidar com pessoas das quais não gosto muito.

ATIVIDADE

1) Você tem dificuldades para lidar com uma pessoa implicante?

2) Como você pode tornar esse relacionamento mais agradável?

Atitude certa no meio de coisa errada

8 de agosto

> Mas o Senhor Deus aprovava o que Noé fazia.
> —Gênesis 6:8

Ana foi passar o dia na casa de uma amiga e voltou de lá muito chateada. Mamãe perguntou o que estava acontecendo e ela explicou:

— Ah, mamãe, o dia foi horrível! As meninas ficaram falando mal de outra colega. Falaram que ela era feia, fedida, chata. Até de burra chamaram a menina!

— E o que você fez?

— No começo, eu disse que era chato falar coisas ruins sobre alguém que não está junto com a gente. Falei que o nome disso é fofoca.

— E aí?

— Elas riram de mim e me isolaram.

Nesse momento ela começou a chorar e disse:

— Me senti tão sozinha!

Mamãe a abraçou.

— Sinto muito por você ter passado um dia tão complicado, mas a boa notícia é que você não estava sozinha. O Espírito Santo estava com você o tempo todo, lhe dando graça para não cair na armadilha delas e ser maldosa com a outra.

Ana enxugou as lágrimas. Mamãe tinha razão.

ORAÇÃO

Querido Deus, ajude-me a fazer sempre a coisa certa mesmo quando os outros escolhem fazer o que é errado.

ATIVIDADE

1) O que você costuma fazer quando seus amigos falam mal dos outros?

2) Como se sente em saber que Deus não nos deixa sozinhos?

9 de agosto

Indo por outro caminho

Tu andaste pelo meio do mar, abriste caminho no oceano profundo...
—Salmo 77:19

Fomos para a festa de aniversário do Antônio, mas uma rua interditada fez o papai mudar o caminho.

Logo depois, paramos em um semáforo e ao olhar para o lado, vi o Vinícius na janela da casa dele.

Abri a janela e perguntei:

— Você não vai à festa?

Ele explicou:

— O carro do pai quebrou. Não tenho como ir!

Então o papai o convidou para ir conosco.

Já dentro do carro, papai falou para o Vinícius que hoje Deus fez com ele a mesma coisa que fez com o povo de Israel.

— O quê?

— Ele abriu um caminho que não existia.

— Como assim?

— Nós não passaríamos em frente da sua casa, mas por culpa de uma obra, precisamos desviar a rota e encontramos você. Quando o povo de Israel precisou fugir do exército de Faraó e só tinha água à frente, Deus abriu um caminho inesperado no meio das águas. Entendeu?

— Puxa! Entendi!

ORAÇÃO

Agradeço, Senhor, por indicar caminhos para nós.

ATIVIDADE

1) Você já precisou mudar de caminho alguma vez? Por quê?

2) Conte qual foi a situação.

Sabedoria que vem do alto

10 de agosto

> Mas o Espírito de Deus dava tanta sabedoria a Estêvão, que ele ganhava todas as discussões.
> —Atos 6:10

O professor de Educação Física chamou a mim e ao Sandro para montarmos duas equipes. Quem trouxesse mais gente, teria mais chances de vencer o desafio surpresa.

Sandro começou a gritar e ordenar, dizendo:

— Venham para minha equipe, sou o melhor líder!

Tinha certeza que ia perder a disputa. Não sou popular como ele.

Então lembrei que mamãe me ensinou que posso colocar qualquer situação da vida diante de Deus e aproveitei para pedir ao Espírito Santo que me desse uma estratégia.

Tive uma ideia!

Convidei cada aluno explicando o quanto era importante para a equipe. Sem ele nosso time não teria chances!

Ao se sentirem importantes, os alunos topavam participar do time.

Na hora de se apresentar, nossa equipe tinha quase vinte pessoas e o do Sandro apenas quatro.

Vencemos o desafio, que era um caça-tesouros bem difícil!

ORAÇÃO

Deus, ajude-me a ser sábio nos momentos importantes.

ATIVIDADE

1) Você pede sabedoria a Deus em momentos difíceis?

2) Descreva uma situação em que precisou ser sábio.

11 de agosto

Duas regras básicas

> Um mestre da Lei que ... perguntou:
> — Qual é o mais importante de todos os mandamentos da Lei?
> —Marcos 12:28

— Sabe, papai, acho muito trabalhoso ser cristão!
— Por quê?
— Ah, porque tem uma lista enorme de coisas que a gente não pode fazer e uma lista maior ainda de coisas que a gente precisa fazer. Nem quando eu for grande como o senhor vou conseguir memorizar tudo!
— Na verdade, filho, ser como Jesus só tem duas regras básicas.
— Só?
— Ahan. Amar a Deus sobre todas as coisas e ao nosso próximo como a nós mesmos. Isso quer dizer que no seu dia a dia, você evitará fazer algo que entristeça o coração de Deus e, em relação às outras pessoas, a quem chamamos de "próximo", você não vai fazer nada que não gostaria que fizessem para você.
— Tipo, não vou dar carrinho no futebol, porque eu não gosto que façam isso comigo e porque machucar os outros de propósito entristece a Deus!
— Isso aí, seu exemplo foi perfeito.

ORAÇÃO

Querido Jesus, ajude-me a fazer coisas boas para as pessoas.

ATIVIDADE

1) Você ama a Deus mais que qualquer outra pessoa ou coisa?

2) Como você pode demonstrar esse sentimento?

Consolado por Deus

12 de agosto

> ...de manhã louvarei bem alto o teu amor, pois tu tens sido ... um refúgio nos meus dias de aflição.
> —Salmo 59:16

Dentro de duas semanas vai começar um novo campeonato e hoje o treinador fez a seleção dos jogadores que vão participar da competição.

Fui cortado!

Fiquei tão triste! Ele disse que sou bom jogador, mas voltei a treinar há pouco tempo e não estou em forma.

Já em casa, fui direto para o meu quarto. Chorei bastante.

Mamãe veio até o quarto e me aconselhou:

— Querido, eu sei que deve ser muito duro para você ficar fora do time. Só que na vida é normal vivermos momentos de perda ou fracasso. Você ainda viverá outros momentos assim. Mas nessas horas Deus é o nosso consolo! Feche os seus olhos e conte para Ele como está se sentindo e Ele se encarregará de pedir ao Espírito Santo que console o seu coração.

Fiz o que ela sugeriu e depois da oração eu estava bem menos triste. Deus cuida mesmo da gente!

ORAÇÃO

Querido Deus, obrigado por me consolar nos momentos tristes da vida.

ATIVIDADE

1) Você já viveu algum momento de tristeza como o do Arthur?

2) Você voltou a se sentir alegre? Como?

13 de agosto

Exemplo do papai

> Pais ... vocês devem criá-los com a disciplina e os ensinamentos cristãos.
> —Efésios 6:4

Hoje é o dia dos pais. Ana e eu vamos, com a ajuda da mamãe, levar o café da manhã do papai na cama.

Entramos no quarto fazendo a maior festa.

Ele acordou assustado, mas ficou feliz ao nos ver.

Quando viu na bandeja o pão de queijo quentinho, se empolgou e já ia morder um, mas não deixei:

— Ei, pai, primeiro precisamos agradecer pelo alimento...

Ele ficou sem graça! Achei engraçado e eu mesmo agradeci pelo alimento.

Quando terminei, os olhos do papai estavam cheios de água. Ele disse:

— O apóstolo Paulo aconselhou os irmãos de Éfeso a criar seus filhos nos ensinamentos cristãos. Acabei de vê-lo orar como eu oro e estou feliz de saber que vocês acreditam no meu Deus por causa do meu exemplo. Hoje é um dia muito feliz para mim!

Foi muito legal ver o papai feliz com a gente!

ORAÇÃO

Pai do céu, obrigado pelo pai que você me deu aqui na Terra.

ATIVIDADE

1) Quem é o seu maior exemplo para amar a Jesus?

2) O que você aprendeu com essa pessoa?

O tombo

14 de agosto

> ...eles ... tenham de reconhecer que vocês praticam boas ações, e assim louvem a Deus no dia da sua vinda.
> —1 Pedro 2:12

Vinícius veio correndo como um maluco e não viu o André. Eles trombaram forte e caíram no chão. O Vinícius levantou normal, mas o André torceu o tornozelo e ficou no chão, rolando de dor.

O Vinícius não fez por mal, mas por causa dele o André vai passar quase um mês com a perna enfaixada, sem participar das aulas de Educação Física e sem jogar futebol.

Lembrei-me de uma coisa que o papai me ensinou. Ele disse que nossas atitudes muitas vezes atingem outras pessoas e é por isso que precisamos ser como Jesus. Ser como Jesus é o mesmo que ser bondoso, paciente e amigo.

Quando somos como Jesus, nós atingimos as pessoas de um jeito bom e aproveitamos para mostrar a elas o quanto Ele é especial!

Que tal sermos como Jesus?

ORAÇÃO

Jesus, ensine-me a ser como o Senhor para que as pessoas vejam Seu exemplo em mim.

ATIVIDADE

1) Você já teve alguma atitude que prejudicou outra pessoa?

2) O que você fez para mudar esse comportamento?

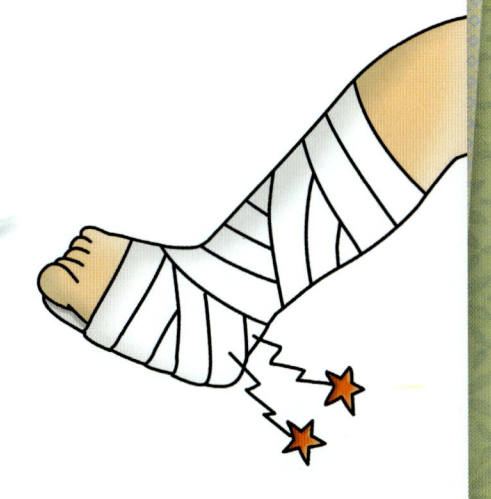

15 de agosto

Esperança

...mas ele não está aqui; já foi ressuscitado, como tinha dito...
—Mateus 28:6

O vovô contou que hoje faz 30 anos que ele perdeu os seus pais em um acidente de carro.
— Eles morreram ao mesmo tempo?!
— Ahan.
— O senhor ficou muito triste?
— Muito. Eu amava meus pais. No momento da notícia, achei que nunca mais seria feliz na vida, mas aí me lembrei que, por causa de Jesus, eu tenho esperança.
— Que esperança?
— De reencontrar os meus pais lá no céu. Lembrei que a vida não acaba aqui, mas por causa da ressureição de Jesus, ganhamos a salvação e a vida eterna. Isso significa que viveremos felizes com Ele lá no céu.
— Então vamos encontrar todo o mundo lá no céu?
— Vamos encontrar todas as pessoas que aceitaram a Jesus como Salvador. Ainda bem que eu aceitei, porque tenho muita vontade de conhecer o céu!

ORAÇÃO

Jesus, obrigado por ressuscitar e nos trazer a esperança de morar no céu.

ATIVIDADE

1) Qual o maior presente que a ressureição de Cristo nos deixou?
2) Quem irá morar no céu?

Embaixadores

16 de agosto

> Portanto, estamos aqui falando em nome de Cristo...
> —2 Coríntios 5:20

— Mãe, o que é um embaixador?
— É uma pessoa que representa um país em outro país.
— Como assim?
— O presidente não pode estar em todos os eventos e em todos os lugares ao mesmo tempo, então existem os embaixadores que ficam nesses lugares para representar e falar em nome do nosso país em várias situações.
— Mãe, uma pessoa falou que é embaixadora de Cristo aqui na Terra. Isso é verdade?
— Claro que sim. Jesus está lá no céu preparando um lugar para morarmos, como prometeu, e quem Ele deixou como responsáveis por falar dele aqui na Terra?
— Nós.
— Exatamente. Por isso podemos dizer que somos embaixadores de Cristo.
— Que chique!
— É chique, sim, mas também é uma grande responsabilidade. Precisamos nos dedicar todos os dias em falar de Jesus para as pessoas e aproximá-las dele.

ORAÇÃO

Jesus, me comprometo a ser um embaixador bem dedicado do Senhor aqui na Terra.

ATIVIDADE

1) Você se considera um embaixador de Jesus?

2) De que maneira você está falando de Jesus para as pessoas?

17 de agosto

Cantando uma música só

> ...suportando uns aos outros com amor. Façam tudo para conservar, por meio da paz que une vocês, a união que o Espírito dá. —Efésios 4:2,3

Durante o culto, o rapaz que ministrava o louvor disse:
— Agora vamos louvar com aquela música bem conhecida que fala da graça de Deus. Todos lembram?
— Simmmm!
A igreja confirmou.
O tecladista deu o tom e todos começaram a cantar. O problema é que existem muitas músicas diferentes que falam de graça e a igreja ficou uma confusão!
Imediatamente o rapaz interrompeu a música e disse:
— Sabe, nós somos muito diferentes uns dos outros e as vezes até lembramos de músicas diferentes. Para que a nossa convivência entre irmãos não vire uma confusão como a que acabamos de vivenciar, precisamos amar e suportar uns aos outros. Só assim a música volta a ficar afinada e bonita. Agora vamos todos juntos cantar a música "Damos graças".
Então o músico deu a nota e a igreja inteira começou a cantar a mesma música. Foi lindo!

ORAÇÃO

Senhor, que tenhamos paciência e amor para convivermos bem com nossos irmãos.

ATIVIDADE

1) Você convive bem com as pessoas a sua volta?

2) O que você acha mais difícil aguentar em uma pessoa diferente de você?

Crer antecipadamente

18 de agosto

> ...Certamente venho logo!...
> —Apocalipse 22:20

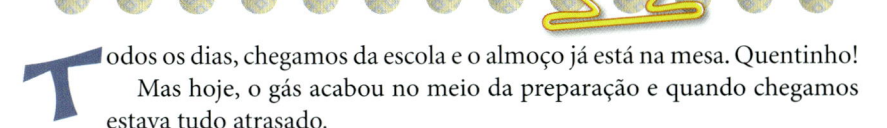

Todos os dias, chegamos da escola e o almoço já está na mesa. Quentinho! Mas hoje, o gás acabou no meio da preparação e quando chegamos estava tudo atrasado.

Justo hoje! Estou morrendo de fome.

Ana e eu agilizamos a preparação da mesa. Mas o almoço não ficava pronto nunca e minha fome foi aumentando, aumentando, aumentando...

Já estava ficando irritado quando finalmente a mamãe trouxe os pratos para a mesa.

Que comida maravilhosa!

Confessei a ela que não aguentava mais esperar e ela sorriu, pediu desculpas e disse:

— Esperar é muito difícil. Mesmo nós, que temos a esperança na volta de Jesus, às vezes pensamos que Ele está demorando e esquecemos que Ele nunca se atrasa.

E o papai emendou:

— É a nossa certeza de que Ele virá que transforma o aborrecimento da espera na esperança mais linda que se pode ter!

ORAÇÃO

Senhor, é muito bom ter a esperança de que logo o Seu filho vai voltar.

ATIVIDADE

1) Você já sonhou com o céu?

2) Como você pensa que será a volta de Jesus?

19 de agosto

Seguindo o Mestre

De acordo com a ordem do Senhor, eles acampavam ou começavam a caminhar...
—Números 9:23

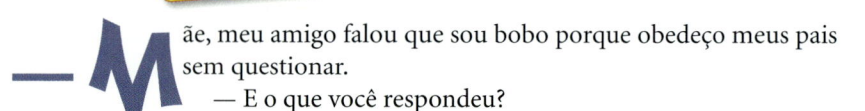

— Mãe, meu amigo falou que sou bobo porque obedeço meus pais sem questionar.
— E o que você respondeu?
— Nada. Não sei o que é questionar...
— Questionar é pedir uma explicação que faça uma regra ter sentido.
— Mas eu não preciso disso. Todas as vezes que vocês me pedem alguma coisa, explicam o porquê.
— É verdade. Mas conforme você cresce, esses questionamentos vão surgir e o importante é que você nos fale todos eles para que a nossa confiança continue existindo. Só existe uma pessoa que pode ordenar sem dar explicações.
— Quem?
— Deus!
— Só porque Ele é poderoso?
— Não, mas porque Ele já nos avisou que tudo que faz por nós ou nos pede, é para o nosso bem e se temos fé no que Ele diz, não devemos ter medo do que Ele nos ordena.
— Ah, sim. Entendi!

ORAÇÃO

Deus, confio nas Suas ordens porque sei que tudo que me pede, é para o meu bem!

ATIVIDADE

1) Você confia no amor de Deus?
2) Como você se sente quando obedece aos mandamentos dele?

Nosso fundamento

20 de agosto

> Porque Deus já pôs Jesus Cristo como o único alicerce, e nenhum outro alicerce pode ser colocado.
> —1 Coríntios 3:11

Fui com o papai até uma construção e fiquei impressionado quando vi que tinham cavado um pouco para baixo do nível da rua e colocavam bastante ferro e concreto em uns quadrados delimitados com madeira.

— Paiê, que casa mais estranha!
— Estranha por quê?
— Porque vai ficar mais baixa do que a rua! Como as pessoas vão entrar nela?
— Não, a casa será construída em cima. O que estão fazendo aí é a fundação.
— O que é isso?
— São estruturas de concreto e ferro que vão sustentar a casa. Sem esse alicerce, depois de um tempo as paredes podem rachar e um vento forte pode até derrubar a casa.
— Ah, então isso é bem importante!
— É a parte mais importante. Por exemplo, nós falamos e demonstramos o amor de Deus para as pessoas. Mas só vivemos isso, porque temos segurança em Jesus, que é o alicerce da nossa fé.

ORAÇÃO

Senhor, obrigado por ser o meu alicerce, a minha segurança.

ATIVIDADE

1) Você já entrou em uma casa com as paredes rachadas? Como se sentiu?

2) Por que sentimos segurança em Jesus?

21 de agosto

Bom lutador

Portanto, não percam a coragem, pois ela traz uma grande recompensa.
—Hebreus 10:35

Um menino bem maior que eu, me intimidou na escola:

— Ei, você que é o bonzinho, que fala que é amigo de Jesus?

— Sou, sim.

— Então, pede para Ele *te* livrar hoje, porque na saída vou *te* dar uma surra. E saiu!

Minhas pernas tremiam.

Como sair dessa?

Se tentasse enfrentá-lo, levaria a maior surra da minha vida, mas se não enfrentasse, meus amigos me achariam um "covarde".

Pensei muito e procurei a diretora. Contei tudo para ela, que ligou para o meu pai.

Por ordem dela, o papai me acompanhou de dentro da sala de aula até o carro.

Saí em segurança da escola, mas estava triste. Não fui corajoso!

Então o papai me disse que eu fui corajoso sim, por ter feito a coisa certa, por não ter negado o meu amor a Jesus, mesmo que meus amigos rissem de mim.

Entendi que preciso de coragem para fazer o certo e para amar a Jesus.

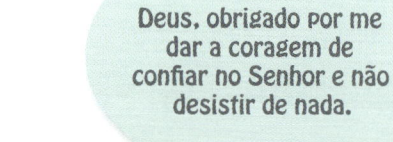

ORAÇÃO

Deus, obrigado por me dar a coragem de confiar no Senhor e não desistir de nada.

ATIVIDADE

1) Você já sentiu medo de alguma situação?

2) O que você fez sobre isso?

A bondade de Ana

22 de agosto

A luz brilha na escuridão para aqueles que são corretos, para aqueles que são bondosos, misericordiosos e honestos.
—Salmo 112:4

Já faz umas duas semanas que Ana pede para levar dois sanduíches para o recreio. Hoje, durante o recreio, vi que Ana não come os sanduíches, mas sim o lanche que a escola oferece, junto com uma amiga.

Quando estávamos indo embora, perguntei a ela o que acontecia com os sanduíches e por que ela tem comido o lanche que a escola oferece, que eu sei que ela não gosta muito.

Então Ana me contou que a família da sua amiga está vivendo uma situação financeira difícil e que ela deixa os dois sanduíches para a menina e sua irmã comerem depois da escola.

Puxa, eu não poderia imaginar!

Falei para a Ana contar a verdade para a mamãe e ela fez isso. A mamãe ficou emocionada com a atitude de Ana e disse que vai dar um jeito de ajudar melhor essa família. Falou, também, que a bondade de minha irmã é o melhor jeito de praticarmos o nosso cristianismo.

ORAÇÃO

Senhor, quero ser um exemplo de amor e me preocupar em ajudar as pessoas à minha volta.

ATIVIDADE

1) Que características uma pessoa bondosa deve ter?

2) Você se considera uma pessoa bondosa? Por quê?

23 de agosto

Atitude que brilha

...a luz de vocês deve brilhar para que os outros vejam as coisas boas que vocês fazem e louvem o Pai de vocês, que está no céu. —Mateus 5:16

O técnico ligou hoje pedindo que eu compareça ao jogo, porque um dos meninos se machucou.
Decidi que não vou!
Ana estranhou:
— Mas você queria tanto jogar!
— Sim, mas esse técnico acabou com a minha festa, agora o azar é dele!
Então o papai disse:
— Arthur, você está abrindo mão de jogar futebol para se vingar do técnico?
Fiquei em silêncio!
— Filho, mas onde fica o seu testemunho de amor?
— Papai, eu falo de Jesus para os meus amigos, divido meu chocolate com a turma da escola, me esforço para ser respeitoso e estudioso, mas esse técnico me boicotou!
— Tudo bem. Mas a Palavra de Deus nos ensina a amar aqueles que nos fazem mal. Quando somos capazes de amar a todos, nosso exemplo brilha e as pessoas sem esperança descobrem o verdadeiro amor de Jesus. E aí?
Ele tinha razão. Arrumei-me e fui para o jogo!

ORAÇÃO

Senhor, ajude-me a lembrar que o Seu amor deve ser demonstrado às pessoas que eu gosto e às que eu não gosto.

ATIVIDADE

1) Você acha fácil amar alguém que *te* magoou?

2) Explique por que devemos ser bondosos até com essas pessoas.

Lembrando das bênçãos

24 de agosto

> Deem graças a Deus, o Senhor, porque ele é bom e porque o seu amor dura para sempre.
> —Salmo 118:1

Hoje, na hora do jantar, o papai pediu que cada um lembrasse de alguma bênção que nós recebemos.

Lembrei da cura da vovó. Ana falou sobre quando o papai, sem ter condições, conseguiu comprar nossa casa. Mamãe disse que quando éramos pequenos, ficávamos muito doentes e um dia o papai orou e pediu para Deus mudar aquela situação. Dali em diante nossa saúde melhorou muito.

Quando olhamos para o papai, os olhos dele estavam cheios de água.

— Por que o senhor está chorando?

— A mãe de vocês já sabe, mas tenho um problema lá na empresa que está demorando muito para se resolver. Essa semana achei que Deus se esquecera de mim e não ouve minhas orações. Mas agora, lembrando de tantos cuidados que Ele já teve com nossa família, me senti animado para continuar esperando pela resposta dele quanto a essa situação lá no trabalho.

ORAÇÃO

Deus, quando penso em tantas bênçãos que já nos deu, lembro de que o Senhor nunca se esquece da gente.

ATIVIDADE

1) Você pensou que Deus o esqueceu? Como reagiu?

2) Aproveite agora para lembrar das bênçãos dele e se alegrar.

25 de agosto

Alertas para a volta de Jesus

Daqui a pouco vocês não vão me ver mais; porém, pouco depois, vão me ver novamente.
—João 16:16

Ana não dormiu a noite toda.

Na hora de ir para a escola, ela estava morrendo de sono.

Mamãe perguntou o que aconteceu e ela explicou:

— Ah, mamãe, ontem o pastor falou que Jesus vai voltar e ninguém sabe o dia e nem a hora e que devemos nos manter alertas. Então passei a noite toda alerta!

Mamãe ficou surpresa com a resposta e tratou de esclarecer:

— Filha, ficar alerta não é ficar acordado! Se você estiver salva, quando Jesus retornar para nos buscar, Ele vai levar até os que estiverem dormindo.

— Sério?

— Ahan. O pastor pediu para ficarmos alertas porque muitos esquecem dessa promessa no dia a dia e nós não podemos nos esquecer. Ao contrário, precisamos aproveitar o tempo e falar do amor de Deus para outras pessoas para que mais gente vá para o céu conosco.

— Ufa! Ainda bem, porque eu não ia aguentar ficar mais um dia sem dormir!

ORAÇÃO

Jesus, quero aproveitar o tempo que falta para o Senhor voltar e falar do Seu amor aos meus amigos.

ATIVIDADE

1) Você está ansioso para a volta de Jesus?

2) Como você pensa que será esse momento?

Pobre ou humilde?

26 de agosto

> ...Deus é contra os orgulhosos, mas é bondoso com os humildes.
> —Tiago 4:6

— Papai, ser humilde é ser pobre?
— Não.
— Mas por que as pessoas sempre falam que alguém que é pobre é alguém bem humilde?
— Existe uma confusão aí, meu filho.
— Ai, ai. Então me explique, por favor.
— Humildade é reconhecer os defeitos, as limitações e as dificuldades que nós temos. E também é aceitar as pessoas com suas características boas e ruins. Algumas pessoas até conseguem admirar quem é melhor do que elas em alguma coisa, mas não suportam estar com pessoas mais simples. Outras são tão invejosas, que não aceitam que alguém seja melhor do que elas. Os humildes reconhecem seus limites e também que dependem da enorme graça de Deus. Por isso, para ser humilde, não precisa ser pobre, nem rico. Só é necessário admitir a grandeza de Deus e que somos muito pequenos. E Deus se agrada muito de pessoas assim!
— Eu quero muito que Deus fique feliz comigo, papai. Vou procurar ser mais humilde.

ORAÇÃO

Deus, quero agradar o Seu coração sendo uma pessoa humilde!

ATIVIDADE

1) Você conhece uma pessoa humilde? Quem?

2) Por que você considera essa pessoa humilde?

27 de agosto

Levando esperança a um amigo

...De repente, um anjo tocou nele e disse:
— Levante-se e coma.
—1 Reis 19:5

Hoje o Antônio me procurou para agradecer pela nossa última conversa. Ele disse que já fazia meses que a culpa de ter falado tantas mentiras tinha tirado do coração dele toda a alegria.

Na frente das pessoas ele era normal, mas me contou que quando estava sozinho no seu quarto, ele chorava bastante.

Depois que eu expliquei que Jesus nos perdoa quando pedimos perdão a Ele pelos nossos erros, o Antônio conseguiu superar essa culpa e agora vive muito mais feliz.

Mais tarde, a mamãe, que ouviu toda a nossa conversa, pediu para eu explicar melhor o que aconteceu.

Quando contei tudo, ela me abraçou e disse que a minha atenção para com o meu amigo foi como um abraço de Deus para ele, que estava triste e precisando de um amigo e de consolo.

Ela disse que Deus nos usa para levar esperança para outras pessoas.

ORAÇÃO

Querido Deus, fico feliz de ter abençoado a vida do meu amigo.

ATIVIDADE

1) Você já ajudou uma pessoa que estava triste?

2) Como você se sentiu depois de ajudar esse amigo?

Usando a bússola

28 de agosto

A tua palavra é lâmpada para guiar os meus passos,
é luz que ilumina o meu caminho.
—Salmo 119:105

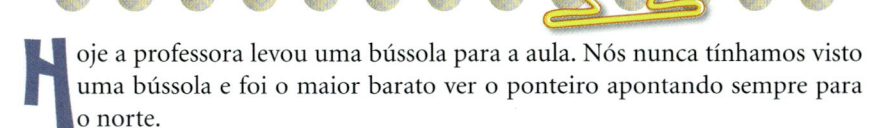

Hoje a professora levou uma bússola para a aula. Nós nunca tínhamos visto uma bússola e foi o maior barato ver o ponteiro apontando sempre para o norte.

Nós tentamos enganar a bússola. Rodávamos com ela. Virávamos rapidamente de posição. Mas ela nunca errava. Apontava sempre para o lugar certo!

No caminho para casa, lembrei que uma vez o pastor disse que a Bíblia é a bússola do cristão. Na hora eu não entendi muito bem, mas agora que conheci a bússola, tudo fez sentido.

É assim, a Bíblia é o guia do cristão e ela nunca erra. Sempre que a gente quer saber o que fazer e como fazer na nossa vida, existe alguma passagem bíblica que nos ajuda a tomar essa decisão.

É por isso que o meu pai fala para ler a Bíblia todos os dias. Para eu aprender o que é certo e me sentir seguro todos os dias!

ORAÇÃO

Senhor, obrigado por deixar a Sua Palavra para entendermos como viver aqui na Terra.

ATIVIDADE

1) Quantas vezes por semana você lê sua Bíblia?

2) Qual foi a coisa mais importante que você aprendeu até agora?

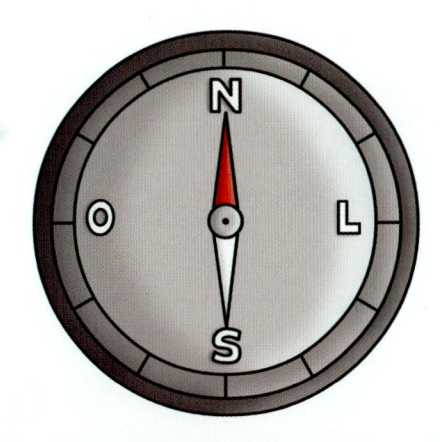

29 de agosto

Contrato

> ...Perdoem os outros, e Deus perdoará vocês.
> —Lucas 6:37

Papai está contratando um serviço de internet novo e ficou irritado porque tinha que ler um contrato gigante.

Não entendi nada e perguntei:

— O que é um contrato?

— Contrato é um documento que contém todas as condições que devem ser respeitadas num acordo entre duas pessoas ou empresas.

— Não entendi.

— Por exemplo, na escola você só passa de ano se frequentar uma quantidade de aulas e se conseguir uma nota mínima, não é verdade?

— É!

— Então, essas regras estão escritas numa espécie de contrato. O problema é que nenhum contrato é simples...

— Ah, papai, eu discordo...

— Discorda?

— Ahan! Por exemplo, no nosso acordo com Jesus, Ele oferece para nós o perdão dos pecados, paz com Deus e a presença do Espírito Santo. E a nossa parte é só perdoar e amar os outros como Ele nos ama e perdoa. Não é simples?

O papai sorriu, me abraçou e reconheceu que eu tinha razão!

ORAÇÃO

Querido Deus, é muito bom saber que Suas regras são simples, porque eu posso entendê-las e segui-las.

ATIVIDADE

1) Você considera simples as regras de Jesus para sermos Seus amigos?

2) De qual delas você mais gosta?

Caça à barata

30 de agosto

> Asa ... ficou cheio de coragem. Acabou com todos os ídolos nojentos ... e consertou o altar do Senhor Deus...
> —2 Crônicas 15:8

Uma barata voadora gigante entrou no quarto de Ana, enquanto ensaiávamos. Eu corri pegar uma vassoura. Ana subiu na cadeira e começou a berrar e agitar os braços.

A infeliz da barata entrou atrás do criado mudo.

Tenho nojo desse bicho e coloquei luvas para persegui-la. Enquanto Ana tentava espantar o monstro com seus berros.

Por causa do barulho, mamãe percebeu algo de errado e correu até lá.

Quando abriu a porta do quarto e viu a bagunça, ela riu e disse que parecia cena de guerra.

Contamos onde estava a barata. Ela puxou o criado, pisou e matou o inseto. Fim de papo!

Ao saber da nossa aventura, papai riu e aproveitou para dar uma dica:

— Quando vivemos momentos assustadores na vida, devemos orar a Deus. Quando oramos, nossos medos se transformam em coragem e então tomamos a iniciativa. Assim como sua mãe fez!

ORAÇÃO

Deus, me dê estratégia e coragem para superar os meus medos.

ATIVIDADE

1) Qual é o seu maior medo? Por quê?

2) Como você pode superar esse medo?

31 de agosto

O sacrifício de Jesus

> Sabemos o que é o amor por causa disto: Cristo deu a sua vida por nós...
> —1 João 3:16

Hoje o vovô nos contou uma história.

"Um homem viu algumas pessoas se afogando em um lago e correu para ajudá-las. Ele conseguiu salvar quatro pessoas da mesma família! Acontece que essas pessoas foram embora antes que ele saísse da água e não perceberam que ele estava muito cansado. Por causa disso, ele não recebeu apoio e morreu afogado!"

— Credo, vovô, que história triste!

Então ele explicou:

— A história é triste mesmo, mas acontece conosco. Muitas vezes conhecemos o amor de Jesus, que morreu na cruz para nos salvar, mas não falamos do amor dele ao próximo.

— O senhor quer dizer que Cristo nos ajudou quando mais precisamos e nós não nos importamos em fazer o mesmo com os outros. É isso?

— Isso mesmo.

— Ah, então de hoje em diante vou me esforçar mais em falar de Jesus para as pessoas.

ORAÇÃO

Querido Deus, vou me esforçar mais em falar do Seu grande amor para as pessoas.

ATIVIDADE

1) Você fala de Jesus para os seus amigos?

2) Para quantas pessoas você já falou desse amor nesse ano?

Não fui esquecido

1º de setembro

> Nós pomos a nossa esperança em Deus, o Senhor;
> Ele é a nossa ajuda e o nosso escudo.
> —Salmo 33:20

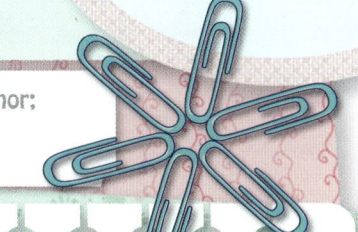

Mamãe combinou de me buscar no final da aula de piano.

A aula acabou e ela não estava lá. Esperei 30 minutos e nada. Pedi para a professora ligar no celular, mas só deu caixa postal.

Comecei a ficar irritado! Não gosto de esperar.

Depois de uma hora, fiquei preocupado. Mamãe nunca se atrasa!

Já fazia quase duas horas que eu esperava, assustado, quando ela chegou.

— Filho, me desculpe! Fiquei presa no trânsito por conta de um acidente e a bateria do celular acabou, por isso não conseguia falar com ninguém!

Fiquei aliviado em saber que ela estava bem e, mais tarde, lembrei que uma vez o papai falou que muitos cristãos desanimam quando Deus demora para atender seu pedido ou oração, porque esperar é ruim. Mas o papai falou que nunca devemos perder a esperança, porque Deus sempre chega na hora certa!

ORAÇÃO

Senhor, eu nunca quero perder a esperança!

ATIVIDADE

1) Você já precisou esperar por alguém ou por alguma coisa?

2) Como você reagiu? Por quê?

2 de setembro

Biscoitos de leite condensado

> E, quando um deles, que era samaritano, viu que estava curado, voltou louvando a Deus em voz alta.
> —Lucas 17:15

Mamãe preparou uns maravilhosos biscoitos de leite condensado. Mas ela fez tantos, que hoje tive a ideia de levar um pouco para dividir com meus amigos na escola.

Durante o intervalo, a notícia de que eu estava oferecendo biscoitos maravilhosos e de graça se espalhou rápido, e em menos de cinco minutos acabou tudo.

O engraçado é que só o Sandro veio me agradecer pelos biscoitos e mandou os parabéns para a mamãe.

Eu fiquei um pouco decepcionado com a falta de educação da galera.

Durante o almoço desabafei com meus pais e o papai me fez lembrar da história de Jesus, que curou dez leprosos e só um voltou para agradecer.

Ele me disse que se eu fizer o favor ou o bem para as pessoas, esperando que elas me agradeçam, vou ficar frustrado. O certo é fazer o bem porque aprendemos a ser assim com Jesus! E pronto!

ORAÇÃO

Senhor, não quero desistir de ser bom só porque as pessoas não me valorizam.

ATIVIDADE

1) Você fica chateado quando alguém que você ajuda não te agradece?

2) De que forma você demonstra gratidão?

Esperança para tentar de novo

3 de setembro

> O amor do Senhor Deus não se acaba, e a sua bondade não tem fim. Esse amor e essa bondade são novos todas as manhãs... —Lamentações 3:22,23

Tentei entender a matéria de matemática. Estudei bastante, mas fui mal na prova.

O papai perguntou por que eu estava triste e eu expliquei.

Eu esperava uma bronca, mas ele falou que seria injusto brigar comigo por algo que me esforcei para fazer. Ele me explicou que na vida todos enfrentamos dificuldades e que algumas nós superamos facilmente, mas outras são tão difíceis que tiram de nós a alegria e o ânimo. Nessas horas a gente desiste de tentar e esse é o erro.

Ele viu a matéria e me perguntou o que eu sabia. Enquanto conversávamos, ele percebeu o que não entendi e me explicou de um jeito diferente que fez tudo parecer bem mais fácil.

Com isso, entendi que o versículo que diz que "a bondade de Deus é nova toda manhã" significa que se não deu certo por um tempo, em algum momento dará. O segredo é ter esperança!

ORAÇÃO

Deus, obrigado pela esperança que tenho todos os dias por saber que o Senhor cuida de mim.

ATIVIDADE

1) Por qual motivo, você já perdeu a esperança?

2) Você se sente feliz em saber que a bondade de Deus traz esperança?

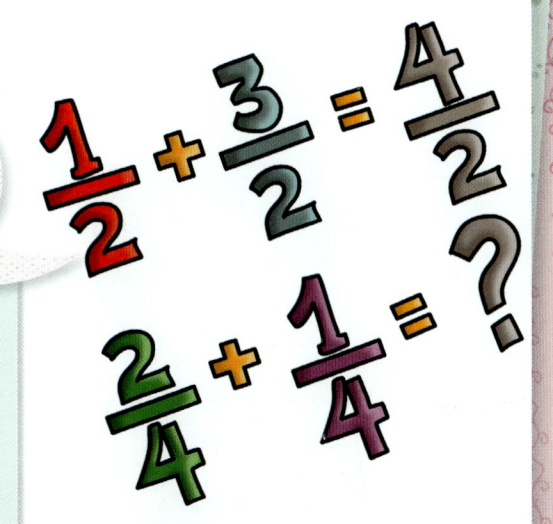

$$\frac{1}{2} + \frac{3}{2} = \frac{4}{2}$$

$$\frac{2}{4} + \frac{1}{4} = ?$$

4 de setembro

O que é reputação?

O bom nome vale mais do que muita riqueza...
—Provérbios 22:1

— Mãe, o que é reputação?
— Onde você ouviu isso?
— A professora falou para ter cuidado com um rapaz de má reputação que fica na saída do colégio.
— Olha, existe a pessoa que eu sou, a pessoa que acho que sou e a pessoa que os outros julgam que sou. Em minha opinião, sou uma mãe dedicada, discreta, sou amorosa, e, na verdade, sou uma mãe responsável. Entendeu?
— Sim. A Ana, por exemplo, é implicante, mas ela acha que é cuidadosa.
— Viu? Você a acha implicante, ela se acha cuidadosa e, na verdade, ela é organizada.
— Mas e a reputação?
— Reputação é aquilo que as pessoas julgam que somos. Quando muitas pessoas pensam a mesma coisa sobre alguém, aquilo se torna a reputação da pessoa, e pode ser uma coisa boa ou ruim. Mas lá na Bíblia, Deus nos orienta a nos preocuparmos em ter um bom testemunho, para conseguirmos boa reputação.

ORAÇÃO

Querido Jesus, quero ser um bom exemplo e ter uma boa reputação.

ATIVIDADE

1) Como é a sua reputação na escola?
2) Que qualidades alguém deve ter para dar um bom testemunho?

Com Ele para sempre!

5 de setembro

> ...vocês são como uma neblina passageira, que aparece por algum tempo e logo depois desaparece.
> —Tiago 4:14

— Mãe, a professora falou que a expectativa de vida do brasileiro subiu para quase 75 anos. O que é expectativa?
— Acontece que conforme a qualidade de vida das pessoas aumenta, é comum que mais pessoas vivam mais tempo. Antes, a maioria das pessoas morria antes dos 50 anos, depois aumentou para 60 e já está em quase 75.
— Isso significa que o vovô só vai viver mais quinze anos?!
— Não! Esse é o mínimo. Ele pode chegar aos 100 anos!
— Entendi. E quanto tempo vamos viver lá no céu?
— Ah, lá seremos eternos. Viveremos para sempre.
— Uns 200 anos?
— Muito mais! Você sabe o que é infinito?
— É o que nunca acaba.
— Então, é o tempo da nossa vida lá no céu. Nunca acabará.
— Uau! Foi por isso que o papai leu na Bíblia que nossa vida aqui passa rapidinho. Eu achava que não, mas se no céu a vida é infinita, então ele estava certo!

ORAÇÃO

Deus, obrigado por me receber aí no céu para viver contigo para sempre!

ATIVIDADE

1) Quem é a pessoa mais velha da sua família?

2) O que você achou de saber que lá no céu viveremos para sempre?

6 de setembro

Sai daqui, ansiedade!

...O Senhor é o Deus Eterno, ele criou o mundo inteiro. Ele não se cansa, não fica fatigado...
—Isaías 40:28

A quantidade de matéria que vai cair na prova de geografia é tão grande, que será difícil memorizar tudo. Sentei-me na mesa para estudar, mas não conseguia me concentrar.

Em menos de uma hora, fui ao banheiro duas vezes e levantei para pegar água umas três.

Mamãe percebeu minha agitação e perguntou:

— Arthur, você está preocupado?

— Ah, mãe, é muita matéria para uma prova só!

— Filho, se você ficar ansioso, não terá paz para se concentrar no estudo.

— Mas como vou ficar calmo?

— Arthur, nós já ensinamos você que quando alguma coisa é difícil para nós, pedimos que Deus nos ajude! Vou orar por você e pedir ao Senhor, que nunca se cansa, para lhe ajudar.

Ela orou e eu finalmente fiquei tranquilo e consegui estudar tudo o que precisava. Agora já não tenho medo da prova! Deus está sempre pronto para nos ajudar.

ORAÇÃO

Senhor, obrigado por me lembrar que Sua força e ajuda estão sempre disponíveis para mim.

ATIVIDADE

1) Você fica preocupado quando precisa fazer alguma coisa difícil?

2) Você costuma pedir a ajuda de Deus?

Não precisa ser famoso

7 de setembro

> ...considero tudo uma completa perda, comparado com aquilo que tem muito mais valor, isto é, conhecer completamente Cristo Jesus... —Filipenses 3:8

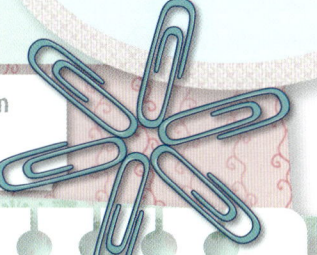

Hoje, por ser feriado, tivemos uma reunião especial na igreja. O papai foi convidado pelo pastor para pregar. Eu e Ana ficamos animados, porque só pessoas importantes levam a palavra em cultos especiais.

Ele falou muito bem e lembrou que hoje comemoramos a Independência do Brasil. O papai disse que viver em um país independente é muito bom, mas, como pessoas, devemos sempre lembrar que somos dependentes da enorme graça de Deus!

Quando o culto acabou, corremos para abraçá-lo e dizer que foi a melhor mensagem que já ouvimos! E que ele ia ficar famoso!

Então ele nos abraçou e disse que nada é importante, nem mesmo a fama, quando comparamos nossas conquistas a possibilidade de conhecer a Deus.

O papai estava feliz sim, mas não porque as pessoas o admiravam, mas porque essa foi uma oportunidade que ele teve de conhecer melhor a Deus!

ORAÇÃO

Deus, ter o Seu amor é mais importante que dinheiro e fama.

ATIVIDADE

1) Você já ficou famoso por alguma situação? Qual?

2) O que é melhor, ser famoso ou ser um grande amigo de Deus?

8 de setembro

Semear o quê?

Os maus não ganham nada com a sua maldade, mas quem faz o que é direito na certa será recompensado.
—Provérbios 11:18

Hoje visitamos uma fazenda para entender como funcionam as plantações. O dono da fazenda explicou que prepara a terra com cuidado, porque não vale a pena plantar em terreno infértil. Ele também disse que escolhem com cuidado as sementes boas.

Já em casa, falei para o papai que talvez eu vire um agricultor quando crescer. E ele disse que já sou um plantador.

— Como assim?

— As nossas atitudes na vida funcionam como sementes, se você faz o bem, colhe coisas boas, mas se pratica o mau, colherá coisas más.

— E como sei se a terra é fértil?

— Aí é diferente. Você não escolhe o tipo de solo. O certo é jogar sementes boas em qualquer terreno, até no ruim.

— Mesmo assim vou colher coisas boas?

— Vai sim. No livro de Provérbios está escrito que "quem faz o que é direito na certa será recompensado". Pode confiar!

ORAÇÃO

Senhor, ajude-me a plantar somente coisas boas.

ATIVIDADE

1) Você já viu uma plantação de perto?

2) Cite três coisas boas que você pode plantar em qualquer terreno.

Como é bom cantar!

9 de setembro

> Todos os seres vivos, louvem o Senhor! Aleluia!
> —Salmo 150:6

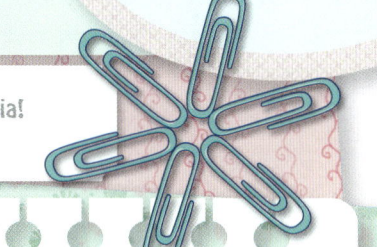

Mamãe passou toda a manhã quieta, fazendo suas coisas. Geralmente ela é bem brincalhona e sua presença torna os dias de sábado muito legais.

Antes do almoço, eu e Ana ensaiamos a música que ela cantará amanhã.

*Quando eu estiver triste,
me lembrarei das bênçãos que Deus me deu
e meu coração voltará a ficar alegre.
Então cantarei músicas de gratidão
ao Deus do meu amor.*

Quando paramos para o almoço, mamãe estava transformada. Feliz de novo! Então perguntei o que fez ela mudar de humor.

— Sabe, Arthur, enquanto vocês ensaiavam, lembrei-me de como Deus é bondoso conosco e não preciso ter medo dos problemas. Essa lembrança me trouxe paz e com a casa cheia de música, meu coração voltou a ficar alegre!

A música foi criada por Deus e é uma das maneiras mais especiais de adorá-lo.

ORAÇÃO

Deus, é muito bom adorá-lo por meio da música.

ATIVIDADE

1) Como você adora ao Senhor?
2) Você gosta de adorá-lo com música?

10 de setembro

Um livro maravilhoso

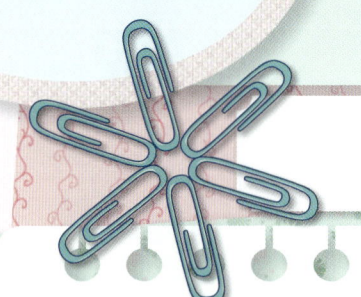

> ...não esqueço a tua palavra.
> —Salmo 119:16

O Ênio e eu brincávamos de chute ao gol quando ele me perguntou:

— Arthur, você lê a Bíblia?

— Leio.

— Só porque seus pais mandam?

— Não. Eu gosto.

— Mas você entende tudo o que está lá?

— Às vezes não, mas peço ajuda para os meus pais.

— Mas não é chato? A Bíblia deve ser um monte de "não pode". Não pode brigar, não pode xingar, não pode bagunçar.

— Não é nada disso. Na Bíblia, leio aventuras de pessoas que confiaram em Deus e viveram coisas radicais. É mais incrível que história do super-homem!

— Tem certeza?

— Tenho sim. A Palavra de Deus me ensina o que não devo fazer, mas também ensina o que posso fazer para ser abençoado. E tem mais!

— Mais?!

— Aham, lá eu encontro palavras que me animam e que me fazem entender que sou importante para Deus. É como se fosse uma carta de um grande amigo para mim.

— Puxa, eu não sabia que era tão legal ler a Bíblia!

ORAÇÃO

Senhor, agradeço por deixar esse livro lindo para me ajudar a ser Seu amigo.

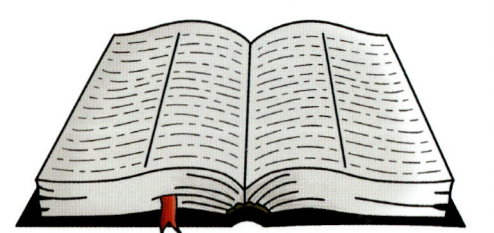

ATIVIDADE

1) Você gosta de ler a Bíblia?

2) Qual é o livro da Bíblia de que você mais gosta? Por quê?

Reis não trabalham?

11 de setembro

> Porque até o Filho do Homem não veio para ser servido, mas para servir e dar a sua vida para salvar muita gente.
> —Marcos 10:45

— Mãe, ainda existem reis e rainhas?
— Existem, sim. Lá na Inglaterra existe a Rainha Elizabeth, por exemplo.
— Eles não fazem nada, né? Só mandam!
— De onde você tirou essa ideia?
— Ah, a professora de história sempre fala as coisas que aconteceram "por ordem do rei". Nenhum rei trabalha?
— O maior de todos trabalhou muito!
— Quem?
— Pense um pouquinho e tente acertar.
— Hummm... O rei Jesus!
— Isso. A Bíblia diz que Ele veio para servir. Ele nos resgatou e ainda ensinou como deveríamos viver aqui na Terra para conquistar o céu.
— Verdade! Jesus teve o maior trabalho. Mas Ele é mais especial, né? Os outros não são tão legais como Ele.
— Aí vou ter que concordar, viu?
E mamãe saiu rindo.

ORAÇÃO

Jesus, obrigado por tudo o que o Senhor fez aqui na Terra.

ATIVIDADE

1) Jesus trabalhou aqui e está trabalhando no céu. Você sabe o que Ele está fazendo?

2) Você aprendeu a ajudar os outros como Jesus?

12 de setembro

O pequeno gigante

> O Senhor Deus ... me salvará...
> —1 Samuel 17:37

— Pai, Davi teve medo do Golias?
— Não.
— Ele treinava boxe ou lutava MMA?
— Não.
— Ele pensava que era mais forte que o gigante?
— Não.
— Ele já tinha bolado um plano para vencer o Golias?
— No começo, não.
— Ô pai, então o Davi era maluco.
— Não, filho, não era.
— E como ele ficou tranquilo na hora que decidiu enfrentar o gigante?
— Ele tinha fé. Ele tinha certeza de que Deus daria vitória a ele. O segredo de Davi foi que ele não olhou para o gigante, mas para Deus. E quando comparou o gigante ao seu Deus, percebeu que Golias, na verdade, era um nanico e "fracote". Foi por isso que ele não teve medo.
— Ah, que legal! Vou contar essa história para o meu amigo Davi. Ele deve achar "massa" ter o mesmo nome que um herói da Bíblia!

ORAÇÃO

Senhor, quero sempre me lembrar que você é maior que o meu problema.

ATIVIDADE

1) Você confia no poder de Deus?
2) Você já teve medo de alguma coisa?

Deus esquece nossos erros

13 de setembro

> Mas eu — eu mesmo — sou o seu Deus e por isso perdoo os seus pecados e os esqueço.
> —Isaías 43:25

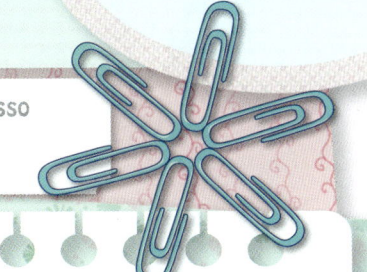

Uma amiga de Ana disse que não quer ser cristã. Ela não gosta de Deus!

Ana perguntou o motivo e ela explicou:

— Ele é muito bravo. Ele diz um monte de coisas que a gente não pode fazer e se nós fizermos seremos castigados. Deus é mais bravo que o meu pai!

— Quem *te* disse isso?

— Minha prima

— Mas ela *te* explicou errado.

— Como assim? Deus não diz o que não podemos fazer?

— Deus nos ensina o caminho certo e as coisas certas a fazer. Mas Ele sabe que nós falhamos e foi por isso mesmo que Ele pediu ao próprio Filho para morrer em nosso lugar para que pudéssemos ser perdoados. E quando nos arrependemos dos nossos erros e pedimos perdão, Ele perdoa e até esquece o que a gente fez.

— Ele é tão legal assim?

— É até mais.

— Ah, então eu quero ser amiga dele, sim.

E Ana orou com sua amiga que passou a ser amiga de Deus.

ORAÇÃO

Senhor, obrigado por perdoar e esquecer os meus pecados.

ATIVIDADE

1) Você se sente perdoado por Deus?

2) Tem algum erro que você ainda insiste em se lembrar?

14 de setembro

Igual criança

...se vocês não mudarem de vida e não ficarem iguais às crianças, nunca entrarão no Reino do Céu.
—Mateus 18:3

— Mãe, é melhor ser criança do que adulto!
— Por quê? Porque os adultos trabalham e precisam pagar contas?
— Não.
— Mas crianças não podem dirigir, não podem viajar sozinhas e nem conseguem preparar a própria comida. Você tem certeza que é melhor ser criança?
— Tenho, sim.
— Por quê?
— Porque Jesus falou que só quem for criança vai entrar no céu.
— Na verdade, Ele disse quem for *como* uma criança.
— Não é a mesma coisa?
— Ele quis dizer que só quem o ama com um coração puro igual ao de uma criança, ou seja, uma pessoa que é feliz por ser amigo de Jesus e não porque quer se sentir melhor que os outros.
— Ah, entendi. Então eu posso ser um adulto-criança.
— É quase isso mesmo!

ORAÇÃO

Deus, quero ter sempre um coração como o de criança para amar o Senhor.

ATIVIDADE

1) Você ama a Deus com um coração puro?

2) O que é "ser como criança" para Jesus?

O jogo da culpa

15 de setembro

> ...Que o Senhor Deus julgue quem é culpado, se é você ou se sou eu!
> —Gênesis 16:5

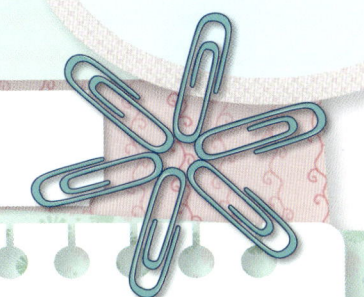

O vestido azul que mamãe usaria à noite estava no varal.

No meio da tarde, precisei pintar um quadro, mas Ana estava usando o *kit* de tintas.

Pedi emprestado, mas ela disse que estava terminando um trabalho.

E já havia esperado muito e então peguei a tinta amarela, mas Ana tentou impedir e a tinta voou e manchou o vestido.

Ficamos nervosos. Tirei o vestido do varal e Ana o escondeu.

Quando mamãe procurou o vestido, não sabíamos o que fazer.

Abri o jogo e contei que, por egoísmo, Ana não me deixou pegar as tintas e acabou derrubando a tinta no vestido de mamãe.

Já Ana se defendeu dizendo que já ia usar aquela cor.

Mamãe ficou triste e explicou que ao invés de pedir ajuda para resolver o problema, jogamos a culpa um no outro. Culpar o outro não resolve, devemos contar com a graça de Deus para resolver o problema.

ORAÇÃO

Deus, ajude-me a assumir meus erros e pedir Sua ajuda para resolvê-los.

ATIVIDADE

1) Você já culpou outra pessoa por um erro seu?

2) Por que essa atitude é errada e o que devemos fazer quando alguma coisa dá errado?

16 de setembro

Pronto para orar

> Tu disseste: "Venha me adorar." Eu respondo: "Eu irei te adorar, ó Senhor Deus."
> —Salmo 27:8

Quase todos os dias papai tira uns minutos para orar. Ele pede licença e vai para o seu quarto.

Além disso, ele também ora quando vamos comer e nos nossos cultos domésticos.

Mas sabe o que eu acho engraçado? Ele nunca para de orar.

Se sairmos de carro, ele fala:

— Querido Deus, guarda-nos durante o caminho.

Quando chegamos, ele diz:

— Senhor, agradeço Sua fidelidade que nos trouxe em paz.

Esses dias, ele procurou na internet um eletricista. Enquanto procurava, eu o ouvi dizer:

— Pai, ajude-me a escolher um profissional competente e que cobre um valor justo.

Esses dias, ele estava na janela e o sol estava se pondo. Ele falou:

— Ah, meu Pai, como Sua criação é maravilhosa. Eu o adoro pela Sua grandeza e pelo Seu amor que nos proporciona momentos lindos como esse!

Ele está me ensinando a estar sempre pronto a orar.

ORAÇÃO

Deus, obrigado por meu pai que me ensina a amar falar com o Senhor através da oração.

ATIVIDADE

1) Você fala bastante com Deus?

2) Em que momentos você costuma fazer suas orações?

Tudo está seguro com Deus

17 de setembro

Pois o Senhor Deus lhe dará segurança...
—Provérbios 3:26

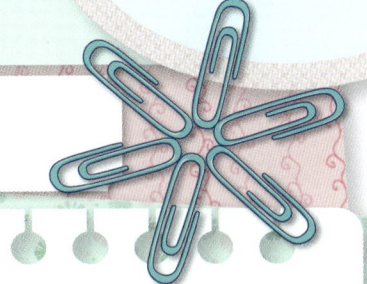

O vovô me contou que quando meu pai ainda era pequeno, ele resolveu abrir uma loja de carros. Ele achava que ia ficar rico, mas enfrentou uma crise financeira tão grande, que acabou falindo.

— O que é "falindo", vovô?

— Perdemos tudo e fiquei com muitas dívidas.

— Puxa, vovô, o senhor ficou triste?

— Um pouco, porque eu tinha dois filhos e uma esposa para sustentar. Mas sabe, Arthur, eu aprendi que tinha a coisa mais importante do mundo e nunca ia perder!

— Ah, eu já sei o que é, vovô!

— O quê?

— O amor de Jesus e o Seu perdão!

— Exatamente! Perder coisas não é legal, mas o mais importante são aquelas coisas que temos em Deus e que junto dele estão totalmente seguras: o amor dele por nós e a Sua salvação.

ORAÇÃO

Deus, eu o amo porque com o Senhor tudo está seguro.

ATIVIDADE

1) O que é mais importante: ter riquezas ou o amor de Jesus?

2) Você já perdeu alguma coisa de valor?

18 de setembro

Assunto da redação

> Agradeçam a Deus, o Senhor, anunciem a sua grandeza e contem às nações as coisas que ele fez.
> —I Crônicas 16:8

A professora me chamou até sua mesa e falou:

— Arthur, gosto muito das suas redações. São bonitas, bem escritas e criativas. Mas em todas elas você fala de Jesus. Até quando fala de futebol, você dá um jeito de falar sobre Ele. Por quê?

— Ah, professora, Jesus é o meu melhor amigo e Ele fez e faz coisas tão amorosas e especiais para mim e para minha família, que eu não consigo falar sobre nenhum assunto sem lembrar de como Ele sempre está presente, me ajudando, me orientando, me ensinando. E depois, meu pai me falou que quando acreditamos no amor de Jesus, é generoso da nossa parte contar para todas as pessoas, porque não devemos espalhar só notícia ruim. As coisas boas também precisam ser compartilhadas.

— Tudo bem. Você me convenceu. Pode continuar falando sobre seu Amigo nas redações.

ORAÇÃO

Deus, agradeço por todas as oportunidades que tenho de falar do Seu amor.

ATIVIDADE

1) Você fala bastante sobre o amor de Deus?

2) Qual foi a situação mais engraçada em que você falou dele?

O desaparecimento do Pedro

19 de setembro

> ...não escondi a minha maldade. Resolvi confessar tudo a ti, e tu perdoaste todos os meus pecados.
> —Salmo 32:5

Pedrinho sumiu!

Nós o procuramos pela casa toda, mas nem sinal dele.

Tio Lúcio ficou nervoso, a mãe dele chorava e todos estávamos assustados.

Depois de muito tempo, o papai voltou na garagem e o encontrou embaixo do carro.

Ele estava todo riscado!

Ao vê-lo, seus pais correram para abraçá-lo.

Não entendi por que ele se escondeu, mas minha mãe disse que ele teve medo de aparecer diante dos pais porque desobedeceu a ordem de não pegar a caneta e agora todos podiam ver isso graças aos rabiscos que ele tinha no corpo todo.

Ele estava assustado, mas se acalmou quando percebeu que o amor e a preocupação dos seus pais eram maior do que a bronca que ele merecia.

Mamãe diz que todos nós tentamos esconder o que fazemos de errado, mas o certo é justamente confessar a Deus e aos nossos pais ou amigos, para recebermos perdão.

ORAÇÃO

Jesus, quero ter coragem para confessar meus pecados e receber o Seu perdão.

ATIVIDADE

1) Por que é importante confessar nossos pecados?

2) Há alguma coisa errada que você ainda esconde?

20 de setembro

Como serei longe do papai?

...Enquanto o sacerdote Joiada vivia, Joás fez o que agrada a Deus, o Senhor.
— 2 Crônicas 24:2

— Filho, você ama a Deus?
— Amo, sim, papai.
— Por quê?
— Porque o senhor e a mamãe me explicaram como Ele é incrivelmente poderoso e amoroso.
— Se hoje eu dissesse que você vai passar um ano sozinho, no Japão. Lá vai ser recebido por um brasileiro que não conhece a Deus, mas que é uma boa pessoa. Esse homem vai *te* ajudar com roupas, alimentação e escola, enquanto você estiver lá...
— Ixi, pai, sério? Eu não sei se ia gostar de ficar tanto tempo longe de vocês.
— É só um exemplo! Calma! Se você ficasse um ano longe de nós, sem ouvir falar de Deus, você continuaria sendo amigo dele?
— Claro, papai. Eu aprendi muito sobre Ele com vocês, mas agora eu já consigo conversar com Ele e ler a Bíblia sozinho. Eu amo a Deus porque Ele me amou primeiro e não porque o senhor e a mamãe mandam.
— Que bom, filho, eu fico muito feliz de saber que você entendeu e recebeu o grande amor de Deus.

ORAÇÃO

Jesus, eu o amarei mesmo se estiver longe dos meus pais.

ATIVIDADE

1) Por que você ama Jesus?
2) Você continuará amando Jesus mesmo em meio aos problemas da vida?

Bom alimento à disposição

21 de setembro

> Como são doces as tuas palavras! São mais doces do que o mel. —Salmo 119:103

Ouvi a história de um homem simples que ganhou uma viagem num navio. Como não tinha muito dinheiro, sua esposa preparou uma marmita de frango com farofa para que ele se alimentasse durante a viagem.

Sua comida durou quatro dias, mas a viagem ainda duraria mais quatro.

Foi só no sétimo dia da viagem que ele descobriu que a passagem naquele belo navio lhe dava direito a todas as refeições.

O homem comeu frango com farofa e depois sentiu fome durante três dias, mas poderia ter desfrutado dos banquetes maravilhosos disponíveis no restaurante do navio.

Papai disse que a Bíblia é o nosso alimento espiritual. É frustrante quando temos esse alimento à nossa disposição, mas não nos alimentamos.

Não quero ficar frustrado, vou aproveitar para apreciar a Palavra de Deus que é mais doce que o mel!

ORAÇÃO

Deus, obrigado por deixar a Bíblia como alimento espiritual para nós.

ATIVIDADE

1) Você já perdeu a oportunidade de comer algo de que gostava muito? O quê?

2) Por que devemos ler a Bíblia todos os dias?

22 de setembro

O verdadeiro evangelho

> ...vocês, pois estão abandonando tão depressa aquele que os chamou por meio da graça de Cristo e estão aceitando outro evangelho. —Gálatas 1:6

Assisti a um vídeo que mostrava pessoas boas ajudando as vítimas de grandes tragédias, como enchentes, furacões e incêndios.

Eram pessoas tão boas! Um homem vendeu a própria casa para ajudar algumas famílias desalojadas em outra cidade.

Então comentei com o papai:

— Pai, essas pessoas são tão boas, que elas merecem ir para o céu, não merecem?

— Na verdade, filho, a bondade dessas pessoas está realmente contribuindo para que esse mundo seja um pouco melhor, mas essa bondade não é garantia de salvação. Somente Jesus Cristo, através do Seu sacrifício, tem o poder de nos guiar até o céu, oferecendo a salvação. Não merecemos a salvação, mas a ganhamos como um precioso presente de amor de Jesus.

— Entendi.

— Esse é o evangelho. Qualquer coisa diferente disso vai contra a Palavra de Deus!

ORAÇÃO

Jesus, obrigado pelo Seu amor que me oferece a salvação, mesmo sem eu merecer.

ATIVIDADE

1) A salvação é um presente ou merecimento?

2) Como podemos alcançar a salvação?

Emergência do espírito

23 de setembro

> Davi cantou esta lamentação por Saul e por seu filho Jônatas.
> —2 Samuel 1:17

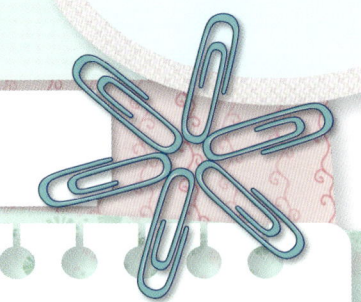

Hoje faz um ano que o Tobby, o nosso cachorrinho, se foi. Ele escapou pelo portão em um momento de descuido, e um carro o atropelou.

Naquele dia, fiquei muito triste. Era uma tristeza tão forte, que eu não conseguia explicar.

Lembrei que mamãe nos diz para contar tudo para Deus e que Ele nos consola. Sozinho no meu quarto, ajoelhei ao lado da minha cama e então tentei orar, mas eu não consegui dizer nada. Eu só chorava.

Então, depois de alguns minutos, senti uma paz e uma calma invadindo meu coração. Fiquei mais tranquilo.

Depois eu contei para a mamãe que não consegui orar, mas mesmo assim senti paz. Então ela me explicou que Deus consegue ler nosso coração, mesmo quando não conseguimos falar por causa da nossa tristeza.

E foi mesmo assim! Ele leu meu coração.

ORAÇÃO

Deus, obrigado por conhecer o meu coração mesmo quando eu não consigo me explicar.

ATIVIDADE

1) Você já teve dificuldade para explicar alguma coisa para alguém?

2) Como essa pessoa fez para entender o que você queria dizer?

24 de setembro

Reconhecendo a voz de Deus

Chamarei o meu povo e os juntarei, pois eu os trarei de volta para o seu país...
—Zacarias 10:8

Hoje fui com a mamãe ao mercado que, por causa de uma promoção de carnes, estava muito cheio.

Quando caminhávamos para os caixas, nos perdemos no meio das pessoas e eu não conseguia mais vê-la.

Foi um momento assustador.

A música tocava, um funcionário gritava para outro repor as caixas de leite e uma criança chorava alto do meu lado. Mas lá no fundo eu ouvia:

— Arthur! Arthur! Estou aqui.

Reencontrei a mamãe pela sua voz.

Quando estávamos chegando no carro, confessei a ela que senti medo, mas que mesmo com tanto barulho, consegui reconhecer sua voz.

Então ela lembrou que nossa convivência intensa me ajudou a reconhecer a sua voz. Ela disse que é assim quando precisamos ouvir a voz de Deus. No meio dos problemas a voz dele surge doce e firme, nos orientando sobre o que fazer.

ORAÇÃO

Deus, obrigado por me guiar e me guardar.

ATIVIDADE

1) Na sua família, qual é a voz mais fácil de reconhecer, mesmo no meio do barulho?

2) Por que é bom conseguir ouvir a voz de Deus?

Controlando as palavras

25 de setembro

...se você é sábio, controle a sua língua...
—Provérbios 10:19

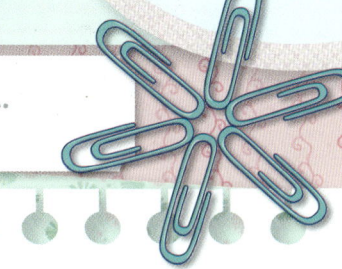

Papai e mamãe sempre nos aconselham, mas hoje foi diferente.

Quando saímos da escola, Ana estava furiosa. Entrou no carro reclamando muito de umas meninas da sala que ignoram os outros alunos. Elas excluíram Ana de um trabalho em equipe e ela ficou muito chateada.

Durante todo o caminho até em casa e até na hora do almoço ela falou, falou, falou... Mas mamãe não disse uma palavra.

Perguntei por que não aconselhou Ana e ela explicou que, às vezes, quem está bravo ou triste precisa de ouvidos e não de palavras. Ana precisava desabafar e mamãe se dispôs a escutá-la!

— Mas e se ela falar bobagem para as meninas amanhã?

— Ela sabe que não deve falar quando está brava. É por isso que eu a ouvi, para que ela se acalme e não se arrependa de falar bobagem amanhã. A Bíblia diz que o sábio controla a própria língua.

ORAÇÃO

Querido Deus, ajude-me a controlar as palavras para não ferir as pessoas.

ATIVIDADE

1) Quando você está chateado, prefere ficar em silêncio ou discutir?

2) Por que devemos evitar falar quando estamos bravos ou magoados?

26 de setembro

Questão de confiança

> Mas os que buscam abrigo em ti ficarão contentes e sempre cantarão de alegria porque tu os defendes... —Salmo 5:11

Meu priminho Pedro gosta muito de brincadeiras radicais. O tio Lúcio o segura embaixo dos bracinhos e roda com força. Ele sempre dá gargalhada!

Hoje eu tentei fazer a mesma coisa para agradá-lo, mas ele chorou e se agarrou em mim, desesperado.

Fiquei sem graça! Mas o tio Lúcio me explicou que o Pedro sabe que essas manobras são arriscadas e ele sente medo. Ele só não sente medo quando é o seu pai quem está girando. Ele confia muito no seu papai.

Então lembrei que a mamãe sempre fala que a vida da gente aqui na Terra não é fácil e que vivemos situações muito perigosas, mas que permanecemos em paz porque Deus é o nosso Pai e está nos guardando. Então entendi o sentimento do Pedrinho e fiquei agradecido a Deus por cuidar de mim.

ORAÇÃO

Deus, eu o agradeço por ser o meu Pai e cuidar para que eu não me machuque.

ATIVIDADE

1) Quando você era pequeno, de qual brincadeira mais gostava?

2) Você confia em Deus assim como o Pedro confia no seu papai, Lúcio?

A reunião final

27 de setembro

> Então nós, os que estivermos vivos, seremos levados nas nuvens, junto com eles...
> —1 Tessalonicenses 4:17

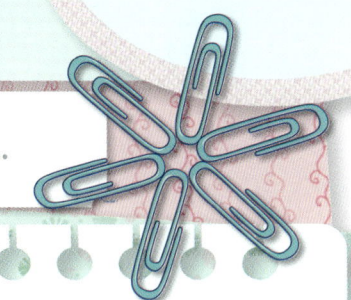

Na casa do vovô encontrei uma foto antiga, em preto e branco, que tinha umas trinta pessoas.
Perguntei:
— Quem são, vovô?
— Meus pais, meus tios, meus avós e meus primos.
Ele veio ver a foto junto comigo e comentou:
— Puxa vida, a maioria desse pessoal já se foi.
— Foi para onde?
— Faleceu, Arthur!
— Ai que triste, vô. O senhor não sente saudades?
— Sinto, sim. Muitas saudades, mas eles também serviam ao Senhor e eu sei que um dia vamos nos encontrar.
— Ah, lá no céu, né? No dia que Jesus voltar?
— Isso mesmo! Jesus transformou a perda da morte em esperança, no dia que prometeu nos levar para junto dele. Agora, quando alguém se vai, sentimos saudades, mas temos a esperança de encontrar essa pessoa outra vez, quando formos para o céu.

ORAÇÃO

Querido Jesus, obrigado por garantir esse encontro gigante que vai acontecer aí no céu!

ATIVIDADE

1) Tem alguém que você não pode mais abraçar que estará no céu naquele dia?

2) Você lembra o que é preciso para entrar lá?

28 de setembro

É ruim, mas é bom

...A minha graça é tudo o que você precisa, pois o meu poder é mais forte quando você está fraco...
—2 Coríntios 12:9

Hoje a sobremesa foi uma torta de churros maravilhosa, mas não foi nem a mamãe e nem a vovó quem preparou. Elas compraram na confeitaria da vizinha da vovó.

O vovô me contou, que há alguns anos, o marido da mulher perdeu o emprego e eles ficaram tristes e preocupados.

Um dia a filha deles sugeriu que a mãe fizesse doces e bolos para vender, pois ela cozinha muito bem!

Foi exatamente isso que ela fez. O marido resolveu ajudar e descobriu que conseguia confeitar bolos lindos!

Ele desistiu de procurar emprego e voltou a ficar alegre, afinal ele descobriu um jeito mais gostoso de ganhar dinheiro.

O vovô me explicou que a graça de Deus é que nos ajuda a enxergar o lado bom das coisas ruins que nos acontecem. Na verdade, as coisas que parecem ruins nos ajudam a ser mais corajosos e a descobrir coisas melhores!

ORAÇÃO

Querido Deus, agradeço por fazer as coisas ruins serem boas para nós!

ATIVIDADE

1) Dê um exemplo de algo ruim que no final foi bom.

2) Você entendeu como as coisas ruins podem ser boas para nós?

A graça de Deus

29 de setembro

> Pois pela graça de Deus vocês são salvos por meio da fé...
> —Efésios 2:8

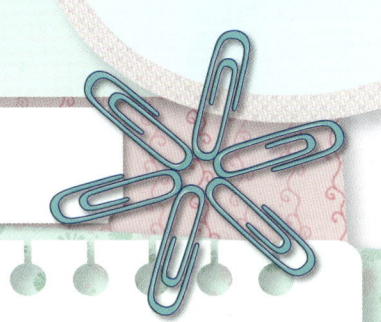

— Pai!
— Diga, filho.
— Deus gosta muito de mim, né?
— Sim. Ele o ama muito!
— Igual o senhor?
— Na verdade, Ele ama ainda mais.
— Eu acho que é porque Ele já sabia que eu seria um ótimo filho e um bom aluno.
— Você está enganado.
— Por quê?
— Primeiro porque você não é tão bonzinho quanto pensa e segundo porque a bondade que existe em nós é fruto da presença de Deus na nossa vida. Deus é amor e se Ele habita em nós, então é Ele quem enche a nossa vida de amor. Mas tudo o que temos, inclusive a nossa salvação, vem do coração dele para nós. Somos salvos por causa da graça de Deus e não por causa da nossa bondade.

ORAÇÃO

Querido Deus, obrigado por me dar a salvação de graça!

ATIVIDADE

1) Qual foi o maior presente que você já recebeu?

2) Por que a salvação é um presente para nós?

30 de setembro

Um novo esporte

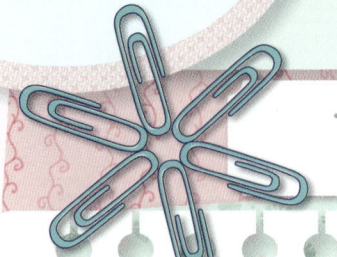

...Os que têm saúde não precisam de médico, mas sim os doentes.
—Lucas 5:31

Hoje, na aula de Educação Física, o professor resolveu treinar voleibol. Foi uma novidade, porque só jogamos futebol e handebol.

O Maurício é o "perna de pau" da turma e sempre é o último a ser escolhido. Na hora de formar os times, ele sobrou para o nosso time.

Ele é tão ruim nos esportes, que tínhamos certeza que iríamos perder.

Mas para nossa surpresa, no vôlei ele é o melhor! Seu saque "viagem ao fundo do mar" era mortal e ninguém defendia as cortadas dele.

Ganhamos todos os jogos e o Maurício virou o rei do vôlei.

Quando contei para o papai, ele me disse que muitas pessoas se sentem desimportantes e acreditam que não servem para nada. Mas quando Jesus chega como novidade de vida, a história dessas pessoas muda e elas encontram razão para ser felizes e úteis. Ele sara as pessoas como o remédio sara um doente.

ORAÇÃO

Querido Jesus, obrigado por dar alegria e vontade de viver para todos.

ATIVIDADE

1) Você já se sentiu sem importância para alguém?

2) Como você costuma valorizar as pessoas?

O poder da bênção

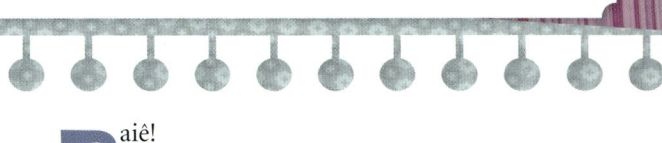

1º de outubro

> Que a graça do Senhor Jesus Cristo, o amor de Deus e a presença do Espírito Santo estejam com todos vocês!
> —2 Coríntios 13:14

— Paiê!
— Oi, filho.
— O que é a bênção apostólica?
— É a bênção que geralmente o pastor ministra no fim do culto: "Que a graça do Senhor Jesus Cristo, o amor de Deus e a presença do Espírito Santo estejam com todos vocês!" (2 Coríntios 13:14).
— Ah, é que eu sempre abro as mãos para receber, mas nunca entendi muito bem.
— Mas você se sente protegido, não é mesmo? É por termos certeza da bênção e proteção de Deus que recebemos essa palavra com alegria.
— Mas o que acontece com as pessoas que não sabem o significado?
— São abençoadas do mesmo jeito. Apesar de, às vezes, as pessoas não entenderem o que esse ato quer dizer, ele não perde o significado. Quem aceita a bênção é abençoado.
— Entendi. Mas agora vou receber essa bênção com muito mais alegria!

ORAÇÃO

Querido Deus, obrigado por deixar a bênção apostólica na Bíblia e obrigado por me abençoar por meio dela.

ATIVIDADE

1) Explique o que você entendeu que é a bênção apostólica.
2) Conte sobre uma bênção que você recebeu de Deus.

2 de outubro

Viagem tumultuada

> Que a esperança que vocês têm os mantenha alegres; aguentem com paciência os sofrimentos...
> —Romanos 12:12

Viajamos hoje para o casamento da amiga de mamãe que será em outra cidade, mas a viagem não foi tranquila.

No meio da serra, ficamos parados mais de uma hora por causa de obras na estrada.

Um prego na estrada furou o pneu do carro e precisamos parar para trocá-lo.

Quase no final da viagem, Ana passou mal e vomitou. Mamãe tentou limpar o carro, mas ficou um cheiro horrível.

A essa altura, todos estávamos irritados e quando papai ficou na dúvida sobre uma entrada, mamãe respondeu indignada que ele já deveria saber o caminho para a casa do vovô.

Papai pediu desculpas, mas sugeriu que ela se acalmasse, porque as situações complicadas acontecem para todas as pessoas. Nós que tememos ao Senhor, diante das dificuldades, não devemos perder a paz, afinal, é Ele quem nos socorre durante as tempestades da vida.

Mamãe concordou e se desculpou com todos pela sua atitude.

ORAÇÃO

Querido Deus, ajude-me a lembrar que tudo está sob o Seu controle, mesmo quando parece que deu errado.

ATIVIDADE

1) Quem nos acalma quando enfrentamos dificuldades?

2) Por que devemos sempre manter a paz, apesar dos problemas?

Brilho da luz

3 de outubro

> O Deus que disse: "Que da escuridão brilhe a luz" é o mesmo que fez a luz brilhar no nosso coração...
> —2 Coríntios 4:6

Na casa do vovô, tem um porão onde ele guarda coisas velhas. Ele se lembrou de uma vitrola que está lá e vai me emprestar para uma exposição de tecnologia antiga na escola.

Quando descemos ao porão, a lâmpada estava queimada e tivemos que usar a lanterna do celular para procurar a vitrola. A luz da lanterna era fraca e foi preciso iluminar um canto de cada vez para procurá-la. Finalmente, nós a encontramos.

Quando voltávamos da aventura, o vovô me fez compreender que uma luz sempre é necessária, mesmo que ela pareça fraca. Se a direcionarmos para o lugar certo, ela ajudará a encontrarmos o que precisamos. Na nossa vida é a luz de Deus que nos ajuda a encontrar o caminho, mesmo quando as coisas ficam ruins. Parece que a luz ficou fraca, mas ela não ficou! Basta colocarmos o nosso coração na direção da luz, e Deus mostrará que está com a gente.

ORAÇÃO

Querido Deus, obrigado por ser a Luz que ilumina o meu caminho.

ATIVIDADE

1) Quem é a luz que nos mostra o caminho e as decisões que devemos tomar?

2) Por que devemos colocar nosso coração na direção da luz?

4 de outubro

Cultura descartável

> Deem graças a Deus, o Senhor, porque ele é bom; o seu amor dura para sempre.
> —Salmo 136:1

Hoje fomos a um churrasco na casa de uns amigos do papai. Os pratos e copos eram descartáveis. A ideia foi da dona da casa, que não queria ninguém lavando louça.

Papai disse que os produtos descartáveis são práticos, e acrescentou: — Infelizmente, existem pessoas que estão tornando os relacionamentos descartáveis também, e isso é muito ruim!

Eu não entendi nada, e o papai explicou:

— Antigamente, as pessoas eram mais cuidadosas com seus casamentos e amizades. Hoje, se acontece algum problema, as pessoas jogam tudo fora, ao invés de consertar. Se um copo de plástico rasgar, você conserta ou joga fora?

— Jogo fora!

— Exatamente, porque é descartável. Mas com nossos relacionamentos não deve ser assim, o exemplo de misericórdia de Jesus mostra que Ele insiste em se manter nosso amigo, mesmo quando nós erramos com Ele.

— Ah, agora entendi.

ORAÇÃO

Querido Deus, obrigado por investir em nossa amizade e nunca desistir de mim.

ATIVIDADE

1) Por que não devemos tratar nossas amizades como um produto descartável?

2) Cite o nome de um amigo seu. Por que ele é importante para você?

A marca do discípulo de Jesus

5 de outubro

> Se tiverem amor uns pelos outros, todos saberão que vocês são meus discípulos.
> —João 13:35

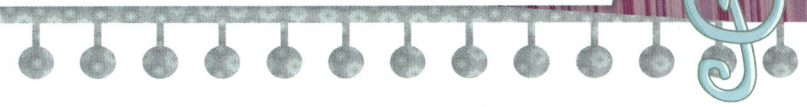

Guilherme é o garoto mais irritante da sala.

Hoje contei para o papai:

— Sabe, pai, tem um menino na minha turma que ninguém gosta. Nem eu. O Guilherme.

— E por que você não gosta dele?

— Ele acha que é o mais legal, o mais inteligente, o mais rico, o mais bonito, o mais moderno. Em tudo ele quer ser melhor que todo mundo.

— Os outros meninos da turma sabem que você não gosta dele?

— Ahan.

— E eles também sabem que você é um seguidor de Jesus?

— Claro que sabem!

— E ninguém nunca achou que você era mentiroso?!

— Ué, papai, por quê?

— Porque a maior marca da presença de Jesus na vida de alguém é o fato de essa pessoa amar todas as outras a sua volta.

— Mas não gosto das coisas que ele faz!

— Você não precisa concordar com ele, mas, como Jesus, deve amá-lo e desejar a felicidade dele.

— Pai, isso não é fácil, mas vou me esforçar para gostar dele!

ORAÇÃO

Querido Deus, ajude-me a entender que devo amar as pessoas, mesmo que não concorde com o jeito delas.

ATIVIDADE

1) Qual a diferença entre amar e concordar com o que a pessoa faz?

2) Quando amamos ao próximo, somos reconhecidos como discípulos de quem?

6 de outubro

Fiel protetor

> Mas tu, ó Senhor, estás comigo e és forte e poderoso...
> —Jeremias 20:11

Hoje o professor de Educação Física nos apresentou o futebol americano. Para falar a verdade, não achei tão legal quanto o nosso futebol. Eles jogam com as mãos!

Mas uma coisa chamou minha atenção. Enquanto um jogador corre com a bola, os outros criam verdadeiras barreiras humanas para protegê-lo e impedir que os jogadores do time adversário o alcancem.

Quando expliquei ao vovô como funciona esse jogo, ele me perguntou:

— Se fôssemos pensar na nossa vida, o que poderíamos comparar a essa situação?

Eu entendi rápido e respondi:

— Então, vovô, Deus é o nosso protetor. Enquanto estamos aqui na Terra, Ele se lança como uma barreira contra o inimigo da nossa vida para impedir que ele nos machuque e desistamos do que precisamos fazer.

— Viu só? Andar com Deus é uma ótima jogada!

ORAÇÃO

Querido Deus, obrigado por ser o meu protetor!

ATIVIDADE

1) Você se sente protegido por Deus?

2) Escreva sobre uma situação em que Deus o protegeu.

Bandeira erguida

7 de outubro

> Vocês são filhos queridos de Deus e por isso devem ser como ele.
> —Efésios 5:1

Quando assisto aos jogos de futebol, gosto muito de ver aquela bandeira enorme sobre a torcida, para demonstrar amor ao seu time.

Outra coisa legal é quando um time ganha o campeonato. Por onde a gente passa tem bandeira estendida. Quando chego no pediatra, tem uma bandeira do time dele na mesa. É pequena, mas está lá, para todo mundo ver.

Falei para o papai que quero inventar uma bandeira para o time da turma e ele disse que a ideia era ótima, e que Jesus também tem uma bandeira que eu preciso levantar.

— Qual?
— A da presença de Cristo em sua vida!
— E como faço isso?
— Seja um imitador dele aqui na Terra. As pessoas erguem as bandeiras dos seus times para declarar seu amor, mas nós só podemos demonstrar nosso amor por Jesus através do nosso exemplo. É assim que levantamos a bandeira da presença do Senhor em nós!

ORAÇÃO

Querido Deus, quero usar meu exemplo para declarar meu amor pelo Senhor!

ATIVIDADE

1) Qual é a bandeira que podemos usar para declarar nosso amor por Jesus?

2) Escreva duas situações que você viveu e demonstrou o amor de Jesus para as pessoas.

8 de outubro

Esperar

> Vocês precisam ter paciência para poder fazer a vontade de Deus e receber o que ele promete.
> —Hebreus 10:36

O cheiro da cobertura do bolo se espalhou rápido pela casa e se misturou ao aroma do bolo assando. Eu gosto muito da nega maluca que a mamãe faz!

Corri para a cozinha para saber se podia comer um pedaço, mas mamãe acabou com minha alegria:

— Espere!

Não gosto de esperar. Acho que ninguém gosta.

Papai já conversou comigo sobre isso. Ele disse que uma das maiores lições que Deus nos dá é a da espera. Esperar nos ajuda a ser pacientes e a enxergar melhor a situação que estamos vivendo.

Mesmo assim, eu acho difícil esperar.

Fiquei ali pela sala e quando o relógio bateu cinco e meia, mamãe nos chamou para o café da tarde. "Ai, que delícia!"

O bolo estava maravilhoso. E percebi que comê-lo na mesa, junto com minha família, foi mais legal do que se tivesse comido sozinho.

Pensando bem, vale a pena esperar.

ORAÇÃO

Deus, ajude-me a ser mais paciente e a esperar sem reclamar.

ATIVIDADE

1) Você já precisou esperar por alguma coisa? O quê?

2) Por que devemos ser pacientes?

O que você espera?

9 de outubro

> Esperei com paciência pela ajuda de Deus, o Senhor...
> —Salmo 40:1

Na hora do recreio, vi um menino com um prato cheio de queijo derretido com molho de carne moída!

Minha boca encheu de água. Fui me servir.

Quando dei a primeira colherada, não era queijo e sim, polenta mole.

Não conhecia polenta mole e não gostei do sabor, mas comi tudo. Na minha frente sentou um menino que também não tinha o hábito de comer polenta, só que ele gostou.

Papai disse que nossas reações foram diferentes porque criamos expectativas diferentes. Eu queria queijo e só tinha polenta, o menino só queria comer e não reclamou do que recebeu.

Ele aproveitou para dizer que existem pessoas tristes no mundo porque acham que aqui só teremos diversão, mas é importante pensar nas coisas difíceis e frustrantes da vida como oportunidades para a gente melhorar como ser humano. Jesus confiou em Deus todo o tempo e nos deixou Seu exemplo.

ORAÇÃO

Querido Deus, ajude-me a confiar sempre no Senhor e a seguir o exemplo de Jesus.

ATIVIDADE

1) Você se decepciona quando não recebe o que espera?

2) Como você reage quando as coisas não acontecem como esperava?

10 de outubro

A lição do bambolê

Não nos cansemos de fazer o bem...
—Gálatas 6:9

Na hora do recreio, algumas meninas brincavam de rodar o bambolê na cintura. Parecia fácil, e tivemos a ideia de competir entre os meninos.

O resultado foi desastroso. Ninguém conseguiu equilibrar aquele negócio.

A estratégia foi tentar rodá-lo rápido e com força, mas nosso professor de Educação Física explicou que o segredo é o jeito de fazer o movimento.

Quando contamos aos nossos pais o episódio do dia, mamãe comentou que já foi campeã de bambolê e lembrou que cada pessoa tem um tempo e um jeito de brincar com ele.

Ela disse que é como na igreja, cada um faz aquilo que consegue, mas quando alguém tenta fazer mais do que suporta ou imitar o jeito do outro, então essa pessoa ainda não aprendeu o que é necessário para servir a Deus, mas apenas cumpre muitas tarefas e se cansa.

O Senhor prefere contar com o jeito e o tempo de cada pessoa.

ORAÇÃO

Senhor, quero me lembrar de fazer as coisas para o Seu reino, mas do jeito que eu consigo.

ATIVIDADE

1) Por que devemos fazer para Deus aquilo que conseguimos e sabemos?

2) Por qual motivo Deus não se agradaria de alguém que trabalha para Ele?

Jogo de lógica

11 de outubro

> ...encham a mente de vocês com tudo o que é bom e merece elogios, isto é, tudo o que é verdadeiro, digno, correto, puro, agradável e decente. —Filipenses 4:8

Papai escreveu uma sequência numérica numa folha: 2,10,12,16,17,18,19...
E então perguntou: — Qual é o próximo número?
Ana e eu quebramos a cabeça, mas aquela sequência não fazia o menor sentido.
Depois de uns 15 minutos, desistimos e perguntamos a resposta ao papai:
— 200!
Como assim?
Ele explicou que ao vermos uma questão com números, pensamos em resolvê-la com contas, mas, nesse caso, era a sequência de numerais que começam com a letra "D": dois, dez, doze, dezenove e, na sequência, duzentos.
Que lógica diferente!
O papai falou que a maioria das pessoas passa a vida aceitando as coisas que o mundo está acostumado, mas com Deus, devemos buscar informações diferentes na Sua Palavra, pois Ele nos ensina coisas verdadeiras que nem sempre são fáceis de perceber, como por exemplo, amar o inimigo. Devemos estar preparados para mudar e pensar diferente!

ORAÇÃO

Senhor, quero estar atento aos Seus ensinos e disposto a mudar minha atitude.

ATIVIDADE

1) Você gosta de jogos de lógica?
2) Qual foi a coisa mais diferente que você aprendeu com Jesus?

12 de outubro

Mochila pesada

> Venham a mim, todos vocês que estão cansados de carregar as suas pesadas cargas, e eu lhes darei descanso.
> —Mateus 11:28

Hoje é Dia das Crianças e os pais aqui da rua organizaram uma caça ao tesouro entre nós. Fomos divididos em duas equipes com 12 participantes.

Cada grupo recebeu três mochilas pesadas para levar durante a prova. Não importava quem levaria, mas só receberíamos a próxima pista quando toda a equipe se apresentasse ao monitor da prova.

Durante a correria, a parte mais difícil foi carregar as mochilas. Sempre os últimos a chegar eram os que estavam com o peso. Revezamo-nos para ninguém ficar sobrecarregado, mas chegamos 20 segundos depois da outra equipe, que ganhou uma caixa gigante com doces.

Ganhamos uma caixa menor, mas nos divertimos muito.

Sempre ouvi dizer que Jesus alivia os nossos fardos e hoje, enquanto carregava aquela mochila pesada, entendi que bênção é ter a ajuda dele para nos aliviar dos pesos da vida!

ORAÇÃO

Senhor, obrigado por aliviar o peso das coisas difíceis dessa vida.

ATIVIDADE

1) Você já precisou carregar algum peso? Foi muito cansativo?

2) Como Deus pode aliviar o peso da nossa vida?

Palavra e momento certos

13 de outubro

> Saber dar uma resposta é uma alegria;
> como é boa a palavra certa na hora certa!
> —Provérbios 15:23

Ana ganhou um porta joias de uma amiga e está tentando montá-lo já faz algum tempo. Percebi que ela está ficando irritada e me aproximei para ver o que estava errado.

Quando eu ia falar que o fundo da caixa estava invertido, ela me olhou com cara de quem não queria opinião. Eu já sabia o que estava errado, mas iria irritá-la muito se falasse alguma coisa. Mamãe nos ensinou que não basta sabermos as palavras certas a serem ditas, o momento certo também conta bastante!

Então fiquei quieto.

Uns 15 minutos depois, já desanimada, Ana me chamou e perguntou se eu poderia ajudá-la. Então expliquei que o fundo estava invertido. Ela virou e conseguiu terminar a montagem em menos de 5 minutos.

Ana me agradeceu e eu entendi que a mamãe tinha toda a razão sobre dizer palavras certas no momento certo.

ORAÇÃO

Senhor, ajude-me a ser sábio na hora de dizer alguma coisa para alguém.

ATIVIDADE

1) Você já falou algo para uma pessoa e ela não gostou muito?

2) Por que devemos cuidar com o que falamos e quando falamos?

14 de outubro

Dias mais longos ou curtos

> E foi Deus quem nos preparou para essa mudança e nos deu o seu Espírito como garantia de tudo o que ele tem para nos dar.
> —2 Coríntios 5:5

Por que os dias de aulas de matemática e prova e os dias chuvosos são mais longos do que os fins de semana e os dias ensolarados?

Eu não entendo!

Mamãe disse que isso é a minha percepção do tempo. Não entendo o que é percepção, mas ela fala que essa coisa do dia ser mais curto ou mais longo é uma impressão minha, porque os dias têm exatamente 24 horas cada um.

Outras coisas que eu gosto muito, mas terminam muito rápido são festas de aniversário, domingos, visitas na casa da vovó, jogo de futebol e férias.

Por que tem de ser assim?

O papai falou que aqui na Terra os momentos felizes parecem curtos, mas é para eu não me preocupar porque a eternidade lá no céu será muito feliz! E nunca vai acabar! Nunca mais sentirei saudades de alguém ou vontade de ficar mais tempo em algum lugar.

ORAÇÃO

Senhor, obrigado por preparar um tempo infinito de felicidade aí no céu!

ATIVIDADE

1) Na sua opinião, que coisas acabam muito rápido e você gostaria que durassem mais?

2) Você já imaginou como deve ser divertido estar no céu?

Amar a todos

15 de outubro

> Se vocês amam somente aqueles que os amam, o que é que estão fazendo de mais?...
> —Lucas 6:32

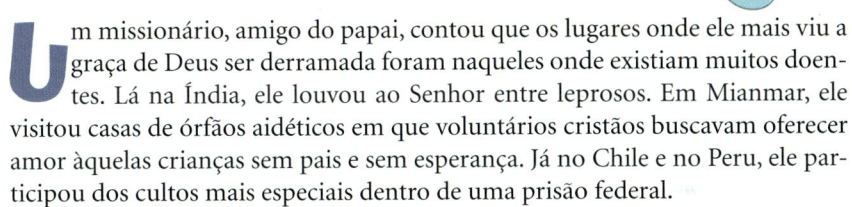

Um missionário, amigo do papai, contou que os lugares onde ele mais viu a graça de Deus ser derramada foram naqueles onde existiam muitos doentes. Lá na Índia, ele louvou ao Senhor entre leprosos. Em Mianmar, ele visitou casas de órfãos aidéticos em que voluntários cristãos buscavam oferecer amor àquelas crianças sem pais e sem esperança. Já no Chile e no Peru, ele participou dos cultos mais especiais dentro de uma prisão federal.

O papai disse que esse missionário encontrou Deus nesses lugares, porque, diferentemente de nós, Deus não escolhe as melhores pessoas para amar. Ele ama a todos e tem um cuidado especial com pessoas que precisam de ajuda. Esse é o exemplo que devemos seguir, amar aos carentes e aqueles que não podem nos oferecer nada em troca tanto quanto amamos as pessoas que podem nos trazer algum benefício!

ORAÇÃO

Senhor, quero seguir Seu exemplo e amar as pessoas mais necessitadas também.

ATIVIDADE

1) Você é amigo do mesmo jeito das pessoas pobres e ricas da sua sala de aula?

2) Você já visitou um asilo ou um orfanato?

16 de outubro

Caminhos assustadores

A tua palavra é lâmpada para guiar os meus passos, é luz que ilumina o meu caminho.
—Salmo 119:105

O GPS do papai não é muito inteligente. Hoje ele precisou ir até uma farmácia desconhecida buscar uma encomenda. O GPS indicou o caminho mais curto e o papai foi parar em uma viela tão estreita, que o carro não passava! Ele precisou voltar uma parte do trajeto e pensar num caminho diferente. Depois de muita confusão, papai conseguiu chegar.

Após ouvir a aventura dele, mamãe lembrou de que quando passamos por lugares desconhecidos, sempre precisamos de um guia. Mapas e GPS falham, mas na nossa vida, quando dependemos da direção de Deus, chegaremos em segurança, mesmo que o caminho pareça assustador.

— Como assim, mamãe?

— Uma doença, repetir o segundo ano na escola ou perder o emprego são situações inesperadas da vida que nos assustam, mas confiamos que Deus esteja no controle de tudo.

ORAÇÃO

Pai do céu, desejo que o Senhor guie a minha vida em todos os tipos de estrada!

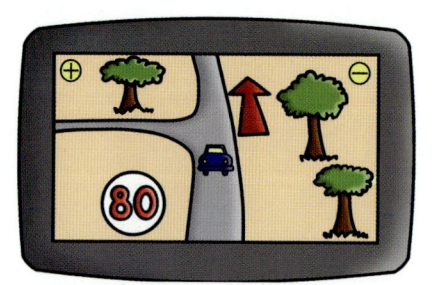

ATIVIDADE

1) Você já ficou perdido em algum lugar? Qual foi a sensação?

2) Por que devemos confiar em Deus mesmo nos momentos assustadores?

Deus não se distrai!

17 de outubro

Lembrem que o Senhor Deus trata com cuidado especial aqueles que são fiéis a ele...
—Salmo 4:3

O mercado estava muito movimentado e mamãe pediu que ficássemos o tempo todo ao seu lado.

Ana e eu nos esforçamos para obedecê-la, mas quando passamos na sessão de DVDs, vi que saiu uma nova temporada da minha série favorita. Peguei o encarte para olhar e não percebi que ela e Ana se afastaram.

Mamãe é muito cuidadosa e se esforçava para não tirar os olhos de nós, mas por uma pequena distração, nos perdemos um do outro.

Atravessei o corredor e já a encontrei voltando para me encontrar. Ela me abraçou aliviada e pediu que eu fosse mais atencioso, porque ela não conseguia fazer as compras e ficar de olho em mim o tempo todo.

Lembrei, então, que Deus é perfeito, porque Ele nunca nos perde de vista. Com Ele estou seguro de que nada vai passar despercebido. Deus cuida de mim o tempo todo, sem se distrair!

ORAÇÃO

Senhor, obrigado por cuidar de mim todos os dias!

ATIVIDADE

1) Você já se perdeu dos seus pais? Se sim, com foi?

2) Por que temos a certeza de que Deus cuida de nós o tempo todo?

18 de outubro

Um amigo genuíno

O Senhor Deus é amigo daqueles que o temem...
—Salmo 25:14

Hoje o Yuri veio aqui em casa me ajudar com uma matéria de matemática. Ele entendeu muito bem tudo o que a professora explicou, mas eu estou com dificuldade.

Então, ao invés de dormir até mais tarde, já que hoje é sábado, ele resolveu me dar uma ajudinha. Isso foi muito importante, porque graças ao esforço dele, eu finalmente entendi a matéria.

Por causa do seu esforço, pude perceber que o Yuri é um amigo muito leal. Fiquei feliz em tê-lo como amigo. Eu posso contar com a companhia e com a ajuda dele sempre que precisar.

Foi com Jesus que aprendi a importância de ter amigos. Na vida temos problemas e precisamos de ajuda. Às vezes precisamos ajudar. Amigos são aquelas pessoas com quem podemos contar em todos os momentos, nos bons e nos ruins. Jesus é o melhor amigo que existe porque Ele foi capaz de doar a própria vida por nós!

ORAÇÃO

Senhor, obrigado por Sua amizade que me salvou!

ATIVIDADE

1) Quem é o seu melhor amigo aqui na Terra?

2) Por que acreditamos que Jesus é o nosso melhor amigo?

Castelo de areia

19 de outubro

> Quem ouve esses meus ensinamentos e vive de acordo com eles é como um homem sábio que construiu a sua casa na rocha. —Mateus 7:24

No condomínio onde tio Lúcio mora existe uma caixa de areia. Hoje ficamos parte do dia lá com o Pedrinho e o ensinamos a construir castelos na areia. Ele ficou muito animado!

Quando nosso castelo já estava enorme, começou a chover. Arrumamos rapidamente as coisas para voltar para a casa do tio, mas a chuva foi tão forte, que logo destruiu nossa obra.

O Pedro ficou inconsolável.

Quando soube do acontecido, papai disse que a mesma chuva não derrubou a casa de verdade do tio Lúcio porque ela estava edificada na rocha, diferente do castelinho improvisado na areia. Aí lembrei:

— Papai, Jesus disse que é a rocha. O que isso quer dizer?

— Ele quis dizer com isso que é a nossa base, ou seja, todas as nossas atitudes precisam ser baseadas no exemplo dele, que é o nosso alicerce e dá firmeza aos nossos sentimentos e ações.

ORAÇÃO

Querido Jesus, ajude-me a basear minha vida no Senhor.

ATIVIDADE

1) Por que precisamos basear nossa vida em Jesus?

2) Quem é o único alicerce que sustenta nossa vida?

20 de outubro

Incêndio provocado por palavras

Se você não quer se meter em dificuldades, tome cuidado com o que diz.
—Provérbios 21:23

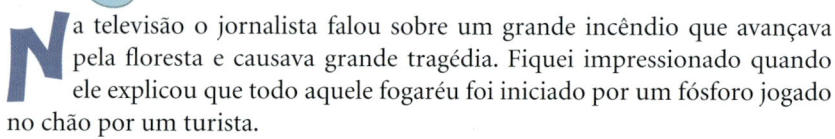

Na televisão o jornalista falou sobre um grande incêndio que avançava pela floresta e causava grande tragédia. Fiquei impressionado quando ele explicou que todo aquele fogaréu foi iniciado por um fósforo jogado no chão por um turista.

Mamãe assistia à TV comigo e lembrou que a Bíblia cita uma situação dessas lá no livro de Tiago, dizendo: "…Vejam como uma grande floresta pode ser incendiada por uma pequena chama! A língua é um fogo…" (Tiago 3:5,6).

— Mas o que ele queria dizer com isso?

— Que precisamos ser cuidadosos com o que falamos. Nossa língua é pequena, mas o que falamos pode provocar muita destruição. Famílias inteiras ficam brigadas por causa de um único comentário!

Não é que é verdade!? Já me arrependi de dizer algo para o meu amigo, porque deu um trabalhão consertar o estrago e recuperar a amizade dele.

ORAÇÃO

Querido Deus, eu desejo ser sábio na hora de falar alguma coisa para alguém.

ATIVIDADE

1) Por que devemos ser cuidadosos na hora de conversar ou falar algo para alguém?

2) Quando dizemos algo ruim, quais os problemas que isso pode nos causar?

Acusação injusta

21 de outubro

> Não deixem que o mal vença vocês,
> mas vençam o mal com o bem.
> —Romanos 12:21

Otávio, o menino mais quieto da turma, disse que me considero superior aos outros colegas da sala.

— Por que você está dizendo isso?

— Acontece que você não faz nada errado, é gentil com as pessoas e só tira boas notas. Todos acham você legal, mas eu acho você um metido!

Fiquei com raiva dele, mas me lembrei que Jesus amava até Seus inimigos. Mesmo assim, eu precisava responder:

— Otávio, você não está sendo justo. Não me sinto melhor que os outros, até porque, eu estou sempre junto com eles. Participo dos grupos de trabalho, do time de futebol, das brincadeiras, vou às festas de aniversário que me chamam. Eu nunca me isolei dos meus amigos!

Ele percebeu que estava errado e pediu desculpas. Eu o desculpei e o chamei para se juntar ao nosso grupo, afinal, Jesus também faria de tudo para conquistá-lo!

ORAÇÃO

Senhor, quero demonstrar Seu amor para as pessoas, mesmo que me julguem injustamente.

ATIVIDADE

1) Você já foi criticado por ser amoroso como Jesus?
2) Qual foi a sua reação?

22 de outubro

Alguém que entende

> ...Ele conhece todos os seus pensamentos e desejos...
> —1 Crônicas 28:9

Esses dias o Pedrinho inventou um amigo imaginário. Eles faziam tudo juntos. Ninguém podia sentar-se ao lado direito dele no sofá porque o "Júnior" estava ali!

Achei engraçado.

Mamãe disse que é comum acontecer isso com crianças na idade dele.

— Puxa, mamãe, deve ser muito bom ter um amigo que levamos para qualquer lugar! Se estiver num lugar chato, é só chamar esse amigo e tudo muda!

— Ué, Arthur, mas nós temos um amigo assim.

— Jesus?

— Claro! Sabe, Ele é o único que nos acompanha em todas as situações e momentos da vida. E o melhor é que Jesus não é parceiro só de brincadeiras, Ele é aquele amigo que nos livra de situações difíceis, nos consola em tempos de tristeza e nos motiva quando estamos desanimados. Ele dá alegria quando percebe que estamos tristes. Enfim, Ele é o melhor amigo porque nos entende de verdade!

ORAÇÃO

Jesus, eu *te* agradeço do fundo do coração por ser um amigo tão compreensivo!

ATIVIDADE

1) Quem é o seu amigo com quem mais gosta de estar? Por quê?

2) O que o seu amigo Jesus tem feito por você?

Todos juntos

23 de outubro

> Cantem ao Senhor com alegria, povos de toda a terra!
> Louvem o Senhor com canções e gritos de alegria.
> —Salmo 98:4

Durante o culto, no momento do louvor, o pastor sugeriu que todos os membros da mesma família se reunissem para cantar hinos de adoração juntos. Durante a música, ele perguntava:
— A família Silva ama a Cristo?
E a família respondia cantando:
— Sim, ama a Cristo!
— Por que ama a Cristo?
— Porque Ele morreu por mim!

Quando chegou nossa vez, foi muito divertido ouvir a combinação da voz grave de papai com a doçura da voz da mamãe, enquanto Ana e eu descobrimos que temos a voz muito parecida.

Então, no final, toda a igreja cantou junto e descobrimos como é emocionante adorar ao Senhor com nossas vozes unidas. Deus ama o nosso louvor e Ele gosta muito de ouvir corais de pessoas agradecidas pelo Seu grande amor.

ORAÇÃO

Querido Deus, eu o amo muito e quero cantar sobre isso para todos ouvirem!

ATIVIDADE

1) Você já cantou em algum coral?

2) Por que Deus fica feliz quando muitas pessoas cantam juntas para louvá-lo?

24 de outubro

Siga este conselho

> Aconselhe que não falem mal de ninguém, mas que sejam calmos e pacíficos e tratem todos com educação.
> —Tito 3:2

Lá no colégio, duas meninas discutiram e tentaram jogar o restante da turma uma contra a outra.

O clima ficou chato durante a aula antes do recreio. Mas depois ficou pior!

Lá na Bíblia, tem um livro com um nome que parece apelido: "Tito", que nos aconselha a não falar mal uns dos outros e a tratar a todos com bondade e educação.

Sabe, tem horas que isso parece chato, mas quando eu percebi meus colegas ficando bravos sem motivos, pude entender que Deus tem razão em tudo o que nos aconselha. Eu aproveitei para dar esse toque para elas e quase no fim da aula, elas finalmente fizeram as pazes e todos voltaram a conversar entre si. Deu para perceber o alívio no rosto do pessoal e fiquei feliz por tê-las aconselhado, afinal, a turma nem sabe que existe um livro chamado "Tito" na Bíblia. Você sabia?

ORAÇÃO

Senhor, quero ser Sua testemunha para pessoas que não têm a oportunidade de conhecê-lo através da Bíblia.

ATIVIDADE

1) Qual é a maneira certa de tratarmos os outros?
2) Quem nos deu essa orientação?

Primeira reação

25 de outubro

> Não se preocupem com nada, mas ... peçam a Deus o que vocês precisam ... E a paz de Deus ... guardará o coração e a mente de vocês... —Filipenses 4:6,7

Brincávamos na praça perto de casa e Ana levou um tombo de bicicleta. Na hora, sua perna inchou e ela gritava de dor.

Mamãe se apavorou ao vê-la machucada e correu com ela para casa, pedindo ao papai que as levasse imediatamente ao hospital.

O papai concordou em levá-las, mas antes fez uma oração, pedindo a Deus que cuidasse de Ana e acalmasse o coração da mamãe.

Foi o que aconteceu!

Mamãe ficou mais calma, limpou os machucados de Ana e foram para o hospital.

Minha irmã só teve uma torção no tornozelo e alguns arranhões. Depois de colocar uma tala, fazer alguns curativos e tomar um remédio para dor, ela foi liberada.

Papai disse que é comum nos esquecermos de colocar nossas causas diante do Senhor, mas o certo é, diante do problema, sempre orar primeiro. A oração nunca deve ser nossa última ideia.

ORAÇÃO

Senhor, ajude-me a lembrar de pedir Sua ajuda antes de tudo.

ATIVIDADE

1) Você já se esqueceu de orar em alguma situação?

2) Por que devemos orar antes de tudo?

26 de outubro

Arrumando o quarto

Ó Deus, examina-me e conhece o meu coração!...
—Salmo 139:23

Mamãe pediu que eu arrumasse meu quarto e aproveitasse para organizar a cômoda. Enquanto mexia nos gibis, encontrei uma edição especial de um super-herói. Fiquei lendo e não percebi o tempo passar.
Mamãe perguntou:
— Posso conferir seu quarto?
E agora?
— Manhê, me dá mais cinco minutos?
Ela concordou, mas cinco minutos não resolveriam o problema. Estiquei a cama e tudo o que não dava tempo de guardar, joguei dentro do guarda-roupas.
Ela chegou e foi direto lá. Assim que o abriu, caiu tudo!
Mamãe me olhou com cara de decepção e fui obrigado a confessar o que aconteceu.
Apesar de entender minha distração, ela exigiu que eu arrumasse tudo e disse que não vale a pena tentar esconder os erros. Nós devemos confessá-los e consertá-los, afinal, mesmo que ninguém veja, Deus sabe de tudo e se agrada quando nos arrependemos!

ORAÇÃO

Senhor, quero alcançar o Seu coração; me arrependendo sinceramente das coisas erradas que faço.

ATIVIDADE

1) Por que não adianta tentar esconder as coisas erradas que fazemos?

2) Você já escondeu algo errado que fez? Que tal confessar seu erro, agora?

Motivo de festa

27 de outubro

> Pois eu digo a vocês que ... os anjos de Deus se alegrarão por causa de um pecador que se arrepende dos seus pecados.
> —Lucas 15:10

O telefone tocou logo cedo. Papai atendeu ainda sonolento. Durante a conversa ele ficou animado e ao desligar estava muito, muito empolgado.

Tanta felicidade nos deixou curiosos. Mamãe logo perguntou:

— Quem era e por que você está tão feliz?

— Era o meu pai, contando que domingo, durante o culto, uma família inteira aceitou a Jesus como Salvador de suas vidas.

— Que notícia maravilhosa!

Mamãe também ficou empolgada. Eu fiquei curioso:

— E quem era essa família, papai?

— Ah, não conhecemos. O vovô também não conhece.

— E por que vocês estão tão felizes?

— Ué, Arthur, uma alma vale mais que o mundo todo. Não precisamos conhecê-los para celebrar que aceitaram Jesus, o que importa é que eles estão salvos e que os anjos fizeram muita festa lá no céu e nós fazemos muita festa por aqui também.

ORAÇÃO

Querido Deus, estou feliz por todas as pessoas que encontram Seu amor e se tornam Seus amigos!

ATIVIDADE

1) Você já ficou feliz pela salvação de alguém?

2) Por que os anjos fazem tanta festa no céu por causa de alguém que aceita a salvação em Jesus?

28 de outubro

Verdadeira riqueza

> Não ajuntem riquezas aqui na terra, onde as traças e a ferrugem destroem... Pelo contrário, ajuntem riquezas no céu... —Mateus 6:19,20

Papai tem dois primos ricos. Eles moram em mansões e têm carros importados. Papai diz que um deles é verdadeiramente rico, mas o outro não. Esses dias perguntei qual era o rico de verdade e ele explicou:

— Filho, o Gerson é realmente um homem rico porque apesar de ter muito dinheiro, uma família abençoada, muitos amigos e muito conhecimento, ele tem Deus como Senhor de sua vida. Além de ser generoso, humilde e amoroso. Já o Geraldo tem muito dinheiro. E só! Ele não tem tempo para a família, para Deus ou para os amigos. Está sempre de mau humor e preocupado em ganhar dinheiro. Se acontecer uma catástrofe, ele perde todos os seus bens e não terá um ombro amigo para receber apoio. Entendeu?

— Claro que entendi. Riqueza verdadeira não é ter dinheiro no banco.

ORAÇÃO

Querido Deus, eu o agradeço pelas riquezas que vêm do Senhor.

ATIVIDADE

1) Quais são as verdadeiras riquezas da vida?

2) Por que não devemos valorizar só as coisas materiais?

Perseguido no corredor

29 de outubro

> O Senhor Deus é a minha luz e a minha salvação; de quem terei medo?...
> —Salmo 27:1

Já era fim da tarde e o sol batia forte nos vidros do corredor que vai até a lavanderia.

Mamãe me pediu que buscasse uma vassoura e fui. No curto trajeto, senti uma coisa grande me seguindo.

Meu coração acelerou. Apressei o passo e a coisa também. Que pânico!

Corri! A coisa correu também. Num acesso de coragem olhei para trás e dei de cara com… a minha sombra.

Que alívio!

Caí na risada. Voltei para a cozinha e contei para a mamãe o que aconteceu.

Ela também riu e disse que nós somos protegidos pelo Senhor. Ele nos esconde na Sua sombra. Se a minha sombra me assusta, a de Deus me protege.

Eu fico sempre muito feliz de saber que tenho a proteção de Deus. Da próxima vez tentarei não sentir medo, afinal, Ele está comigo.

ORAÇÃO

Meu Deus, obrigado por me livrar dos perigos que existem.

ATIVIDADE

1) Você já teve medo de sombra?

2) Por que não precisamos ficar com medo em momentos como o que o Arthur experimentou?

30 de outubro

Amplificador de música

> ...somos como potes de barro para que fique claro que o poder supremo pertence a Deus e não a nós. —2 Coríntios 4:7

Chegamos na casa do vovô e tinha uma caixa com um aparelho chamado amplificador de som. Eu não sabia o que era um amplificador e o vovô explicou que se trata de um aparelho que amplia, ou seja, aumenta o volume do som que sai de uma caixa ou instrumento.

Pedi ao vovô uma demonstração e ele explicou que não seria possível porque estava sem o instrumento e a caixa de som. Amplificadores não funcionam sozinhos, eles dependem de instrumentos, caixas ou microfones para funcionar.

Da mesma maneira, nossa vida não tem nenhum poder sozinha, mas é capaz de destacar o amor de Deus se estivermos cheios da presença dele.

Achei muito legal descobrir que sou um megafone que anuncia o amor de Deus por onde passo! Sozinho não funciono, mas cheio de Deus, viro uma potência.

ORAÇÃO

Jesus, estou muito feliz de ser um "megafone" que fala do Seu amor por todos os lugares.

ATIVIDADE

1) Como fazemos para ser um "amplificador" do amor de Deus?

2) Para quem você vai anunciar o amor de Deus?

Halloween

31 de outubro

> Mas Deus nos mostrou o quanto nos ama: Cristo morreu por nós quando ainda vivíamos no pecado.
> —Romanos 5:8

Hoje é dia do *Halloween*, ou Dia das Bruxas. A professora explicou que lá nos Estados Unidos as crianças se fantasiam de monstros e bruxas e passam nas casas da rua pedindo doces.

A maior parte da turma achou a ideia muito legal, mas outros sentiram medo.

Durante o almoço, papai nos falou que antigo povo Celta acreditava que os espíritos dos mortos e assombrações vinham amaldiçoar seus rebanhos e plantações e faziam rituais para espantá-los. Depois de muitos anos, essa ideia se espalhou por muitos países em forma de festa. Muitas pessoas amam celebrar esse dia.

— As pessoas celebram e amam esse dia por causa disso?!

Fiquei admirado! Prefiro festejar o meu Jesus, que está vivo. Esse sim, vale a pena celebrar, pois além de morrer na cruz, Ele ressuscitou para nos trazer salvação. Mamãe diz que Jesus demostrou um amor sacrificial pelas pessoas! Então, me diga, pode existir um motivo maior para festejar?

ORAÇÃO

Jesus, eu vou festejá-lo todos os dias por ter me amado tanto assim.

ATIVIDADE

1) Você entende a razão pela qual deve festejar o amor de Jesus?

2) Que diferença isso faz em sua vida?

1º de novembro

O vaso quebrado

> Pois foi Deus quem nos fez o que somos agora; em nossa união com Cristo Jesus, ele nos criou para que fizéssemos as boas obras... —Efésios 2:10

O vaso de vidro colorido de mamãe caiu e se espatifou em vários pedacinhos. Ela ficou bem triste, mas logo teve a ideia de fazer um novo vaso como um mosaico.

— O que é um mosaico, mamãe?

— É uma imagem formada com pequenos pedaços de qualquer material. Nesse caso, vou colar os cacos de vidro do vaso original em outro vaso.

O novo vaso da mamãe era mais bonito que o antigo. Fiquei admirado, pois não conseguia imaginar que aqueles cacos de vidro formariam um desenho tão legal.

Quando me viu admirando o novo vaso, mamãe disse que aqueles pedaços de vidro eram como as pessoas na igreja.

— Como assim, mamãe?

— Acontece que a igreja é formada por várias pessoas cheias da presença de Deus. Cada pessoa é uma bênção sozinha, mas reunidas em forma de igreja ou Corpo de Cristo, ficamos mais fortes e conseguimos mostrar ao mundo a grandeza de Deus.

ORAÇÃO

Senhor, obrigado por eu fazer parte da Sua igreja e mostrar o Seu grande amor ao mundo!

ATIVIDADE

1) Por que a igreja é tão importante para o mundo?

2) Como podemos mostrar ao mundo a grandeza de Deus?

Sem as mãos!

2 de novembro

> Ele diz: "Parem de lutar e fiquem sabendo que eu sou Deus...".
> —Salmo 46:10

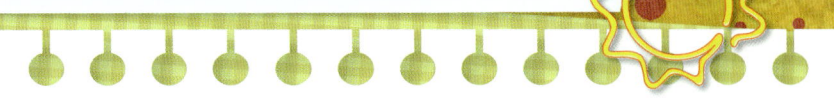

Papai e mamãe nos convidaram para uma brincadeira. Amarraram nossas mãos para trás e colocaram diante de cada um de nós uma tigela com água e uma maçã. Nosso desafio era dar uma boa mordida na maçã sem usar as mãos.

Mas foi impossível! Ela escorregava!

Depois de algum tempo, eles decidiram nos ajudar e cada um pegou uma maçã e nos ofereceu. Finalmente conseguimos dar uma mordida.

Depois da brincadeira, o papai explicou que existem momentos na vida em que as coisas fogem ao nosso controle e é normal sentirmos angústia e impaciência, mais ou menos a sensação que tivemos no desafio de morder a maçã sem usar as mãos.

Nesses momentos, devemos confiar totalmente que Deus está no controle de todas as coisas e vai colocar tudo no lugar, assim como o papai e a mamãe fizeram, quando pegaram as maçãs e posicionaram para que pudéssemos mordê-las.

ORAÇÃO

Querido Deus, agradeço por saber que o Senhor está cuidando de mim!

ATIVIDADE

1) Por que algumas situações nos deixam angustiados e impacientes?
2) Nesses momentos, em quem devemos confiar?

3 de novembro

Consolo de Deus

> Ó Deus, escuta-me e tem compaixão de mim!
> Ajuda-me, ó Senhor Deus!
> —Salmo 30:10

Recebemos a notícia de que uma amiga da igreja perdeu seu marido em um acidente. Mamãe ligou para ela e ouvi quando disse:

— Peço a Deus que envie Seu Espírito Santo para consolar o seu coração e lhe dar paz!

Sempre ouço as pessoas falando que Deus dá paz, que o Espírito Santo consola, mas como será isso? Perguntei para a mamãe:

— Como é sentir esse consolo do Espírito Santo que tanto falam?

— Sabe, esses dias ao tirar um bolo do forno, num descuido, segurei direto na forma e queimei os dedos. Ardeu muito e corri para colocar a mão debaixo da água corrente. Enquanto a água resfriava minha mão, eu não sentia dor, mas se eu tirasse a mão da água, voltava a arder. Assim é o consolo do Espírito Santo, quando a dor da perda fica muito forte, nos mantemos na presença de Deus e pedimos a Ele que nos dê forças e logo vem um alívio no coração e a certeza de que o Espírito Santo está conosco e nos dá paz e esperança!

ORAÇÃO

Senhor, obrigado por ouvir nosso choro quando estamos tristes e nos consolar.

ATIVIDADE

1) Você já ficou triste? Por qual motivo?

2) De que maneira você recebeu consolo de Deus?

Ele se importa!

4 de novembro

> ...Mestre! Nós vamos morrer!
> O senhor não se importa com isso?
> —Marcos 4:38

— Mãe, por que tem vezes que Jesus deixa a gente "no vácuo"?

— Como assim, "no vácuo"?

— Ué, a gente precisa da ajuda dele para alguma coisa, mas Ele não ajuda, não chega a tempo.

— Quando isso aconteceu?

— Ah, lá na Bíblia tem duas histórias assim. Tem a de Lázaro, que era amigão dele e acabou morrendo porque Ele demorou para chegar. E também tem aquela outra vez que Ele estava com os discípulos no barco e enquanto eles sofriam com a tempestade, Jesus dormia.

— E qual foi o final das histórias?

— Ele ressuscitou Lázaro e também acalmou o mar.

— Viu? Mesmo que às vezes pareça que Jesus não se importa ou está atrasado, sempre existe um propósito no coração dele para nós. O final de todas as coisas é bom, mesmo que fiquemos assustados ou nos sintamos esquecidos por Ele em algum momento.

ORAÇÃO

Senhor, obrigado por cuidar de mim, mesmo quando não percebo.

ATIVIDADE

1) Você já se sentiu abandonado por Jesus?

2) Por que devemos acreditar que Jesus sempre se importa com a gente?

5 de novembro

Sentimento de culpa

> Eu, teu servo, não mereço toda a bondade
> e fidelidade com que me tens tratado...
> —Gênesis 32:10

Hoje cometi uma sequência de erros e desobedeci. Logo de manhãzinha, não arrumei minha cama, como combinado, e ainda fui para a escola sem terminar a tarefa.

Para me livrar da advertência, menti, dizendo à professora que passei muito mal a noite toda.

Durante a volta para casa, fui grosseiro com Ana ao entrar no carro.

No meio da tarde, mamãe veio conversar comigo sobre o tratamento com Ana e o quarto que não arrumei. Prometi que não farei mais, ela concordou, mas me disciplinou.

Na hora da oração, me senti tão culpado que não tive coragem de falar com Deus.

Papai então explicou que, quando reconhecemos que somos pecadores, vamos até a presença do Senhor contando com o amor e a misericórdia dele e não por merecermos alguma coisa. Deus é que tem um coração muito grande, por isso nos perdoa e nos abençoa.

ORAÇÃO

Deus, eu agradeço porque o Senhor me ama e é bondoso comigo, que sou pecador.

ATIVIDADE

1) Mesmo sendo pecadores, podemos falar com Deus. Por quê?

2) Por que Deus nos ama, mesmo sendo pecadores?

O rabo da lagartixa

6 de novembro

> Eu te louvo porque deves ser temido.
> Tudo o que fazes é maravilhoso, e eu sei disso muito bem.
> —Salmo 139:14

Hoje na escola, um amigo me garantiu que, quando o rabo de uma lagartixa é cortado, um novo rabo cresce no lugar. Eu tinha certeza de que era pegadinha, mas a professora confirmou que a lagartixa tem a capacidade de recompor parte do seu corpo.

Então pensei: "Por que Deus não fez o ser humano assim também? Já pensou, a pessoa perde um braço e aí vai lá e cresce outro?"

Perguntei isso para o papai e ele me explicou que, apesar de ser incrível ver a recomposição de parte da lagartixa, o ser humano foi a única criação que Deus fez à Sua imagem e semelhança. Nós somos os únicos seres capazes de pensar. Também somos os únicos que podem ter amizade com Ele e vamos viver com Ele para sempre.

— E aí, o que você acha melhor, poder repor um pedaço do corpo ou ser amigo de Deus?

— É, papai, ser amigo de Deus é muito melhor.

ORAÇÃO

Deus, sou agradecido por todas as maravilhas que o Senhor criou, principalmente nós, os seres humanos.

ATIVIDADE

1) Por que nós, humanos, somos a criação mais importante de Deus?

2) Qual é a criação de Deus que você acha mais interessante?

7 de novembro

Saudades do céu?

> E não haverá na cidade nada que esteja debaixo da maldição de Deus...
> —Apocalipse 22:3

Ana estava pensativa durante o almoço e de repente perguntou ao papai:
— Por que tantas pessoas sentem saudades do céu, se viver aqui na Terra é tão legal?
— Você gosta muito de viver aqui? Do que você mais gosta?
— Ah, papai, eu amo estudar, gosto muito de estar com vocês, com meus amigos, de cantar na igreja, de fazer viagens e passeios incríveis.
— Pois é, a Bíblia nos afirma que a eternidade ao lado de Cristo é muito melhor do que tudo que podemos imaginar e somos capazes de desejar. Se tudo isso já *te* satisfaz e *te* deixa feliz, imagine viver em um lugar infinitamente melhor! Eu não sei exatamente como vai ser tudo lá, mas tenho a garantia de que será melhor do que aqui. E o melhor é que não veremos mais as coisas ruins, como acontece aqui na Terra.
— Entendi, pai. Até eu estou com saudades do céu.

ORAÇÃO

Deus, agradeço porque o Senhor está preparando uma casa bem legal para mim aí no céu.

ATIVIDADE

1) Como você imagina que será o céu?

2) Faça um desenho de como você acha que será o céu.

O que é hermenêutica?

8 de novembro

> Porém a comida dos adultos é sólida...
> —Hebreus 5:14

Hoje encontrei uns livros do curso de teologia que o papai fez. Li que "Teologia" é o estudo de Deus, mas o que será homilética, exegese e hermenêutica?

— Pai, essas coisas estão em todas as Bíblias? Nunca vi isso!

Ele caiu na gargalhada.

— Arthur, essas coisas são matérias do curso de Teologia que nos ajudam a entender e a partilhar de forma adequada a Palavra de Deus.

— Ah, tá! Pode me falar mais disso?

— Filho, conforme crescemos, aprendemos mais coisas. A Bíblia diz que a comida de adultos é sólida, mas criancinhas tomam leite. Isso quer dizer que precisamos nos desenvolver aos poucos. Lembra que no primeiro ano da escola você só fazia contas de mais e menos, depois aprendeu a multiplicar e dividir e agora estuda frações? As coisas de Deus também aprendemos aos poucos. Hoje não consigo explicar isso de um jeito que você entenda. Mas fique tranquilo, com o seu desejo de crescer e aprender, logo, logo você vai saber mais sobre isso.

ORAÇÃO

Deus, ajude-me a me desenvolver sempre para entender até mesmo as coisas mais difíceis da Sua Palavra!

ATIVIDADE

1) Você acha muito difícil estudar a Palavra de Deus? Por quê?

2) Como você pode estudar a Bíblia para entendê-la cada vez mais?

9 de novembro

Derrubando barreiras

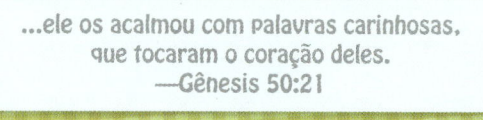

> ...ele os acalmou com palavras carinhosas, que tocaram o coração deles.
> —Gênesis 50:21

Estávamos na sala esperando o início de dois programas de TV: o meu favorito e o preferido de Ana.

Não chegamos a um acordo sobre qual assistir e quando mamãe percebeu que brigávamos, desligou a televisão.

Fiquei com raiva de Ana e resolvi brincar sozinho com meu quebra-cabeça. Ela pensou em me ajudar, mas eu estava com tanta raiva, que peguei um lençol e fiz uma barreira entre nós dois. Ela ficou com uma parte da sala e eu com a outra.

Quando viu aquilo, mamãe disse que eu estava alimentando a raiva e causando divisão e isso só nos traria solidão. Seria melhor nós dois nos perdoarmos e derrubarmos qualquer barreira entre nós, afinal somos irmãos.

Eu tirei a barreira de lençol, conversei com Ana, que me perdoou, e agora estamos quase terminando de montar, juntos, o quebra-cabeça de 500 peças!

ORAÇÃO

Deus, ajude-me a derrubar as "barreiras" que levanto e a me dedicar a amar as pessoas.

ATIVIDADE

1) Você acha muito difícil amar as pessoas? Por quê?

2) Por que devemos evitar ter coisas que nos afastem das pessoas?

Igualzinho ao pai

10 de novembro

> Jesus lhes disse:
> — Venham comigo...
> —Mateus 4:19

Pedrinho terminou de comer um bom pedaço de bolo de chocolate e passou a mão na barriga, e em seguida disse:
— Esse "tava capichado"!
Ele ainda não fala muito bem, mas quis dizer que o bolo estava caprichado.
É engraçado ver isso no Pedro, porque o tio Lúcio faz exatamente isso quando come alguma coisa que gosta muito.
O vovô diz que essa é a atitude dos seguidores. Quando uma pessoa convive e segue outra que tem como líder, acaba se tornando muito parecida com ela!
Por isso que nós, seguidores de Cristo, precisamos nos preocupar todos os dias em seguir o exemplo do Senhor. São as nossas atitudes que vão mostrar para as outras pessoas que somos Seus seguidores.

ORAÇÃO

Querido Jesus, eu amo ser parecido com o Senhor!

ATIVIDADE

1) Como descobrimos o seguidor de alguém?
2) Por que devemos nos esforçar para parecer com Jesus?

11 de novembro

Cones luminosos

...No meio (das pessoas) vocês devem brilhar como as estrelas no céu, entregando a elas a mensagem da vida...
—Filipenses 2:15,16

Hoje fui com o papai até a cidade vizinha para levar um rapaz que trabalha na outra unidade da empresa.

A estrada está em obras em vários trechos e em todos eles existiam cones e avisos luminosos indicando os desvios e os perigos do caminho.

Na volta, perguntei ao papai se aquilo era necessário, afinal, o motorista não precisa ficar atento à estrada?

— Sabe Arthur, existem perigos escondidos, que não conseguimos observar sozinhos e ter uma luz que os mostre traz segurança a todos os motoristas que trafegam na via, tanto os experientes quanto os iniciantes. Esses avisos contribuem para irmos e voltarmos em segurança.

— Ah, é por isso que Jesus diz que é a luz do mundo e pede para nós sermos também! Para ajudarmos as pessoas a passarem pela vida em segurança e também para conhecerem a Jesus, que nos conduz em segurança à vida eterna.

— É isso aí.

ORAÇÃO

Jesus, como o Senhor, desejo ser luz do mundo para as pessoas que não *te* conhecem!

ATIVIDADE

1) Qual a utilidade dos avisos luminosos na estrada?

2) Por que devemos ser luz para as pessoas?

A imagem final

12 de novembro

> Olhem para o céu e vejam as estrelas.
> Quem foi que as criou?
> —Isaías 40:26

No telejornal da noite, vi a história de uma menina que foi espancada por outras alunas da escola, que filmaram tudo e colocaram o vídeo nas redes sociais.

A garota está no hospital!

— Mãe, de que adianta nós sermos bons e tentarmos convidar os outros a serem bons, se as pessoas são tão ruins e esse tipo de coisa acontece cada vez mais? Não adianta nada sermos bondosos!

— Filho, se uma estrela olhasse solitária para a Terra, ficaria desanimada pensando que é pequena demais e não pode iluminar a noite, mas por saber que Deus criou outras milhões como ela, ela fica ali, tornando a noite mais brilhante! Conosco é a mesma coisa. Deus está chamando pessoas para a bondade e juntos somos mais fortes que a maldade de uns e outros que estão nas manchetes dos jornais.

— Então, temos que brilhar mais e mais por Jesus, né?

— Sim! Lembre-se do exemplo que Ele nos deixou.

ORAÇÃO

Deus, estou disposto a contribuir para que haja mais bondade no mundo. Ajude-me nessa tarefa!

ATIVIDADE

1) Por que devemos ser bons, mesmo onde existem muitas pessoas ruins?

2) Que exemplo a Estrela maior — Jesus — deixou para nós?

13 de novembro

Natal?

> Agradeçamos a Deus o presente que ele nos dá, um presente que palavras não podem descrever.
> —2 Coríntios 9:15

Andando com a mamãe pelo centro da cidade, ouvi uma música natalina tocando em uma das lojas. Levei um susto! Já é Natal?

Na verdade, ainda falta mais de um mês, mas o clima natalino já tomou conta da cidade e das ruas. Casas e lojas já estão enfeitadas com luzes e alguns *shoppings* estão sorteando carros importados para quem comprar um bom tanto de presentes nas suas lojas.

Diante de tudo isso, as primeiras coisas que lembrei, ao pensar no Natal, foi da ceia, dos presentes e da família reunida.

Tudo isso é muito bom, mas muito melhor é pensar na esperança que o Natal nos trouxe, quando Jesus nasceu. E esse é, na verdade, o real sentido de celebrarmos o Natal. E, sabe, o nascimento de Jesus nos trouxe a maior esperança e eu não preciso lembrar disso só na época natalina. Posso lembrar do presente que é Jesus todos os dias do ano!

ORAÇÃO

Jesus, obrigado por ter vindo ao mundo e nos trazido esperança!

ATIVIDADE

1) Qual a verdadeira razão do Natal?

2) Por que podemos lembrar do Natal o ano inteiro?

Capa de chuva

14 de novembro

> O Senhor é bom para todos os que confiam nele.
> —Lamentações 3:25

Caía uma tempestade e precisávamos ir para o colégio. Ana e eu temos capa de chuva, mas são de marcas diferentes. A de Ana protege muito bem, mas a minha é mal costurada e sempre entra água. Com a chuva que caía, dificilmente eu chegaria na escola sem me molhar.

Pensando nisso, mamãe me disse para colocar a capa, mas que junto usasse um guarda-chuva.

Foi assim que consegui chegar à escola sem problemas.

Ao voltar para casa, disse para a mamãe:

— Queria ter uma capa dessas que lembra Deus!

— Como assim?

— É que a capa de Ana é tão forte e boa, que mesmo a chuva mais forte não consegue atingi-la. Até a senhora tem confiança em deixá-la usar somente a capa. E Deus é assim também nas situações difíceis, Ele é uma proteção que não falha.

Mamãe concordou e disse que vai procurar uma capa de chuva melhor para mim.

ORAÇÃO

Jesus, obrigado por nos proteger em situações perigosas ou difíceis.

ATIVIDADE

1) Quem tem poder para nos proteger em qualquer situação?

2) Por que o Arthur acha que a capa de chuva boa lembra Deus?

15 de novembro

Muitos bombons em poucos minutos

...Dá-nos hoje o alimento que precisamos.
—Mateus 6:11

Hoje vovó me deu uma caixa de bombons enorme. Devia ter uns 20 bombons com recheio de brigadeiro e morango.

Decidi que dividiria com papai, mamãe e Ana, assim que chegasse a casa. Mas enquanto o vovô me levava embora, comecei a conversar e a comer os bombons. Quando cheguei a casa, havia comido todo o chocolate que ganhei!

Fiquei envergonhado e ainda tive uma baita dor de barriga!

Mamãe ficou assustada com minha distração e com o fato de eu comer tanto chocolate de uma vez. Ela disse que faz mal!

Outra coisa que mamãe aproveitou para me explicar é que somos inclinados a fazer coisas ruins. Eu até pensei em fazer algo nobre, que era dividir os bombons com minha família, mas, na distração, fui egoísta e guloso. O segredo é ficarmos atentos para não sermos gananciosos e pensarmos só em nós.

ORAÇÃO

Senhor, ajude-me a pensar e fazer coisas boas para as pessoas, não só para mim.

ATIVIDADE

1) Qual o problema de nos distrairmos e esquecermos das coisas boas que desejamos fazer?

2) Qual o segredo para cumprir as promessas que fazemos, como dividir o chocolate com a família?

Guia incrível

16 de novembro

> O Senhor cumpriu todas as boas promessas que havia feito ao povo…
> —Josué 21:45

Hoje é aniversário da mamãe e preparamos um presente especial para ela, mas para recebê-lo, ela terá que confiar em nós.

Papai vendou os olhos dela e decidiu que cada um de nós daria os comandos até que ela encontrasse o presente.

Eu comecei. Falava para ela ir para frente, virar à esquerda…

Ela seguia, mas com medo.

Em seguida foi a vez de Ana. Mamãe ainda estava insegura.

Já na vez de papai, mamãe atendia com segurança e logo chegou ao presente.

Fiquei intrigado por ela obedecer facilmente ao papai. Então, ela explicou que sentia mais confiança quando ele falava, pois tinha certeza de que chegaria ao lugar certo e com segurança.

O papai é o representante de Deus para a nossa família e logo percebi que mamãe acredita nele porque aprendeu a confiar que Deus nos guia com segurança a lugares de paz!

ORAÇÃO

Querido Deus, confio que Senhor me leva por caminhos seguros.

ATIVIDADE

1) Você já foi conduzido por alguém sem saber aonde ia?

2) Por que devemos confiar que Deus nos guia com segurança a lugares de paz?

17 de novembro

O gato e o passarinho

> Estejam alertas e fiquem vigiando porque o inimigo ... anda por aí ... procurando alguém para devorar.
> —1 Pedro 5:8

Hoje ficamos todos impressionados no meio da praça. Acontece que um gato resolveu caçar um passarinho que estava com a asinha quebrada e não conseguia voar como os outros.

O gato foi muito esperto e num golpe certeiro pegou o passarinho, que até percebeu a presença do inimigo, mas não conseguiu voar, por causa da asa quebrada.

Ficamos com muito dó do pássaro, mas o papai disse que os animais, quando caçam outros animais para se alimentar, procuram as vítimas mais indefesas, as mais fracas, porque é mais fácil dominá-las.

Ele também disse que a maldade do mundo procura as nossas fraquezas e os nossos defeitos para nos tirar da presença de Deus. Porém, quando mantemos comunhão com Deus, Ele nos protege e nos torna fortes, tirando qualquer chance desse mal ou dessa maldade nos vencer!

ORAÇÃO

Senhor, obrigado por me proteger do mal e das maldades do mundo.

ATIVIDADE

1) Por que conseguimos, em Deus, superar as maldades do mundo?

2) Quem são as presas preferidas dos animais que caçam para alimentar-se?

Cabo de guerra

18 de novembro

> Não deixem de fazer o bem e de ajudar uns aos outros...
> —Hebreus 13:16

Durante a aula de educação física, o professor dividiu a turma em dois grupos e disputamos um cabo de guerra. Na nossa equipe, um dos meninos sugeriu que cada um passasse a mão por dentro do braço do outro e isso, disse ele, nos deixaria mais fortes. Ele também intercalou pessoas mais altas e fortes entre os alunos menores e com braços mais finos.

Ficamos mais próximos e distribuímos a força melhor ao longo da corda.

Dito e feito! Ganhamos a disputa.

Quando contei nossa estratégia ao papai, ele me fez lembrar de um texto da Bíblia que incentiva a ajuda e a parceria entre pessoas: "Não deixem de fazer o bem e de ajudar uns aos outros."

É muito legal ver, na prática, como são verdadeiros e bons os conselhos e orientações que Deus nos deixou na Sua Palavra, a Bíblia!

ORAÇÃO

Senhor, obrigado por nos aconselhar e nos ensinar a ajudar uns aos outros.

ATIVIDADE

1) Por que o time do Arthur venceu o cabo de guerra?

2) De que maneira podemos ajudar uns aos outros?

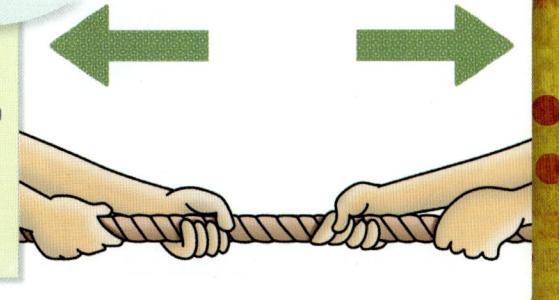

19 de novembro

Deus ficou bravo

> ...os israelitas começaram a se queixar a Deus, o Senhor. Quando o Senhor ouviu as suas reclamações, ficou irado... —Números 11:1

— Mãnhêeee!

— O que foi, Arthur?

— Tem alguma coisa errada aqui. Acabei de ler na Bíblia que Deus ficou brabo com o povo de Israel porque eles estavam reclamando.

— E qual é o erro?

— Deus ficou brabo só por causa de umas reclamações?!

— Na verdade, Arthur, o problema das reclamações é que, muitas vezes, elas demonstram a ingratidão da pessoa. Imagine que eu quisesse *te* fazer uma surpresa e trouxesse um tênis azul de marca famosa para você. E você, ao invés de ficar agradecido, reclamasse que preferia um tênis preto. A sua reclamação mostraria que você não ficou agradecido. E Deus não suporta a ingratidão. Naquela situação, o povo se esqueceu da fidelidade de Deus, que os manteve alimentados e vestidos durante todo o caminho pelo deserto.

— Entendi. Ah, mãe, se quiser me dar um tênis azul, não vou reclamar, está bem?

ORAÇÃO

Senhor, ensine-me a ter um coração agradecido.

ATIVIDADE

1) De acordo com a explicação da mãe do Arthur, do que Deus realmente não gosta?

2) Qual o maior problema quando se reclama muito?

Você pode ajudar?

20 de novembro

> Portanto, a fé é assim:
> se não vier acompanhada de ações, é coisa morta.
> —Tiago 2:17

Uma menina da escola precisa fazer um tratamento de saúde bem caro. O pessoal da escola conseguiu uma doação de bombons e nós ficamos responsáveis pela venda. O dinheiro arrecadado vai ajudar a pagar o tratamento dela.

Alguns amigos e eu oferecemos os bombons aos moradores da nossa rua.

Em uma das casas, o senhor que nos atendeu disse que não come bombons e não quis comprar, mas disse que vai orar pela menina.

Fiquei desapontado com a atitude dele e contei ao papai, que me disse:

— Arthur, algumas pessoas falam coisas bonitas, mas não tem atitudes bonitas. Isso não adianta nada. Pessoas de fé e amor tomam atitudes que revelam essa fé e esse amor. Se esse homem realmente acreditasse na bondade, ele compraria a caixa de bombom para ajudar nessa causa. A Bíblia diz que a fé vem acompanhada de boas ações, senão, ela não vale nada.

ORAÇÃO

Senhor, que eu me lembre de ser bondoso e generoso em minhas ações.

ATIVIDADE

1) Adianta alguma coisa falar que tem fé e não ter atitudes de bondade?

2) Segundo a Bíblia, a verdadeira fé vem acompanhada de _____ .

21 de novembro

Não vou ficar distraído!

> ...as preocupações deste mundo e a ilusão das riquezas sufocam a mensagem...
> —Mateus 13:22

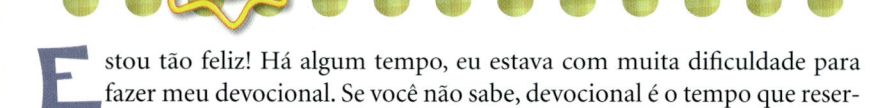

Estou tão feliz! Há algum tempo, eu estava com muita dificuldade para fazer meu devocional. Se você não sabe, devocional é o tempo que reservamos para orar, falar com Deus e aprender sobre Ele, lendo a Bíblia.

Comentei com o papai sobre isso e ele disse que é muito comum ficarmos tão preocupados com as nossas atividades do dia a dia, como trabalho, escola, dever de casa, treino de futebol e aulas de inglês e piano, que às vezes desconcentramos de viver um tempinho com Deus.

Ele me ajudou durante um tempo e fizemos isso juntos, mas já tem uns dias que consigo me organizar e fazer sozinho minha leitura e oração.

Isso é muito bom, porque não tem nada mais legal do que aprender sobre o amor de Deus! Mas agora sei que preciso me cuidar, porque se eu me distrair, volto a ficar sem tempo para o devocional.

ORAÇÃO

Querido Deus, ajude-me a ficar atento ao meu tempo para não ficar sem fazer meu devocional.

ATIVIDADE

1) Por que devemos ficar atentos com nosso tempo para Deus?

2) Quais são as coisas que mais *te* distraem?

Lugar de gente triste?

22 de novembro

...não fiquem tristes. A alegria que o Senhor dá fará com que vocês fiquem fortes.
—Neemias 8:10

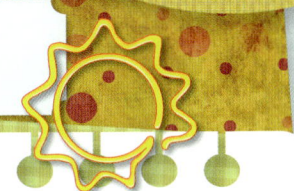

Sabe, tenho percebido que sempre tem alguém triste na igreja. Mas acho estranho, porque lá é lugar de alegria!
— Mãe, todo o dia que a gente vai na igreja, vejo alguém triste.
— E a pessoa sai triste de lá?
— Não. Geralmente ela sai mais alegrinha. Mas por que tem que chegar triste?
— Arthur, você está feliz o tempo todo? Nunca fica triste?
— Ah, mas eu só fico triste às vezes.
— As pessoas também. Só que a igreja tem muita gente, então cada uma fica triste num dia diferente, e todos os dias tem alguém triste por lá. O segredo de elas estarem lá é a fidelidade e a graça de Deus. As pessoas sabem que em Deus encontram alegria e calma para enfrentar os problemas. Então elas correm para a presença dele para confortar seus corações!
— É, pensando assim até que faz sentido.

ORAÇÃO

Querido Deus, espero que toda pessoa triste procure Sua ajuda para voltar a ficar alegre.

ATIVIDADE

1) Você busca a Deus nos momentos tristes da vida?

2) Por que é comum as pessoas tristes procurarem a igreja?

23 de novembro

Da boca para fora!

...caso alguém tenha alguma queixa contra outra pessoa. Assim como o Senhor perdoou vocês, perdoem uns aos outros. —Colossenses 3:13

— Mãe, estou com um problema.
— Sério, filho? Qual é o seu problema?
— Um menino me deu um encontrão de propósito hoje no futebol. Eu fiquei com muita raiva, mas ele pediu perdão no final do jogo.
— E o que você fez?
— Disse que o perdoava.
— E qual é o problema então?
— É que eu até perdoei, mas foi da boca para fora. Ainda estou com raiva dele.
— Querido, perdoar não é fácil, mas quando conseguimos, nos tornamos parecidos com Jesus. Você teve a atitude certa de dizer que perdoava, mas agora deve orar e pedir ao Senhor que o ajude a perdoar seu colega de todo o coração. O Senhor tirará do seu coração toda a raiva e logo você voltará a amar e desejar o bem do menino. Lembre-se de que Jesus nos perdoou até antes mesmo de pedirmos perdão a Ele!

Mamãe tinha razão e eu fiz o que ela falou. Agora estou me sentindo muito melhor.

ORAÇÃO

Querido Deus, ajude-me a perdoar as pessoas que me magoam.

ATIVIDADE

1) Qual o exemplo de perdão que devemos seguir?

2) Quem pode nos ajudar a perdoar de todo o coração?

Esperança no sofrimento

24 de novembro

> Alegrem-se por isso, se bem que agora é possível que vocês fiquem tristes por algum tempo, por causa dos muitos tipos de provações que vocês estão sofrendo. —1 Pedro 1:6

Mamãe explicou que, para nós que acreditamos em Deus e na vida eterna, a morte não deve ser tão assustadora, porque significa que a pessoa foi morar no céu, um lugar perfeito e sem tristezas.

— Mas, mãe, a gente não sente falta das pessoas? Se hoje acontecesse alguma coisa com a senhora, eu ficaria sem mãe! Isso é terrível!

— É verdade, Arthur. Seria muito complicado e você teria todo o direito de ficar triste e sentir a minha falta, sentir saudades.

— Então por que a Bíblia fala para ficarmos alegres nesses momentos?

— Na verdade, a Bíblia nos lembra de que Deus está constantemente conosco. Inclusive nesses momentos difíceis e esse é o nosso consolo. A presença de Deus jamais faltará em nossa vida!

Fiquei pensando que é mesmo um consolo lembrar que Deus nos ajuda a passar por essas coisas tristes na vida. Ainda bem!

ORAÇÃO

Querido Deus, agradeço por estar comigo mesmo nos momentos ruins da vida.

ATIVIDADE

1) Por que podemos ficar alegres mesmo em momentos difíceis?

2) Você já viveu um momento difícil e ainda teve alegria? Qual?

25 de novembro

Promessa cumprida!

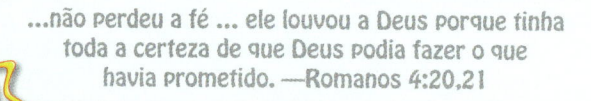

...não perdeu a fé ... ele louvou a Deus porque tinha toda a certeza de que Deus podia fazer o que havia prometido. —Romanos 4:20,21

Mamãe desligou o telefone emocionada. Ela estava chorando!
— O que aconteceu mamãe?
— A Marli, minha amiga de adolescência, está grávida.
— Eita, mãe, que susto! Isso não é motivo para chorar, né?
— Na verdade, estou muito feliz por ela, Arthur. Sabe, a Marli já está casada há 15 anos e ela sempre desejou ter um bebê. Ela tinha certeza que Deus lhe daria esse filho, mas durante todo esse tempo, sofreu com tratamentos e só pôde desfrutar dessa alegria curtindo a gravidez das amigas, vendo cada uma de nós ter filhos muito antes dela.
— Mãe, ela estava triste, então?
— Eu acredito que em alguns momentos ela ficava triste, sim, mas aí, ao se lembrar da promessa de Deus, eu sei que ela voltava a ter fé e segurança de que um dia iria viver esse momento tão especial.
— Legal! Tomara que seja um menino.

ORAÇÃO

Querido Deus, confio que o Senhor cumpre todas as promessas que faz!

ATIVIDADE

1) Você confia nas promessas que Deus nos deu na Bíblia?

2) Qual a vantagem de confiar que Deus cumpre Suas promessas?

Segredo de um bom pescador

26 de novembro

> ...De agora em diante você vai pescar gente.
> —Lucas 5:10

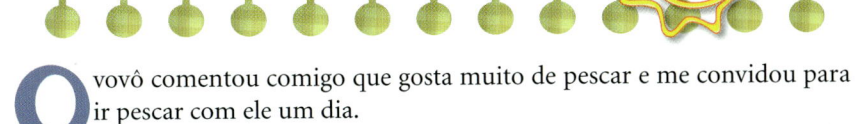

O vovô comentou comigo que gosta muito de pescar e me convidou para ir pescar com ele um dia.

Eu falei que deve ser muito chato pescar. Jogar uma isca com anzol e ficar lá, fazendo nada.

Então ele me explicou:

— Na verdade, pescar exige muita atenção!

— Mas vô, para quê ficar olhando para a água?

— Acontece que, se você jogar a isca e o anzol na água e não ficar atento, o peixinho vem, come a isca e escapa. É preciso observar o movimento da água e não perder a oportunidade de dar o puxão.

— Ah! Nunca tinha pensado nisso.

— Você não se lembra de que Jesus chamou os discípulos de "pescadores de gente"?

— Lembro.

— Então, para pescar gente, ou seja, para falar do amor de Deus para as pessoas, é preciso estar bem atento para não perder as oportunidades.

— Então, já sou um pescador, porque nunca perco a oportunidade de falar de Deus para meus amigos.

ORAÇÃO

Senhor, ajude-me a ver todas as oportunidades de falar do Seu amor para meus amigos.

ATIVIDADE

1) Qual o segredo do pescador?
2) Quando sabemos que somos bons "pescadores de gente"?

27 de novembro

Lição sobre o louvor

> ...Louvem a Deus...
> —Salmo 150:1

Ana chegou cantando:
"Todo ser que respira, louve ao Senhor!"
Então lembrei de que até as plantas respiram, mas elas louvam? Fui até o papai:

— Plantas louvam a Deus?
— Louvam!

Achei que ele ia estranhar a pergunta, mas ele já respondeu: "louvam!" Como assim?

— Eu nunca ouvi uma planta cantar.
— Filho, louvor é a exaltação da grandeza de Deus que pode ser feita de várias maneiras. Quando olhamos a natureza exuberante e ouvimos o barulho do vento batendo nas plantas ou de uma cachoeira, lembramos da grandeza do Senhor.

— E o urro impressionante de leão?
— É... nunca ouvimos um, mas se um dia ouvirmos, ficaremos impressionados e lembraremos como nosso Deus é maravilhoso. Em tudo isso Deus é louvado! E nós o louvamos pelo que Ele é, pelo Seu poder, pela Sua bondade, porque nos salvou, porque nos criou. Por todos os motivos!

ORAÇÃO

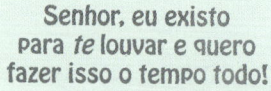

Senhor, eu existo para *te* louvar e quero fazer isso o tempo todo!

ATIVIDADE

1) O que é o louvor?

2) Por que motivos louvamos a Deus?

Dupla dinâmica

28 de novembro

> Pois o Espírito que Deus nos deu não nos torna medrosos; pelo contrário, o Espírito nos enche de poder e de amor e nos torna prudentes. —2 Timóteo 1:7

Por parte de mãe, o Pedrinho tem uma prima da mesma idade, a Manuela! Ele é muito calmo quando está sozinho, mas quando estão juntos, ele vira o maior bagunceiro do pedaço. Como aprontam juntos! Hoje os dois quase derrubaram todas as coisas da mesa do café!

A vovó estava preparando tudo e ninguém percebeu que os dois se esconderam embaixo da mesa. Quando foram sair, puxaram a toalha e por pouco não caiu tudo!

O papai disse que todos nós somos influenciados pelas pessoas a nossa volta. Ele lembrou da história do rei Saul, que era atormentado por espíritos maus e só conseguia ficar bem quando Davi tocava harpa para ele ouvir. O segredo é que Davi tinha em sua vida o Espírito de Deus, que espantava aqueles maus espíritos. Nós também somos influenciados pela paz e pelo amor de Deus, quando deixamos que Ele influencie a nossa vida.

ORAÇÃO

Jesus, faça de mim uma pessoa mais amorosa e pacífica para influenciar os que estão ao meu redor.

ATIVIDADE

1) Quem são as pessoas que mais influenciam você?

2) Por que devemos permitir que a Palavra de Deus nos influencie?

29 de novembro

Felicidade eterna

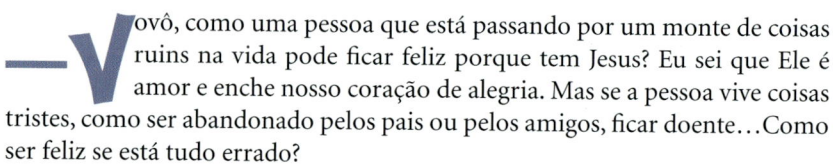

> Então vi um novo céu e uma nova terra...
> —Apocalipse 21:1

— Vovô, como uma pessoa que está passando por um monte de coisas ruins na vida pode ficar feliz porque tem Jesus? Eu sei que Ele é amor e enche nosso coração de alegria. Mas se a pessoa vive coisas tristes, como ser abandonado pelos pais ou pelos amigos, ficar doente…Como ser feliz se está tudo errado?

— O segredo é a esperança!

— De que as coisas vão melhorar?

— Não! Olha, Arthur, mesmo que tudo dê errado para alguém aqui na Terra, temos a convicção de que, graças à salvação oferecida por Jesus, temos entrada garantida no céu. E lá, nunca mais haverá nenhum tipo de tristeza ou sofrimento. Então, a tristeza de dias ruins aqui na Terra é substituída pela esperança de que, quando chegarmos lá, viveremos um novo e eterno tempo de felicidade plena!

— Ah, agora faz mais sentido.

ORAÇÃO

Jesus, o direito de morar no céu foi um desses presentes muito legais que a gente nem sabia que ia gostar tanto. Obrigado!

ATIVIDADE

1) É fácil ficar triste aqui na Terra? Por quê?

2) Por que a tristeza pode ser transformada em alegria nos momentos ruins?

Comprado por alto preço

30 de novembro

> ...Pois foste morto na cruz e, por meio da tua morte, compraste para Deus pessoas de todas as tribos...
> —Apocalipse 5:9

Um amigo de papai passou lá em casa para mostrar, em cima de um guincho, um carro antigo todo batido. Feliz, ele avisou:

— Acabei de comprar por dez mil reais!

O carro estava estraçalhado! Perguntei:

— Quem vai consertar?

— Eu!

Ele já pagou dez mil reais naquele monte de latão retorcido e deve gastar mais um monte de dinheiro para reconstruir tudo.

Achei que era o mesmo que jogar dinheiro fora. Aí o papai explicou que o Ernesto é apaixonado por carros antigos e que aquele é um modelo raro, por isso, vale a pena investir para transformá-lo num carro dos sonhos.

Então me lembrei de que Jesus fez algo parecido. Ele morreu na cruz para nos perdoar e nos tonar filhos de Deus. Valíamos menos do que Ele pagou, por causa dos pecados, mas Ele nos ama tanto, que pagou caro e ainda investe tempo e amor para nos transformar em pessoas melhores.

ORAÇÃO

Querido Jesus, sou agradecido por me amar e investir tanto em mim.

ATIVIDADE

1) Jesus investe mais na gente do que merecemos. Por quê?

2) Por que valemos menos do que Ele pagou por nós?

1º de dezembro

Superando os maus hábitos

...Quando uma tentação vier, Deus dará forças a vocês para suportá-la, e assim vocês poderão sair dela.
—I Coríntios 10:13

Durante o café da manhã, mamãe pediu para Ana passar o jarro de leite, mas quando viu a mão da Ana, levou um susto.

— O que é isso, filha?

— O que, mãe?

— Essa unha roída. Venho percebendo você com os dedos na boca de vez em quando, mas não tinha reparado como as suas unhas estão acabadas por isso!

— Ah mãe... Tudo começou na semana de provas, depois quando eu e a Tati brigamos e agora...

— Agora, está virando um mau hábito e transformando a sua linda mão. Isso faz mal, filha!

— Eu sei, tenho que parar, mas e se eu não conseguir? Quando eu vejo, já roí, é mais forte do que eu!

— Querida, é preciso ter força de vontade, e mais do que isso, você pode pedir ajuda a Jesus. Ele nos entende porque, de uma maneira muito mais intensa e profunda, também passou por tentações e venceu!

— Mas Ele é Jesus né?

— E por isso mesmo Ele pode ajudá-la com isso, é só você sempre pedir, pois Deus é fiel para nos ajudar quando precisamos!

ORAÇÃO

Senhor, ajude-me a mudar os maus hábitos.

ATIVIDADE

1) Você precisa corrigir algum mau hábito? Qual?

2) Como podemos vencer os maus hábitos que temos?

É pecado ser rico?

2 de dezembro

> Pois o amor ao dinheiro é uma fonte de todos os tipos de males. E algumas pessoas, por quererem tanto ter dinheiro, se desviaram... —1 Timóteo 6:10

— Pai! É pecado ser rico?

— Não. Pecado é amar o dinheiro.

— Como alguém poderia amar o dinheiro? Pessoas amam pessoas. Às vezes também amam bichinhos de estimação.

— Arthur, imagine que você ganhou um celular muito caro. Sem querer, sua irmã o derrubou e quebrou. Na assistência, informaram que não tem conserto e eu avisei que não poderei comprar outro. O que você faria?

— Ah, eu ficaria chateado.

— Mas você brigaria com sua irmã?

— Sei lá! Acho que sim, mas não muito.

— Essa é a questão. Quando, por qualquer coisa de valor ou mesmo por dinheiro, alguém trata mal outra pessoa ou se torna desonesto, praticando roubos, por exemplo, só para ficar mais rico, essa pessoa passou a amar mais o dinheiro do que amar a Deus e ao próximo. Isso é errado. Mas trabalhar honestamente e enriquecer não é pecado!

ORAÇÃO

Senhor, quero amá-lo acima de todas as coisas e nunca colocar meu amor no dinheiro ou nas coisas materiais.

ATIVIDADE

1) É pecado ser rico?

2) É pecado amar mais as coisas do que as pessoas?

3 de dezembro

De que lado você está?

...como é bom estar perto de Deus!...
—Salmo 73:28

Ênio e o Sandro entraram numa discussão sobre qual é a melhor aula de Educação Física. Ênio tem certeza que são as aulas de futebol, mas Sandro insiste que as aulas de vôlei são mais legais.

A galera da sala se dividiu. Gosto dos dois esportes, mas o futebol é o meu preferido. Concordei com o Ênio.

A discussão ficou séria e teve quem quisesse brigar. O professor acabou com a briga, dizendo que o importante era que todos pudéssemos praticar os dois esportes.

Quando contei em casa o acontecido, mamãe disse:

— Arthur, ainda bem que o professor interrompeu a discussão. Na vida, o importante é nos preocuparmos se estamos do lado de Deus. Ao lado dele, temos a certeza de que estamos do lado certo. Não arrume briga por coisa sem importância, mas lembre-se de que é importante nos posicionarmos do jeito que Deus espera de nós!

ORAÇÃO

Senhor, quero sempre escolher estar do Seu lado.

ATIVIDADE

1) Você já escolheu o lado errado em alguma situação? Qual?

2) Por que devemos sempre estar do lado de Deus?

Chamado pelo nome

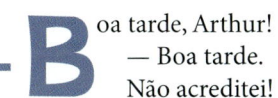

4 de dezembro

...O Senhor conhece as pessoas que são dele...
—2 Timóteo 2:19

— **B**oa tarde, Arthur!
  — Boa tarde.
  Não acreditei! A diretora do colégio sabe o meu nome!
— A senhora sabe o meu nome?
— Na verdade, eu sei o nome de todos os alunos. E o seu foi um dos primeiros que aprendi. Os professores falaram muito bem de você, já que logo no começo do ano ajudou um dos meninos novos a se integrar no colégio.
  Achei tão legal, que comentei com a mamãe que a diretora do colégio sabe quem eu sou.
— Que bacana, Arthur! É muito bom sabermos que somos conhecidos por alguém, ainda mais alguém importante. Essa é minha alegria também diante de Deus. Imagine que, mesmo no meio de milhões de pessoas, Ele me conhece, sabe quantos anos eu tenho, que você e a Ana são meus filhos amados e muito mais. E o desejo dele é que eu o conheça tão bem assim também, lendo a Sua palavra.
— Legal, mamãe!

ORAÇÃO

Senhor, eu agradeço por me conhecer tão bem e quero conhecê-lo cada vez mais.

ATIVIDADE

1) Você já foi reconhecido por alguém que você não sabia que te conhecia?

2) Por que devemos buscar conhecer nosso Deus cada vez mais?

5 de dezembro

Mensagem de amigo

> Queridos amigos, amemos uns aos outros porque o amor vem de Deus. Quem ama é filho de Deus e conhece a Deus. —1 João 4:7

Esta já é a penúltima semana de aula e eu queria mandar uma mensagem de texto para a turma da escola.

Pedi ao papai que me ajudasse a escolher uma mensagem bíblica e ele me fez uma pergunta:

— O que você deseja aos seus colegas?

— Que eles sejam felizes, que todos passem de ano, que suas famílias sejam abençoadas e que ganhem presentes de Natal bem legais.

— Que bom, filho! Você pode então dizer com sinceridade um versículo do evangelho de João: "Queridos amigos, amemos uns aos outros porque o amor vem de Deus. Quem ama é filho de Deus e conhece a Deus."

E sabe por que você pode dizer isso?

— Por quê?

— Porque seu amor por seus amigos não é interesseiro. Você não gosta só dos amigos inteligentes ou bons de bola. Você gosta de todos, sem separação e sem pensar no que eles podem oferecer. Esse amor sem interesse é verdadeiro como o amor de Deus.

ORAÇÃO

Querido Deus, quero amar meus amigos sem ser interesseiro.

ATIVIDADE

1) Pense nos seus melhores amigos e diga por que eles são importantes para você.

2) Quem nos ensina a amar as pessoas, sem interesse?

Cicatrizes são importantes

6 de dezembro

> ...E ficou completamente curado. A sua carne ficou firme e sadia como a de uma criança.
> —2 Reis 5:14

Outro dia eu estava brincando de pega-pega com a Ana dentro de casa, escorreguei no tapete e bati a cabeça na quina da mesa. Chorei bastante enquanto íamos para o hospital e mais um pouco enquanto o doutor fazia os pontos na minha testa. Ficou tão feio!

No caminho para casa, não doía mais, só que eu fiquei preocupado e falei:

— Mãe, não quero uma cicatriz na minha testa.

— Arthur, você e a Ana decidiram correr num lugar impróprio, e a quina da mesa no meio do caminho mostrou que não foi a melhor escolha. Essa opção deixou uma cicatriz, que pode ser permanente.

— Eu sei, mas eu queria que ela saísse.

— Ixi, acho que ela vai ficar aí por um bom tempo — disse Ana.

— Não quero ficar marcado para o resto da vida!

Papai quis me acalmar:

— Filho, as cicatrizes no nosso corpo têm sempre uma história para contar. Elas são a prova das situações que vivemos, nos servem de lembranças e nos ensinam a ter mais cuidado.

— Mesmo?

Mamãe falou:

— Filho, agora que tal você pedir a Deus para você se recuperar logo? Lembre-se de que Ele está sempre ao seu lado, com ou sem cicatriz.

— Eu sei, eu sei...

ORAÇÃO

Querido Jesus, que as cicatrizes de momentos bons ou ruins sempre me façam lembrar que eu posso ser melhor para o Senhor.

ATIVIDADE

1) Você tem alguma cicatriz no corpo?

2) Qual a história dessa cicatriz e o que você aprendeu com isso?

7 de dezembro

A corrida do papai

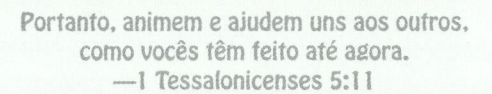

> Portanto, animem e ajudem uns aos outros, como vocês têm feito até agora.
> —1 Tessalonicenses 5:11

Papai já estava treinando há alguns meses para participar de uma corrida de rua de oito quilômetros, que acontecerá hoje.

Mamãe sugeriu que ficássemos na metade do caminho para vê-lo passar e depois iríamos esperá-lo na chegada.

Foi muito legal quando o avistamos no meio da corrida. Eu e Ana gritávamos que ele ia conseguir, que íamos estar esperando por ele lá na chegada.

Depois de pouco mais de uma hora, ele cruzou a linha de chegada. Estava muito cansado.

Fizemos uma medalha e uma coroa de papelão para ele, que, para nós, era o campeão do dia.

Mais tarde, o papai confessou que torceu o pé quase na metade da corrida e que pensava em desistir do desafio quando nos ouviu gritando e incentivando-o. Ele disse que foi a nossa animação que deu a ele forças para terminar a prova.

Ficamos felizes por saber que ele não desistiu porque a nossa torcida o ajudou a terminar a corrida.

ORAÇÃO

Senhor, quero levar palavras de ânimo e coragem para as pessoas a minha volta.

ATIVIDADE

1) Por que o pai de Arthur conseguiu terminar a corrida?

2) Você já ajudou alguém a completar uma tarefa ou desafio?

Em clima de Natal de verdade

8 de dezembro

> Jesus respondeu: — Eu afirmo a vocês que, se eles se calarem, as pedras gritarão!
> —Lucas 19:40

Ouvi uma voz cantarolando: "Tudo é paz, tudo amor! Dormem todos em redor; Em Belém Jesus nasceu". Quando cheguei perto, percebi que era o inspetor do colégio cantando. Mas sabe o que é engraçado?

Há um tempo ele me disse que não conhecia Jesus e não entendia por que eu falava tanto dele.

Contei essa história ao papai e ele me explicou que a mensagem de esperança do nascimento de Jesus precisa ser divulgada para todas as pessoas, mas muitos dos que o aceitaram ficam tão ocupados com as atividades do dia a dia, que esquecem de falar disso. Então, Ele permite que situações como essa aconteçam e, mesmo sem querer, algumas pessoas e situações acabam revelando essa que é a verdadeira história do Natal.

O papai disse que, se for preciso, até aqueles que não aceitaram Jesus vão falar do Seu amor para as pessoas.

ORAÇÃO

Senhor, estou pronto para falar do Seu amor para todas as pessoas, mesmo quando não for Natal.

ATIVIDADE

1) Por que algumas pessoas esquecem de falar do real motivo do Natal para os outros?

2) Por que Deus usa até pessoas que não o conhecem para falar do Seu amor?

9 de dezembro

Como ajudei o Sandro

...e não deixem de ensiná-las aos seus filhos. Repitam essas leis em casa e fora de casa, quando se deitarem e quando se levantarem. —Deuteronômio 6:7

O Sandro me ligou para convidar para brincar e depois jantar na casa dele. E eu perguntei:

— Aí na sua casa? Mas a gente sempre joga aqui.

— É que meu pai quer conhecer você. Ele me falou que quer conhecer esse meu amigo que tem me influenciado para o bem.

— Como assim, Sandro? Você até joga melhor que eu!

— Não, o meu pai falou que com a sua ajuda, eu estou mais obediente, educado e bom com os outros!

— Poxa, que legal. Mas se for assim, ele precisa conhecer os meus pais, meus avós e também Jesus, porque eu aprendi tudo com eles!

— Ih, então vou ter que falar para minha mãe fazer mais comida hoje!

ORAÇÃO

Senhor, quero ser exemplo para os meus amigos.

ATIVIDADE

1) Quem ensinou você sobre a Palavra de Deus?

2) Por que devemos falar de Jesus para as pessoas?

A lição das estrelas

10 de dezembro

> Olhem para o céu e vejam as estrelas. Quem foi que as criou? ... (Deus) sabe quantas são e chama cada uma pelo seu nome... —Isaías 40:26

Hoje na Escola Bíblica eu estava contando para a Mariana e para o Vinícius da atividade especial no planetário, que tivemos com a escola.

— Foi tão legal, de repente ficou tudo escuro e o teto se encheu de estrelas, e parecia que estávamos no espaço vendo os planetas, as estrelas brilhantes.

— Uau, que incrível!

A Mariana suspirou e disse:

— Nunca fui no planetário, mas acho o céu estrelado tão lindo!

A professora ouviu a gente conversando e falou:

— Pois é, crianças, esse céu cheio de estrelas e planetas tão grandes só provam a maravilhosa criação do nosso Deus. Já que estamos falando do céu e de estrelas, vamos ler sobre isso.

Ela abriu a Bíblia e começou a ler o versículo. Depois falou para nós:

— Vocês já viram quantas estrelas temos no céu? Não podemos contá-las! Mas Deus sabe quantas são e a Sua Palavra diz que Ele conhece cada uma delas. E Ele conhece cada um de nós também. E por isso podemos confiar nele e em Seu amor por nós, que é grande, maior que o Universo e que o número das estrelas.

Todos ficamos surpresos com o tamanho do amor de Deus!

ORAÇÃO

Querido Deus, obrigado porque o Seu amor por nós é grande, maior do que tudo.

ATIVIDADE

1) Por que temos a certeza que Deus conhece e controla todas as coisas?

2) Quando podemos confiar em Deus?

11 de dezembro

Futuro de paz?

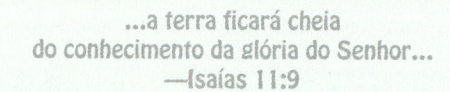

...a terra ficará cheia do conhecimento da glória do Senhor...
—Isaías 11:9

Cheguei da escola contando da briga para mamãe:
— Mãe, sabe aquele brigão da escola que implica comigo?
— Quem, filho?
— Ah, o Júlio. Ele e os amigos queriam brigar com o Yuri dessa vez!
— Mas por quê?
— Ah, só porque ele tirou notas boas e passou de ano sem precisar de recuperação. Eles ficaram xingando na saída da escola, e se o pai do Yuri não tivesse chegado rápido, sei lá o que eles teriam feito. O Júlio pega no pé da gente desde o começo do ano, mãe. Será que ele nunca vai deixar os outros em paz?
— É, querido, as pessoas brigam por motivos egoístas, e paz de verdade só temos em Jesus. Ele prometeu que um dia trará paz para o mundo inteiro e acabará de vez com todas as brigas, guerras e com o pecado!
— Que alívio saber que ainda tem esperança para o mundo, espero que o Júlio também encontre essa paz de Jesus.
— Temos que orar por ele.

ORAÇÃO

Querido Deus, eu confio na Sua justiça e tenho esperança num tempo de paz entre as pessoas.

ATIVIDADE

1) Por que temos a certeza de que haverá um futuro de paz?
2) Em quem devemos colocar nossa esperança?

Nosso telescópio

12 de dezembro

> Quando olho para o céu, que tu criaste, para a lua e para as estrelas ... Ó Senhor, nosso Deus, a tua grandeza é vista no mundo inteiro. —Salmo 8:3,9

Gostei dessa história de ir no planetário, de ver as estrelas mais de perto. Gostei tanto que pedi ao papai para montarmos um telescópio em casa e vermos o céu de noite. Ele pesquisou bastante e trouxe algumas coisas que íamos precisar. Até a Ana veio ajudar.

Enquanto montávamos, ele me falou:

— Arthur, sabia que se a gente parar para observar bem, pode chegar a ver quase cinco mil estrelas?

— Sério, papai? Mas tem muito mais né?

A Ana me olhou e respondeu:

— Sim, quando eu estudei, vi que eram milhões e milhões, até em outras galáxias...

— Os dois estão certos. Mas vocês sabem que todas essas estrelas foram criadas por Deus, não é?

— Sim, papai!

— Deus foi tão criativo e cuidadoso que fez a Lua, o Sol, os planetas e as estrelas, e colocou cada um em seu lugar. Para que todos pudessem ver como Ele é grande e maravilhoso!

— E o mais legal é que a gente vai poder ver isso também pelo telescópio, né?

ORAÇÃO

Deus, agradeço porque o Senhor criou algo maravilhoso como o céu e as estrelas para nós admirarmos.

ATIVIDADE

1) Você já parou para olhar as estrelas no céu?

2) Você acha a criação de Deus maravilhosa?

13 de dezembro

Outro herói do Natal

> José ... não queria difamar Maria e por isso resolveu desmanchar o contrato de casamento sem ninguém saber. —Mateus 1:19

— Mãe, Maria foi muito mais importante que José para Jesus, não foi?

— Eu acho que não, filho, acho que eles foram igualmente importantes.

— Mas ele não fez nada para Jesus nascer e Maria ficou grávida!

— Filho, lógico que ele fez. Ele poderia tê-la abandonado, mas ouviu a orientação do anjo e, mesmo não entendendo o propósito de Deus, resolveu apoiá-la. Ele se casou com ela, procurou um lugar para que Jesus pudesse nascer, fugiu com eles para evitar que Jesus fosse morto pelo rei e ainda foi um exemplo de homem enquanto Jesus crescia. Ele foi muito importante porque aceitou o propósito de Deus, mesmo que parecesse estranho, e também porque foi um bom pai.

Mamãe tinha razão. Pensando em quanto amo o papai e como ele é importante para mim, entendi o quanto José também é importante na história de Jesus.

ORAÇÃO

Senhor, quero seguir o exemplo de José e confiar no Seu propósito mesmo se eu não conseguir entendê-lo.

ATIVIDADE

1) Você já obedeceu seus pais mesmo sem entender o motivo?

2) O que você ganhou com essa atitude?

O mais importante

14 de dezembro

> Pois o Senhor mesmo lhes dará um sinal: a jovem que está grávida dará à luz um filho e porá nele o nome de Emanuel. —Isaías 7:14

Mamãe e Ana estavam conversando na sala e Ana perguntou:

— Mãe, a história do nascimento de Jesus é contada nos quatro evangelhos, não é?

— Sim, filha. Mas esse foi o nascimento mais importante de todos os tempos, então, existem muitas passagens bíblicas, mesmo no Antigo Testamento, que falam da promessa do nascimento dele. Inclusive, no livro de Isaías, a profecia diz que "a jovem grávida daria à luz a um filho e o chamaria de Emanuel". Você sabe o que quer dizer Emanuel?

— Ai, não lembro.

— Significa "Deus conosco". Ao nascer, Jesus era Deus em forma humana na Terra e é por isso que Ele foi chamado de Deus conosco. Esse foi o maior presente que recebemos.

Eu, que gosto muito da história do Natal, falei para a mamãe:

— Que legal. Queria muito ter vivido no tempo de Jesus. Ele devia ser um dos melhores amigos dos meninos da idade dele.

— Claro que sim. Inclusive, Ele é o nosso melhor amigo hoje em dia também.

ORAÇÃO

Jesus, obrigado por ter vindo aqui na Terra e vivido como humano.

ATIVIDADE

1) Por que o nascimento de Jesus foi o mais importante de todos os tempos?

2) O que significa o nome Emanuel?

15 de dezembro

Repetindo a mesma história

Portanto, tenham cuidado e sejam fiéis para que nunca esqueçam as coisas que viram. E contem aos seus filhos e netos. —Deuteronômio 4:9

Todas as vezes que vamos na casa dos nossos avós, eles amam contar a história da família, da conversão deles, da igreja que frequentamos, que até uns anos atrás era de madeira, e que eles ajudaram a construir o templo atual. O vovô sempre fala no número de tijolos que foi comprado para erguer o prédio.

Hoje, comentei com o papai:

— Acho tão engraçado que o vovô e a vovó nunca se cansam de contar essas histórias para nós.

— Mas é que existe uma razão para isso.

— Qual?

— Além de eles relembrarem com gratidão tudo o que viveram, aproveitam para manter essas histórias vivas. Daqui alguns anos, você é quem vai contar para os seus filhos todas essas histórias que eles contaram. E esse testemunho é a melhor forma de divulgar o quanto a presença de Deus transformou a nossa vida e da nossa família.

— É, faz sentido.

ORAÇÃO

Senhor, quero sempre testemunhar do Seu amor pela minha família.

ATIVIDADE

1) Você conhece a história da sua família?

2) Por que é importante divulgar nossas histórias e testemunhos?

Chá de fraldas

16 de dezembro

> — Glória a Deus nas maiores alturas do céu!
> E paz na terra para as pessoas a quem ele quer bem!
> —Lucas 2:14

Mamãe nos levou junto em um chá de fraldas. A amiga dela vai ter nenê daqui a três meses e fez uma festa bem bonita, cheia de doces deliciosos e lá tinha muitos, mas muitos presentes.

Depois de brincar bastante na festa, quando a gente já estava indo embora, comentei com a mamãe:

— Puxa vida, Jesus não teve nenhuma festa tão legal assim quando nasceu, né?

— Claro que teve. Apesar de nascer em uma manjedoura, a chegada de Jesus foi muito comemorada pelos anjos lá no céu. Por aqui, os reis magos foram avisados e guiados até o menino por uma estrela brilhante. E eles levaram presentes preciosos.

— Ah, é verdade. Não vejo a hora do Natal chegar! É muito bom lembrar e comemorar a chegada de Jesus.

ORAÇÃO

Jesus, eu o adoro por ser tão poderoso e mesmo assim ter sido um menino que viveu aqui na Terra.

ATIVIDADE

1) Quem foram os primeiros que comemoraram o nascimento de Jesus?

2) Quem trouxe presentes por Seu nascimento?

17 de dezembro

Melhorando sempre

> Porém continuem a crescer na graça e no conhecimento do nosso Senhor e Salvador Jesus Cristo.
> —2 Pedro 3:18

Apesar de já estar de férias das aulas de piano, mamãe sugeriu que eu tirasse uma parte do dia para treinar meu instrumento.

— Mas mãe, estou de férias.

— Filho, praticar e estudar é importante sempre. Você conhece a história de Pablo Casals? Ele foi o maior violoncelista do século 20. Um dia um repórter perguntou: "Senhor Casals, o senhor está com 95 anos de idade e é o maior violoncelista que já existiu. Por que ainda estuda violoncelo seis horas por dia?" Sabe o que ele respondeu?

— O quê?

— "Porque acho que estou fazendo progressos." Sabe, Arthur, na vida, nunca devemos nos acomodar com o que sabemos, principalmente em relação a Deus. O pastor da nossa igreja estuda diariamente a Bíblia para conhecer mais a vontade de Deus e compartilhar com todos o que Deus quer para nós. Queira sempre melhorar em tudo o que fizer. Deus se agrada disso.

ORAÇÃO

Senhor Jesus, quero sempre estudar e melhorar em tudo o que fizer. Por favor, ajude-me.

ATIVIDADE

1) Por que devemos insistir em aprender as coisas?

2) Por que Deus se agrada de quem não fica acomodado?

Meus amigos e eu

18 de dezembro

> Jônatas e Davi fizeram um juramento de amizade...
> —1 Samuel 18:3

Papai fez uma pergunta esquisita:
— Arthur, por que seus amigos são seus amigos?
— Porque eu gosto deles, ué.
— Mas por que você gosta deles?

Fiquei pensando por um tempo e lembrei do Ênio, do Sandro, do meu primo Lucas. Todos eles são tão legais e já vivemos coisas incríveis juntos. Mas eu não conseguia explicar isso para o papai.

— Ah, eles são meus amigos porque gosto da companhia deles.

— Isso é importante, só que mais importante é pensar em como podemos ser bênção na vida dos amigos que fazemos. Uma bela amizade é feita com muita dedicação e lealdade. Hoje em dia as pessoas pensam muito no que as outras podem oferecer para elas, mas saiba que muito mais importante é pensar naquilo que podemos oferecer às pessoas. Foi esse o exemplo de amizade que Jesus nos deixou.

— Pode deixar, papai, vou me dedicar sempre aos meus amigos.

ORAÇÃO

Senhor Jesus, muito obrigado pelos bons amigos que me deu.

ATIVIDADE

1) Quais são os nomes dos seus melhores amigos?

2) Por que motivos você gosta desses amigos?

19 de dezembro

Último dia de aula

> E o nosso Senhor derramou a sua imensa graça sobre mim e me deu a fé e o amor que temos por estarmos unidos com Cristo Jesus. —1 Timóteo 1:14

As aulas terminaram e a gente ficou feliz pelas férias, menos a Judite, que começou a chorar no meio da aula.

Fui conversar com ela, que me disse que não gosta das férias porque a sua família não é legal e o único momento feliz do seu dia é quando está na escola com todos.

Fiquei triste pela Judite! Ela não pode passar mais um período de férias assim.

— Judite, sabia que quando a gente aceita Jesus como Salvador, a nossa vida se enche de paz e de amor, mesmo que as pessoas perto da gente não sejam boas? Jesus, no nosso coração, transforma todo o choro em alegria e nos enche de amor!

— Verdade mesmo?

— Sim! Se você quiser ser amiga dele, Ele vai cuidar e ficar com você até nas férias!

— Então eu quero!

Ela ficou bem feliz em descobrir esse segredo e aceitou Jesus como Salvador. Agora o Natal e as férias dela vão ficar mais alegres.

A Judite saiu feliz da escola hoje e eu também!

ORAÇÃO

Querido Jesus, muito obrigado por estar no meu coração e me trazer paz.

ATIVIDADE

1) Em quem encontramos a verdadeira paz?

2) Para quais dos seus colegas você falou de Jesus nesse ano?

Em nome de Jesus

20 de dezembro

> Até agora vocês não pediram nada em meu nome; peçam e receberão erão para que a alegria de vocês seja completa. —João 16:24

— Pai, toda oração o senhor termina dizendo "em nome de Jesus". Por quê?

— Porque aprendi que todos os pedidos que fazemos a Deus, em nome de Jesus, são respondidos.

— Ah, então posso pedir qualquer coisa e é só falar "em nome de Jesus" que acontece?

— Não, filho, não é isso. Quando pedimos algo em nome de Jesus, demonstramos confiança nele, que disse que iria para junto do Pai para interceder por nós. Mas para que nossos pedidos sejam atendidos, também é preciso que a nossa vontade esteja de acordo com a vontade de Deus. Já pensou se, num momento de raiva, uma criança pedisse para a bicicleta da outra quebrar e falasse "em nome de Jesus" e isso acontecesse? Não seria certo.

— Puxa, o senhor tem razão. Mas sempre vou orar em nome de Jesus, porque confio muito nele.

ORAÇÃO

Querido Jesus, confio que o Senhor fala com Deus em nosso favor e agradeço muito por isso.

ATIVIDADE

1) Por que devemos sempre orar "em nome de Jesus"?

2) Deus atende qualquer pedido feito "em nome de Jesus"? Por quê?

21 de dezembro

No momento certo

> Mas Cristo veio como o Grande Sacerdote das coisas boas que já estão aqui...
> —Hebreus 9:11

O coral e a orquestra da igreja se preparavam para apresentar as músicas de Natal. Enquanto o coral se levantava e os músicos preparavam as pastas, o maestro olhava para todos, esperando que ficassem prontos. Então ele levantou a varinha, chamando a atenção de todos, que se concentraram e, assim que ele deu sinal, a música começou. Tudo saiu perfeito.

Fiquei impressionado como que, com tanta gente junto, não virou uma confusão, mas o papai falou que toda a organização está nas mãos do maestro.

Ele me falou que o Maestro do Universo, que é Deus, controla a vida, a história, o tempo e até a chegada de Jesus, que celebramos no Natal. E antes da outra música começar, ele disse:

— Então, Arthur, podemos ter a certeza de que o nascimento de Jesus aconteceu no momento exato. E o dia em que Ele voltar também será assim porque o Maestro está controlando tudo.

ORAÇÃO

Querido Deus, eu sei que o Senhor cuida de todas as coisas na minha vida.

ATIVIDADE

1) Por que podemos confiar que as coisas acontecem no momento exato?

2) Você acredita que Deus está no controle da sua vida? Por quê?

Ele viveu como nós

22 de dezembro

> Pelo contrário, ele abriu mão de tudo o que era seu ... tornando-se assim igual aos seres humanos...
> —Filipenses 2:7

— Pai, Jesus foi muito bonzinho de vir aqui na Terra viver igual a gente, né?

— Verdade, filho. Principalmente se nós pensarmos em tudo o que Ele deixou para trás para viver esses momentos como a gente.

— Como assim?

— Jesus é o Filho de Deus, Ele reinava nos céus com todo o poder e glória. Ele veio até aqui e poderia ter nascido em um palácio, mas preferiu nascer na manjedoura, justamente porque queria enfrentar todos as dificuldades que nós temos como seres humanos, como pobreza, fome, solidão, tristeza.

— Mas Ele precisava disso?

— Não, Ele não precisava, mas hoje, quando enfrentamos algum problema e falamos com Ele, temos a certeza de que Jesus nos compreende exatamente porque já viveu tudo o que vivemos.

— Ah, entendi. Jesus é muito especial mesmo.

ORAÇÃO

Querido Jesus, sei que o Senhor me entende e confio no Seu amor.

ATIVIDADE

1) Jesus precisava viver como um ser humano?

2) Por que Ele escolheu viver aqui na Terra como nós?

23 de dezembro

Melhor presente

Agradeçamos a Deus o presente que ele nos dá, um presente que palavras não podem descrever.
—2 Coríntios 9:15

Todo ano dou um presente para os meus pais. Não é um presente comprado, porque eu não tenho dinheiro, mas é uma coisa que eu faço para eles "de coração".

Dessa vez, fiz uma apresentação com fotos de todos os momentos bons que vivemos neste ano. Enquanto decidia sobre o presente, liguei para a vovó Neli e pedi uma ajudinha sobre uma frase ou versículo para colocar junto.

— Vó, me lembrei que o melhor presente de Natal foi Jesus, né?

— Sim, querido. E que tal uma maneira de expressar a grandeza desse presente com o versículo de 2 Coríntios 9:15?

— Sobre o que é?

— Gratidão! O autor diz "agradeçamos a Deus o presente que ele nos dá, um presente que palavras não podem descrever".

— Então é isso! Obrigado, vovó! Amo você!

Jesus é um presente bom demais, mas todos precisam experimentar, porque eu não consigo explicar.

ORAÇÃO

Jesus, o Senhor foi o presente mais especial que já recebi no meu coração.

ATIVIDADE

1) Você consegue explicar como receber Jesus é especial?

2) Você já recebeu Jesus no seu coração?

Dia de celebração

24 de dezembro

...foi Cristo quem nos trouxe a paz, tornando... um só povo. Por meio do sacrifício do seu corpo, ele derrubou o muro de inimizade... —Efésios 2:14

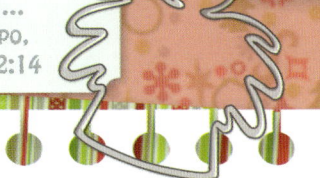

Chegamos na casa do vovô para a festa de Natal. Tinha tanto parente, achei bem legal!

O vovô contou que só Jesus reúne as pessoas com alegria, amor e paz, e que um dos nomes de Cristo é Príncipe da paz! Então, contou uma história:

— Na véspera de Natal da Primeira Guerra Mundial, vários soldados alemães acenderam lanternas e cantaram canções natalinas. Os outros soldados gritaram saudações de Natal. Eles se reuniram para apertar as mãos, comer e trocar presentes. Esse intervalo da guerra foi conhecido como "trégua de Natal".

— Nossa, vovô, que emocionante!

— Pois é, Ana! E mostrou ao mundo que eles queriam paz! Mas graças a Deus, Cristo é a nossa paz. E por Ele podemos viver em harmonia.

O papai falou:

— Ele é o motivo de termos uma festa de Natal, com pessoas queridas, comida deliciosa e a esperança da Sua presença sempre.

Fiquei feliz por Jesus trazer paz ao mundo e ser a nossa paz:

— Parabéns, Jesus! E obrigado por ser o nosso melhor presente de Natal!

ORAÇÃO

Querido Jesus, agradeço pelo Senhor ter nascido e nos trazido esperança e união.

ATIVIDADE

1) Quem inspira a união e a amizade entre as pessoas?

2) Por que Jesus é o nosso melhor presente de Natal?

25 de dezembro

Um amigo que nos compreende

> ...e terá um filho que receberá o nome de Emanuel (Emanuel quer dizer "Deus está conosco".)
> —Mateus 1:23

Depois do almoço especial de Natal, papai estava lá no fundo do quintal do vovô, olhando para o nada. Cheguei perto e perguntei:

— Papai, no que o senhor está pensando?

— Arthur, hoje celebramos o nascimento de Jesus. Como toda criança, Jesus chorou de fome e de dor. Ele experimentou todas as sensações que nós, seres humanos, podemos ter. Sentiu-se sozinho, teve medo, teve amigos e até inimigos. Então eu penso que, ao viver tudo isso, Jesus conseguiu entender perfeitamente as nossas tristezas e preocupações. É por isso que o nome dele é Emanuel, que significa "Deus conosco". Não é só porque Ele está presente, mas é porque Ele está presente e consegue entender perfeitamente a nossa situação em qualquer momento.

— Que lindo, né, papai? Estou feliz por celebrar o nascimento de Jesus!

ORAÇÃO

Querido Jesus, obrigado por ter vindo aqui na Terra entender o que é ser humano.

ATIVIDADE

1) Explique com suas palavras por que é bom termos o Deus que está sempre conosco.

2) Além de estar conosco, Jesus também é capaz de entender a nossa situação em _____.

Novo vizinho

26 de dezembro

> A Palavra se tornou um ser humano e morou entre nós...
> —João 1:14

Tio Lúcio está de mudança para bem pertinho da nossa casa. Ficamos felizes porque eles estarão perto e nos veremos muito mais agora.

O papai e o tio Lúcio tiravam caixas do caminhão de mudança e eu os ajudava.

— Bom, Lúcio, agora estaremos muito mais presentes na vida uns dos outros. Vocês podem sempre contar conosco!

— E vocês também, Marcos!

Mamãe, Ana e tia Jana colocavam cada coisa em seu lugar, para arrumar tudo.

— Vai ser bom ter vocês por perto, Jana. Teremos mais momentos especiais em família.

— Pois é, Karina… pensando nisso, lembrei como ontem foi especial. Jesus nos amou muito para vir e viver entre nós, experimentar tudo o que sentimos. Agora o temos bem perto!

— É mesmo! Devemos aproveitar a presença de Jesus na nossa vida.

— Eu concordo, filha! Sempre que percebo a presença dele, vivemos momentos de paz, consolo, alegria, comunhão e amizade.

Fiquei ouvindo elas conversarem e pensei que sempre que pedi para Jesus ficar por perto, as coisas melhoraram. E você, já deixou Jesus morar na sua vida?

ORAÇÃO

Jesus, agradeço porque o Senhor está tão presente na minha vida!

ATIVIDADE

1) Com quem você mora?

2) Jesus também mora na sua casa e na sua vida?

27 de dezembro

Fora do Egito

> ...Levante-se, pegue a criança e a sua mãe e fuja para o Egito...
> —Mateus 2:13

Sempre pensei no nascimento de Jesus como um momento muito legal. E foi mesmo. Mas hoje o vovô me explicou que, logo que Jesus nasceu, o rei Herodes ficou sabendo e achou que Ele iria tomar seu reino. O rei ficou tão furioso, que mandou matar Jesus.

Durante um bom tempo, seus pais viveram escondidos do rei. Foram até embora para o Egito e demorou um tempão para eles voltarem.

Que incrível perceber que Jesus viveu aventuras assustadoras só por nos amar, né?

É, esse negócio de Natal não foi só festa, não... Jesus enfrentou problemas que não precisava para salvar a todos nós e nos levar para o céu. O que eu fico sem entender é como ainda tem gente que não gosta dele. Eu, hein!?

ORAÇÃO

Jesus, sei que o Senhor fez muitas coisas lindas por me amar. Quero dizer que também o amo muito!

ATIVIDADE

1) Que riscos Jesus correu, logo que nasceu?

2) Por que o rei queria matá-lo?

Jesus está aqui?

28 de dezembro

> ...nada pode nos separar do amor de Deus ... que é nosso por meio de Cristo Jesus, o nosso Senhor.
> —Romanos 8:38,39

— Pai, quando Jesus veio ao mundo, as pessoas já sabiam que Ele iria morrer?

— Não sei se todos sabiam, mas essa era exatamente a profecia.

— Acho que as pessoas ficavam tristes quando pensavam nisso, porque devia ser ótimo estar na companhia de Jesus.

— Na verdade, não sei se pensavam nisso.

— Acho que pensavam, sim. Mas elas foram bobinhas, sabe, porque Ele veio aqui para continuar para sempre entre nós. Eu, por exemplo, tenho certeza que Jesus está no meu coração. E não é só na época de Natal, mas o ano todo!

— As pessoas não eram bobinhas, filho. Acontece que, assim como hoje, muitos não conheciam Jesus e não sabiam do tamanho do Seu poder e amor.

— Ah, entendi. Mas então vou falar para todo o mundo que nem a morte foi capaz de afastar Jesus de nós. Meus amigos precisam saber disso.

— Ótima ideia!

ORAÇÃO

Jesus, obrigado por ter ressuscitado e ainda assim ficar entre nós!

ATIVIDADE

1) Jesus vive no seu coração?

2) Por que a morte de Jesus não nos afastou dele?

29 de dezembro

Um presente ainda melhor

> No entanto, o Senhor continua esperando porque Ele quer ser bondoso ... Felizes são aqueles que põem a sua esperança nele. —Isaías 30:18

Nesse Natal, eu queria ter ganhado um *video game*, mas não ganhei. A Ana também esperava ganhar um celular bem moderno, mas não ganhou.

Hoje o papai e a mamãe nos chamaram para contar que fizeram algumas economias e vamos viajar no começo do ano para outro estado, onde visitaremos um parque aquático que temos muita vontade de conhecer. Lá tem o maior toboágua do Brasil!

Ficamos tão animados com essa notícia e então entendemos que não ganhar os presentes de Natal que esperávamos foi, na verdade, uma coisa boa, pois nossos pais fizeram uma surpresa com um presente muito mais legal: uma viagem divertida em família.

Mamãe nos ensinou com isso que, às vezes, Deus parece demorar para atender nossas orações. Mas isso não significa que Ele nos abandonou, e, sim, que está caprichando mais na resposta ou no presente!

ORAÇÃO

Querido Deus, eu confio que Sua resposta vem na hora certa e sempre nos surpreende!

ATIVIDADE

1) Você já ficou esperando um presente que não veio?

2) Você já foi surpreendido com um presente bem melhor do que esperava?

Guiado com segurança

30 de dezembro

Ele me faz descansar em pastos verdes e me leva a águas tranquilas.
—Salmo 23:2

Fomos ao *shopping*. Na loja de celulares, eu e Ana ficamos olhando os novos modelos, e não percebemos quando papai e mamãe saíram.

De repente, nos vimos sozinhos. Eu não sabia o que fazer e Ana resolveu procurá-los. Fui atrás dela! Depois de uns quinze minutos e quase chorando, ouvimos uma chamada no alto-falante do *shopping* pedindo que fôssemos até o balcão de informações, onde nossos pais nos esperavam.

Quando chegamos, mamãe ficou muito aliviada.

— Graças a Deus! Vocês não me ouviram falar para não sair daquela loja, pois voltaríamos para buscá-los?

— Não, desculpe…

A Ana chorou e a mamãe a abraçou. E o papai veio falar comigo.

— Filho, você não tinha que ter seguido a Ana, afinal, ela também estava perdida!

— Eu sei, papai. Da próxima vez ficarei atento ao que vocês falarem.

— Isso mesmo! Sabemos o que estamos fazendo e queremos a sua segurança, assim como Jesus é o nosso guia e nos dá segurança para viver.

ORAÇÃO

Querido Deus, obrigado por ser o meu guia e me dar paz e segurança.

ATIVIDADE

1) Você já ficou perdido em algum lugar?

2) Por que não podemos seguir qualquer pessoa?

31 de dezembro

Medo do desconhecido

> Confie no Senhor. Tenha fé e coragem.
> Confie em Deus, o Senhor.
> —Salmo 27:14

Hoje é o último dia de um ano incrível. Quantas coisas legais eu vivi! Mas ao invés de ficar feliz, comecei o dia triste.

Papai e mamãe estão tão animados com os preparativos da ceia que faremos junto com um culto de ação de graças pelo ano que tivemos... e foi Ana quem percebeu que eu não estava bem.

— O que você tem, Arthur?

— Não sei. Acho que estou com medo.

— Medo do quê?

— Do ano que vem! Tudo vai ficar mais difícil. Dizem que o quarto ano é muito difícil. Também vou mudar de equipe no futebol e de fase no curso de piano. Estou apavorado!

Mamãe ouviu a conversa e se aproximou:

— Filho, fique em paz! Assim como Deus o ajudou nesse ano, Ele o ajudará a vencer os desafios do novo ano e lá no final você estará agradecido, assim como está hoje. Apenas tenha fé!

Fiquei aliviado e ganhei coragem para viver mais um ano de muitas coisas legais!

ORAÇÃO:

Querido Deus, obrigado por esse ano incrível. Conto com a Sua ajuda no próximo ano!

ATIVIDADE:

1) Como foi esse ano para você?

2) O que você espera fazer diferente no ano que vem?

PARA COLORIR

ATIVIDADE

...Zaqueu, desça depressa,
pois hoje preciso ficar na sua casa.
—Lucas 19:5

ATIVIDADE PARA COLORIR

A pessoa faz os seus planos,
mas quem dirige a sua vida é Deus, o Senhor.
—Provérbios 16:9